道家张洪源国学易读系列

庄子易读

张洪源◎著

中国财富出版社

图书在版编目（CIP）数据

庄子易读／张洪源著．—北京：中国财富出版社，2016.8
（画家张洪源国学易读系列）
ISBN 978－7－5047－6208－5

Ⅰ．①庄…　Ⅱ．①张…　Ⅲ．①道家 ②《庄子》—通俗读物
Ⅳ．①B223.5－49

中国版本图书馆 CIP 数据核字（2016）第 162489 号

策划编辑　宋　宇　　**责任编辑**　齐惠民　于晨苗
责任印制　方朋远　　**责任校对**　杨小静　张营营　　**责任发行**　敬　东

出版发行　中国财富出版社
社　　址　北京市丰台区南四环西路 188 号 5 区 20 楼　　**邮政编码**　100070
电　　话　010－52227568（发行部）　010－52227588 转 307（总编室）
010－68589540（读者服务部）　010－52227588 转 305（质检部）
网　　址　http://www.cfpress.com.cn
经　　销　新华书店
印　　刷　北京京都六环印刷厂
书　　号　ISBN 978－7－5047－6208－5/B·0499
开　　本　710mm×1000mm　1/16　　**版　　次**　2016 年 8 月第 1 版
印　　张　17.75　　**印　　次**　2016 年 8 月第 1 次印刷
字　　数　222 千字　　**定　　价**　42.00 元

序　言

庄子探赜

对于研究古人的经典名著，我抱着一颗无限崇敬的心，尽力想穿越时空回到他们身处的时代，走进他们的著作里去探赜索隐。历朝历代研究庄子的学者很多，对其注疏也颇多，但理解却很不一致，各执己见，众说纷纭，莫衷一是，甚至对有些句子的注疏有着天壤之别。而这一切我们也无法去深入探究，因为每一个历史时期的语意和语境不同，因此对古人的理解也就不同。憨山道者德清（明建邺）在《老子道德经解》中这样写道："老言古简，深隐难明。"由此可见，你想用今天的白话文去解释翻译文言体的古经典，差不多也像英语翻译汉语一样，只能译个大概，甚至有的根本无法翻译明白。譬如用英语翻译中文的"武术"二字，翻译成了"中国功夫"，中国各行各业"功夫"多的是，难道只有武术吗？"五四"以后中国古汉语是什么情况这里我们就不谈了，今天想用白话文去解读深隐难明、简而古老的古文言，的确是一件困难之事。因此，有时候也只能是张说张的、李说李的，解读的深浅与否也只能凭个人的修为了。历来不乏学者在研究这些古经典时非常喜欢玩断章取义的文字把戏，当然这也无可厚非，老子云“无可，无不可”嘛！

庄子云：“夫道未始有封，言未始有常，为是而有畛也。请言其畛：有左有右，有伦有义，有分有辩，有竞有争，此之谓八德。六合之外，圣人存而不论；六合之内，圣人论而不议。”大意是：“道未曾有准确的界限区分，言语未曾有准确的常理，为了证明自己的‘是’而有了边沿界限。我们来说明一下这个界限：天地间是有左有右的；人类文化是有伦有理的；人类理念是有分有辩的；人类生活是有竞有争的，这八类可称谓八德。天地四方之外，圣人怀有而不辩论；天地四方之内，圣人辩论而不决议。”

庄子所处的时代，佛教还没有传入中国。等佛教传入中国后，人们发现佛、道之间有很多东西是那么相似，甚至一致。三祖僧璨大师《信心铭》中云：“至道无难，唯嫌拣择。但莫憎爱，洞然明白。”这两句话，道尽了禅机，可以说是禅的根本法则。“拣择”“憎爱”，不是挑选，也不是爱恨，是取舍分别之义。其实语言文字也是拣择，也是一种分别知识的过程，而后才有言语，便是拣择。只要我们张开嘴巴一讲话，就是分别拣择的开始。有人要说了，既然这样那还说什么？是的，问题来了，还说什么？用禅宗的话讲这也是个话头，我们可以好好地参一下。我曾经在我的画上题写过这样一首诗：“智人遥指天上月，是为迷人解心惑。莫把指头当月亮，明心见性是真诀。”这里我们不谈什么平仄关系、工整对仗和韵脚，因为言论没有永恒的真理和标准。所以庄子说：“天地四方之外，圣人怀有而不辩论；天地四方之内，圣人辩论而不决议。”

庄子云：“既使我与若辩矣，若胜我，我不若胜，若果是也，我果非也邪？我胜若，若不吾胜，我果是也，而果非也邪？其或是也，其或非也邪？其俱是也，其俱非也邪？我与若不能相知也，则人固受其黮暗，吾谁使正之？使同乎若者正之？既与若同矣，恶能正之！使同乎我者正之？既同乎我矣，恶能正之！使异乎我与若者正之？既异乎我与若矣，恶能正之！使同乎我与若者正之？既同乎我与若矣，恶能正之！然则我与若与人，俱不能相知也，而待彼也邪？化声之相待，若其不相待，和之以天倪，因之以曼衍，所以穷年也。”

“何谓和之以天倪？曰：是不是，然不然。是若果是也，则是之异乎不是也亦无辩；然若果然也，则然之异乎不然也亦无辩。忘年忘义，振于无竟，故寓诸无竟。”

大意是：就算是我与你展开辩论，你胜了，我输了，难道你的结果就对了，我的结果就错了吗？如果我胜了，你输了，难道我的结果就对了，你的结果就错了吗？那么究竟我们两个谁的对，谁的不对呢？还是我们两个都对，或是都不对呢？我与你不可能相互知道，世人本来就有自己的偏见偏信，谁又能给我们做出正确的裁判呢？使用观点和你相同的人来裁判吗？既然观点与你相同，哪能做出公正裁判呢？使用观点和我相同的人来裁判吗？既然观点和我相同，哪能做出公正的裁判呢？使用观点不同于我和你的人来裁判吗？既然观点不同于我和你，哪能做出公正的裁判呢？使用观点与我和你相同的人来裁判吗？既然观点与我和你相同，哪能做出公正的裁判呢？因此我与你还有别人，全都不能相互知道，那还等待谁呢？辩论中言辞变化是相互对立的，要想他们不相互对立，和平相待就要顺从自然的分际，分际的边缘要顺从自然的圆环，原因是一年到头循环往复没有始终。

为什么说和平相待就要顺自然的分际呢？“对”与“不对”一样，“是”与“不是”一样。对你结果“对”了，而对不同于“对”的“不对”也不用争辩说“不对”了；是你结果“是”了，而与“是”不同的“不是”也不用争辩说“不是”了。舍弃生死忘掉是非，游心于无穷，所以寄辩说于无穷。

这一段中庄子的言外之意是让我们从宇宙“实相”之理中去领悟，证悟了“实相”也就回归“自性”。《菩萨戒经》中云：“我本元自性清净。”因为我们的自性里本来就清净，什么都没有。《六祖坛经》中云：“菩提本自性，起心即是妄。净心在妄中，但正无三障。”要见得清净自性，就需要在妄心中觉悟，其实妄心也就是清净心！并不是妄心之外有个什么清净心可觅得的，离开妄心就无净心，净心由妄心而得，所以说：“净心在妄中。”修道者，只要能行正道，忘掉死生，忘掉是非，畅游于无穷无尽的境界中，见自性清净，便处处般若，在在般若。不著三界，不离三界，那么三障（烦恼障、业障、报障）也就不消自净，不空自空了，在在处处皆放光明。因此圣人们不去分辨是非，总把自己寄托于自然均衡、无穷无尽的境界之中。

直入原典

在研读庄子的《齐物论》以前，开篇就引用了庄子的几段话，并不是想证明什么，只是想说解读古人的著作是无圭臬可寻的，无论从哪个角度解读都可能打开我们的心智，让我们可以浮想联翩地探索古人著作中的奥妙。但是，古人的智慧和学问是不能用今天我们的一般常识和思想去解读的。那么，在研究古人经典著作时，我建议尽量把精力放在原典中，按自己的修为能力反复阅读，反复推敲，对他人的释义论著只是略加参考，防其左右你的思路。释迦牟尼佛在入灭之前为他的弟子们做过这样的“四依法”开示：“依法不依人，依义不依语，依智不依识，依了义经不依不了义经。”可见佛陀早在两千多年以前就预知，在末法时代的人们对经典会做出这样和那样的不同解释。而今天我们所看到的历朝历代的学者们对古人经典的解释也正是这样，因其修为程度的不同而各有其解，所有学者都是带着各自的主观思想来释义著论的。我们也无法评判哪个对哪个错，因为每个人的修为不同。所以我感觉，要想真正做好学问，唯一的办法就是直接从原典入手，“读书百遍，其义自见”嘛！

言外求义

有一天我和几个学生在一起聊天谈论佛学时，其中一个学生说：“老师，我也想看一下佛教方面的经典，您能给我推荐几本吗？”我就给他推荐了几部。过了一段时间，偶然一次机会我们又碰到了一起，他见到我的第一句话就是：“老师，您给我推荐的佛经，我已经读完了一本。”我说：“你先读的哪一本？”他说：“先读的《金刚经》。”我说：“感悟如何？”他说：“原文我读不太懂，但看译文我感觉就像读小说一样。”我笑着对他说：“读经要言外求义，不能单一的从字面上看，要更多地注意超越语言文字表面的言外之意，以防落入‘文字狱’”。接着我给他背诵了《金刚经》第一品——法会因由分“如是我闻，一时，佛在舍卫国祇树给孤独园，与大比丘众千二百五十人俱。尔时，世尊食时，著衣持钵，入舍卫大城乞食。于其城中，次第乞已，还至本处。饭食讫，收衣钵，洗足已，敷座而坐。”然后我告诉学生，这一段，从字面上看是：我亲耳听佛这样说，当时，佛陀住在舍卫国的祇树给孤独园中，与一千二百五十个大和尚住在一起。有一天，快到吃饭的时候，佛陀穿好袈裟，手拿饭钵，到舍卫城中化缘。进城以后不分贫富贵贱逐户乞食，化缘完后，回到住处。吃完了饭，收好袈裟和饭钵，然后打水洗脚，洗完脚就铺好坐具开始打坐。如果单从字面上看，世尊在说法前，先来了这么一段，与后文的确没有多大关系。可是你哪里知道“六波罗蜜门”也就是“六度”已放在其中。你看，“入舍卫大城乞食”这句，什么是“乞食”？这个你一定懂，就是现在人说的“化缘”。化缘要有人给才行，没人给，你向谁化去？这句就是教“布施”；“著衣持钵”这一句，就是教“持戒”，无论做什么事不可随意，要有规矩和准则；“次第乞已”这一句，就是教“忍辱”，逐门逐户不分贫富贵贱去化缘，给的好赖都要接受，不挑不拣就需要能够“忍辱”；“收衣钵，洗足已”这两句，就是教“精进”；“敷座而坐”这一句，就是教“禅定”。你看如果这些你不去细品，单从字面上看是感悟不到的。研究古代经典一定要注意不能望文生义、望文生训。你看这里佛说法时，没有定相，行住坐卧，随处是法，不需要语言和声音，应机而启，处处是无相智慧之光，你用肉眼岂能看到？我讲完后他点了点头似乎明白了点什么！

目录

《齐物论》

【原文】

南郭子綦隐机而坐，仰天而嘘，荅焉似丧其耦。颜成子游立侍乎前，曰："何居乎？形固可使如槁木，而心固可使如死灰乎？今之隐机者，非昔之隐机者也。"子綦曰："偃，不亦善乎，而问之也？今者吾丧我，汝知之乎？女闻人籁，而未闻地籁，女闻地籁而未闻天籁夫！"子游曰："敢问其方。"子綦曰："夫大块噫气，其名为风，是唯无作，作则万窍怒呺，而独不闻之翏翏乎？山林之畏隹，大木百围之窍穴，似鼻，似口，似耳，似枅，似圈，似臼，似洼者，似污者。激者，謞者，叱者，吸者，叫者，譹者，宎者，咬者，前者唱于而随者唱喁。泠风则小和，飘风则大和，厉风济则众窍为虚。而独不见之调调之刁刁乎？"子游曰："地籁则众窍是已，人籁则比竹是已，敢问天籁。"子綦曰："夫吹万不同，而使其自已也，咸其自取，怒者其谁邪？"

大知闲闲，小知间间；大言炎炎，小言詹詹。其寐也魂交，其觉也形开，与接为搆，日以心斗：缦者，窖者，密者。小恐惴惴，大恐缦缦。其发若机栝，其司是非之谓也；其留如诅盟，其守胜之谓也；其杀若秋冬，以言其日消也；其溺之所为之，不可使复之也；其厌也如缄，以言其老洫也；近死之心，莫使复阳也。喜怒哀乐，虑叹变慹，姚佚启态。乐出虚，蒸成菌。日夜相代乎前，而莫知其所萌。已乎，已乎！旦暮得此，其所由以生乎！

非彼无我，非我无所取。是亦近矣，而不知其所为使。若有真宰，而特不得其眹。可行已信，而不见其形，有情而无形。百骸，九窍，六藏，赅而存焉，吾谁与为亲？汝皆说之乎？其有私焉？如是皆有为臣妾乎？其臣妾不足以相治乎？其递相为君臣乎？其有真君存焉？如求得其情与不得，无益损乎其真。一受其成形，不亡以待尽。与物相刃相靡，其行尽如驰，而莫之能止，不亦悲乎！终身役役而不见其成功，苶然疲役而不知其所归，可不哀邪？人谓之不死，奚益！其形化，其心与之然，可不谓大哀乎？人之生也，固若是芒乎？其我独芒，而人亦有不芒者乎？

夫随其成心而师之，谁独且无师乎？奚必知代而心自取者有之？愚者与有焉。未成乎心而有是非，是今日适越而昔至也。是以无有为有。无有为有，虽有神禹且不能知，吾独且奈何哉！

夫言非吹也。言者有言，其所言者特未定也。果有言邪？其未尝有言邪？其以为异于鷇音，亦有辩乎？其无辩乎？

道恶乎隐而有真伪？言恶乎隐而有是非？道恶乎往而不存？言恶乎存而不可？道隐于小成，言隐于荣华。故有儒墨之是非，以是其所非而非其所是。欲是其所非而非其所是，则莫若以明。

物无非彼，物无非是。自彼则不见，自知则知之。故曰：彼出于是，是亦因彼。彼是方生之说也。虽然，方生方死，方死方生；

方可方不可，方不可方可；因是因非，因非因是。是以圣人不由而照之于天。亦因是也，是亦彼也，彼亦是也。彼亦一是非，此亦一是非，果且有彼是乎哉？果且无彼是乎哉？彼是莫得其偶，谓之道枢。枢始得其环中，以应无穷。是亦一无穷，非亦一无穷也。故曰，莫若以明。

以指喻指之非指，不若以非指喻指之非指也；以马喻马之非马，不若以非马喻马之非马也。天地一指也，万物一马也。

可乎可，不可乎不可。道行之而成，物谓之而然。恶乎然？然于然。恶乎不然？不然于不然。物固有所然，物固有所可；无物不然，无物不可。故为是举莛与楹，厉与西施，恢诡谲怪，道通为一。其分也，成也；其成也，毁也。凡物无成与毁，复通为一。唯达者知通为一，为是不用而寓诸庸。庸也者，用也；用也者，通也；通也者，得也。适得而几矣。因是已，已而不知其然，谓之道。劳神明为一而不知其同也，谓之“朝三”。何谓“朝三”？狙公赋芧，曰：“朝三而暮四。”众狙皆怒。曰：“然则朝四而暮三。”众狙皆悦。名实未亏而喜怒为用，亦因是也。是以圣人和之以是非而休乎天钧，是之谓两行。

古之人，其知有所至矣。恶乎至？有以为未始有物者，至矣，尽矣，不可以加矣。其次以为有物矣，而未始有封也。其次以为有封焉，而未始有是非也。是非之彰也，道之所以亏也。道之所以亏，爱之所以成。果且有成与亏乎哉？果且无成与亏乎哉？有成与亏，故昭氏之鼓琴也；无成与亏，故昭氏之不鼓琴也。昭文之鼓琴也，师旷之枝策也，惠子之据梧也，三子之知几乎！皆其盛者也，故载之末年。唯其好之也，以异于彼；其好之也，欲以明之。彼非所明而明之，故以坚白之昧终。而其子又以文之纶终，终身无成。若是而可谓成乎？虽我亦成也。若是而不可谓成乎？物与我无成也。是故滑疑之耀，圣人之所图也。为是不用而寓诸庸，此之谓以明。

今且有言于此，不知其与是类乎？其与是不类乎？类与不类，相与为类，则与彼无以异矣。虽然，请尝言之：有始也者，有未始有始也者，有未始有夫未始有始也者；有有也者，有无也者，有未始有无也者，有未始有夫未始有无也者。俄而有无矣，而未知有无之果孰有孰无也。今我则已有谓矣，而未知吾所谓之其果有谓乎？其果无谓乎？

夫天下莫大于秋豪之末，而大山为小；莫寿乎殇子，而彭祖为夭。天地与我并生，而万物与我为一。既已为一矣，且得有言乎？既已谓之一矣，且得无言乎？一与言为二，二与一为三，自此以往，巧历不能得，而况其凡乎！故自无适有以至于三，而况自有适有乎！无适焉，因是已。

夫道未始有封，言未始有常，为是而有畛也。请言其畛：有左有右，有伦有义，有分有辩，有竞有争，此之谓八德。六合之外，圣人存而不论；六合之内，圣人论而不议。春秋经世先王之志，圣人议而不辩。故分也者，有不分也；辩也者，有不辩也。曰：何也？圣人怀之，众人辩之以相示也。故曰辩也者有不见也。

夫大道不称，大辩不言，大仁不仁，大廉不谦，大勇不忮。道昭而不道，言辩而不及，仁常而不成，廉清而不信，勇忮而不成。五者圆而几向方矣！故知止其所不知，至矣。孰知不言之辩，不道之道？若有能知，此之谓天府。注焉而不满，酌焉而不竭，而不知其所由来，此之谓葆光。

故昔者尧问于舜曰："我欲伐宗、脍、胥敖，南面而不释然，其故何也？"舜曰："夫三子者，犹存乎蓬艾之间。若不释然，何哉？

昔者十日并出，万物皆照，而况德之进乎日者乎！”

齧缺问乎王倪曰：“子知物之所同是乎？”曰：“吾恶乎知之！”“子知子之所不知邪？”曰：“吾恶乎知之！”“然则物无知邪？”曰：“吾恶乎知之！虽然，尝试言之。庸讵知吾所谓知之非不知邪？庸讵知吾所谓不知之非知邪？且吾尝试问乎女：民湿寝则腰疾偏死，鳅然乎哉？木处则惴栗恂惧，猨猴然乎哉？三者孰知正处？民食刍豢，麋鹿食荐，蝍蛆甘带，鸱鸦耆鼠，四者孰知正味？猨猵狙以为雌，麋与鹿交，鳅与鱼游。毛嫱丽姬，人之所美也，鱼见之深入，鸟见之高飞，麋鹿见之决骤。四者孰知天下之正色哉？自我观之，仁义之端，是非之涂，樊然殽乱，吾恶能知其辩！”

齧缺曰：“子不知利害，则至人固不知利害乎？”王倪曰：“至人神矣！大泽焚而不能热，河汉沍而不能寒，疾雷破山飘风振海而不能惊。若然者，乘云气，骑日月，而游乎四海之外。死生无变于己，而况利害之端乎！”

瞿鹊子问乎长梧子曰：“吾闻诸夫子，圣人不从事于务，不就利，不违害，不喜求，不缘道。无谓有谓，有谓无谓，而游乎尘垢之外。夫子以为孟浪之言，而我以为妙道之行也。吾子以为奚若？”

长梧子曰：“是黄帝之所听荧也，而丘也何足以知之！且女亦大早计，见卵而求时夜，见弹而求鸮炙。

“予尝为女妄言之，女以妄听之。奚旁日月，挟宇宙，为其脗合，置其滑涽，以隶相尊。众人役役，圣人愚芚，参万岁而一成纯。万物尽然，而以是相蕴。

“予恶乎知说生之非惑邪！予恶乎知恶死之非弱丧而不知归者邪！丽之姬，艾封人之子也。晋国之始得之也，涕泣沾襟，及其至于王所，与王同筐床，食刍豢，而后悔其泣也。予恶乎知夫死者不悔其始之蕲生乎！

“梦饮酒者，旦而哭泣；梦哭泣者，旦而田猎。方其梦也，不知其梦也。梦之中又占其梦焉，觉而后知其梦也。且有大觉而后知此其大梦也，而愚者自以为觉，窃窃然知之。君乎、牧乎，固哉！丘也与女，皆梦也；予谓女梦，亦梦也。是其言也，其名为吊诡。万世之后而一遇大圣，知其解者，是旦暮遇之也。”

即使我与若辩矣，若胜我，我不若胜，若果是也，我果非也邪？我胜若，若不吾胜，我果是也，而果非也邪？其或是也，其或非也邪？其俱是也，其俱非也邪？我与若不能相知也，则人固受其黮暗，吾谁使正之？使同乎若者正之？既与若同矣，恶能正之！使同乎我者正之？既同乎我矣，恶能正之！使异乎我与若者正之？既异乎我与若矣，恶能正之！使同乎我与若者正之？既同乎我与若矣，恶能正之！然则我与若与人，俱不能相知也，而待彼也邪？化声之相待，若其不相待，和之以天倪，因之以曼衍，所以穷年也。

“何谓和之以天倪？曰：是不是，然不然。是若果是也，则是之异乎不是也亦无辩；然若果然也，则然之异乎不然也亦无辩。忘年忘义，振于无竟，故寓诸无竟。”

罔两问景曰：“曩子行，今子止；曩子坐，今子起。何其无特操与？”景曰：“吾有待而然者邪？吾所待又有待而然者邪？吾待蛇蚹蜩翼邪？恶识所以然？恶识所以不然？”

昔者庄周梦为胡蝶，栩栩然胡蝶也，自喻适志与？不知周也。俄然觉，则蘧蘧然周也。不知周之梦为胡蝶与？胡蝶之梦为周与？周与胡蝶，则必有分矣。此之谓物化。

【译文】

南郭子綦坐在那里，仰头向天长长地吹着口哨，那离神去智的样子像丢了魂似的。他的学生颜成子游站在他身边侍候，问道：“这是怎么啦？形体诚然可以使它像干枯的树木，难道精神和思想也可以使它像死灰那样吗？今天坐在这里的你，可不像从前坐在这里的你。”子綦回答说：“停，你问的不是也很好吗？今天我已经忘掉了自己，你知道吗？我吹的口哨你听见过了，而你没有听见过大地发出的音声，你听见过大地发出的音声，但你却没有听见过宇宙的音声！”子游说：“敢问老师其中的道术。”子綦说：“天地呼吸之气，它名字叫风。不发作则已，一旦发作则是万窍怒吼。难道你没有听到那长长的风声吗？你看那山林的扇动，百围大树上无数的窍孔，有的像鼻子，有的像嘴巴，有的像耳朵，有的像横木，有的像畜兽的栅栏，有的像舂米的臼窝，有的像清水洼儿，有的像浑水洼儿。从它们这些窍孔发出的声音，像急流水声，像迅疾的箭声，像怒吼声，像呼吸声，像呼喊声，像嚎哭声，像鹌鹑叫声，像鸡狗叫声，前面的高声在唱，后面低声随唱。清远的风吹来就轻声地跟着唱，飘荡的风吹来就大声地跟着唱，凶猛的风停息了以后万窍又归于无声。难道你没有看见风过后草木还在来回轻轻摇晃的样子吗？”子游说：“大地的音声我知道是从众多窍穴里发出来的，你吹的口哨我知道就像是箫管发出来的音声。请老师告诉我宇宙的音声是什么。”子綦说：“风吹万窍发出的音声有万般不同，而使万窍发出万般不同音声的是万窍自己，都是由万窍自己决定的，但能让万窍发出万般音声的鼓动者是谁呢？”

大道理纵横交错，小道理也纵横交错，无论是气焰盛人之大言，还是琐细啰唆之小言，都无法言说这纵横交错的道理。辩士们睡觉时，梦中也被这纵横交错的道理弄得不得安宁，他们醒来后也是忧虑重重，与外界一接触，就整日里钩心斗角。有时迟缓沮丧，有时深不可测，有时慎语严密，小处说得惴惴不安，大处说得惊恐沮丧。他们的言语像扣动了弩机的利箭，快疾而又尖刻，其实这些言语主要是谈论是非的说辞。他们留在心底的言语是诅咒的盟誓，其实这些诅咒都是持守胸臆坐待胜机的盟誓；他们把不想用来辩论的言语像秋风扫落叶一样抹去，说话间将其逐一消亡；他们把溺爱的言语用来从事所辩论之事，为的是使对手不能取胜；他们把讨厌、不喜欢的言语封闭起来，说话间将其封锁在沟洫之中；近死的心，不能使对手正面辩论。喜怒哀乐，思虑叹息中变通改动言语以适应辩论引来的恐惧，轻浮放纵张狂的姿态，好像乐声从管中发出，又像菌类从地里蒸腾而发。白天晚上都是这样，却不知道是什么在驱使他们。算了吧，算了吧！早晚会明白，他们这种言语情态所产生的原因。

不是彼就没有我的呈现，不是我就没有彼的呈现。这个也近似那个，而却不知是谁在驱使。如果真有主宰，而却得不到它特别的征兆迹象。相信它在运行，而却见不到它的形象，看来它是有情无形的。众多的骨骼，眼、耳、口、鼻等九窍，心、肺、肝、肾等六脏都存在于我身上，我跟它们哪一个部位最亲近呢？你对它们全都同样喜欢吗？还是对它们中某一部位格外偏爱呢？真的所有部位都会成为臣妾似的仆属吗？它们之间不可以相互统治支配吗？还是轮流做君臣呢？它们有真君主宰存在吗？如是寻求它的情形而无法得到，也不会增益和损坏它的真实存在。人一旦受天地之气形成了他们的形体，就无法忘掉自身而是等待最后的殆尽消亡。跟外界相互宰杀相互消灭，他们行动的殆尽消亡如同快马奔驰，不能止步，这不也很可悲吗？终身承受役使却看不到他们的成功，困顿疲劳却不知道他们的归宿，这能不算悲哀吗？就算人们说这种人不会死亡，这又有什么益处？他们的形骸逐渐衰竭，他们的心也跟着一起衰竭，这能不算是最大的悲哀吗？人这一生，就应该茫然无知吗？还是就我自己茫然无知，而人生能有不茫然无知的人吗？

随顺执着自我成见并奉为师，谁难道还没有老师吗？何必说知道是非而有自我成见的人才有呢？愚笨的人也一样有！如果说未曾有成见而已经有了是非，那就好比说“今天出发去越国而昨天就已经到了”。这是把无有当成了有。把无有当成了有，即使是神圣的大禹也尚且不能明白其中的道理，我又能怎么办呢？

言语不是吹风。言语有主观语意，言语它本身没有特定的准确标准。果真有主观语意吗？主观语意它真的存在吗？他们认为言语不同于雏鸟的鸣叫，也有区别吗？还是他们没有区别呢？

“道”哪里看不见而有真假吗？主观语意哪里看不见而有是非吗？“道”哪里去了而不存在吗？主观语意哪里存在而能说明道吗？见解浅的人看不见“道”，华丽精妙的言语看不见主观语意。所以就有了儒家和墨家的是非之辩，他们以自己的“是”来证明他人的“非”，用他人的“非”来证明自己的“是”。要想判定证明他们究竟谁是谁非，就不要用你自己的明鉴。

任何事物无法说不是彼，任何事物也无法说不是此。自己是彼却自己看不见自己，自己却知道自己。因此说：彼产生于此，此也因为彼。这就是彼此并生的说法。虽然如此，但是并生也就是并死，并死也就是并生；是也是非，非也是是；是因为非，非因为是。所以圣人不通过是非来判断事物，而是关照于自然本身。也因为如此，是也是彼，彼也是是。彼也是一是一非，此也是一是一非。彼此真的有区别吗？还是彼此真的没有区别呢？彼此不得相对，可以说是“道”的纲要。纲要开始也获得于道中，应用无穷。是也是一无穷，非也是一无穷。因此说，不如用事物的本然来加以观察和认识。

以概念名称来说概念名称不是它所指的实际，不如以实际来说概念名称不是它所指的实际；以概念名称的马来说概念名称的马不是它所指的实际的马，不如以实际的马来说概念名称的马不是它所指的实际的马。整个自然界无论存在多少要素，但作为要素都是一样的，各种事物无论存在多少具体物象，但作为具体物象都是一样的。

可见的可指，不可见的不可指。可见的万物是“道”的运行而生成的，万物的名称和概念是人的主观强加所指才这样的。何处这样呢？这样于实在。何处不这样呢？这样于不实在。物本来是实在的，物本来是可见的。没有物不实在，没有物不可见。为此举例看草本植物的茎与堂屋前部的柱子，丑陋的人与漂亮的西施，离奇怪异，从道的角度讲是相同浑一的。那分也就是成，那成也就是毁。凡是实际的物是没有成与毁的，成与毁是相同浑一的。只有通达此理才能体会到“道”的同一性，不以名称或概念所指，而是以实际万物为庸。庸，也就是用；用，也就是通；通，也就是得。得到切合实际的道理。因此为止，而后不以名称或概念辩论实际万物就是“道”。劳心费神专一于辩论是非不知万物道同一体，就是“朝三”。什么是“朝三”？养猴人给猴喂橡子吃，说：“早上三个而傍晚四个。”猴子们都发怒了。他又说：“早上四个而傍晚三个。”猴子们都高兴了。概念和实际未曾缺损，但概念一变喜怒也变了，也是因为玩弄名称或概念。古代圣人不去分辨是非，游闲于自然均衡的境界之中，这是物与我各得其所、自行发展。

古时候的圣人，他们理解宇宙万物的境界达到了极致。何处达到极致了呢？在于他们认为宇宙未曾有万物的存在。内小到不可至，外大到不可尽，无法超越。其次认为有物存在，但万物未曾有准确的界限区分。再其次，认为万物有准确的界限区分，但未曾有是非。是因为是非的显露，道就有了亏损和缺陷，道出现亏损和缺陷，主观偏私的爱就会形成。真的有形成与亏缺吗？还是没有形成与亏缺呢？有形成与亏缺，因此昭文才能弹琴奏乐。没有形成与亏缺，所以昭文就不能弹琴奏乐。昭文善弹琴，师旷妙知音律，惠施喜欢靠着梧桐树谈说明理，三人道理穷尽，全都盛气凌人，因此到最后衰败。唯独自己的道理好，以此不同于他人，自己的道理好，想要让他人明白。他人不明白而对他人讲，因此以论石之质的“坚”与石之色的“白”迷昧而告终。而昭文的儿子又继承了昭文，终生没有什么作为。像这样就可以叫作成了吗？那虽然我无成也可说是成了。像这样就不可以叫作成了吗？那万物与我都没有成。所以说滑稽怀疑的光耀，是圣人的图谋。为的是以无用寄托于众用，这可以说是用明鉴。

今天在这里的言语，不知说的与他人说的是否相似？还是与他人说的不相似？相似与不相似，相互与相似，此与彼没有不同之处。虽然是这样，我们还要尝试用言语来分析：有人说有开始，有人说未曾有人说有开始，有人说未曾有人说未曾有人说有开始；有人说有，有人说无，有人说未曾有人说无，有人说未曾有人说未曾有人说无。一会有而一会无，而未曾有理说明“有无”的结果是谁有谁无。今天我是已经有所说了，而不知道我所说的“有无”的结果是有所说呢？还是“有无”的结果无所说呢？

天下没有大于秋时兽生豪毛尖的，而大山也可以被认为是小的；没有寿命不近于短命的人，而彭祖也可以被认为是短命的。天地与我一齐生，而万物与我也可以被认为是一齐的。既然已经被认为是一齐的，还有什么可说的呢？既然已经说是一齐的，还有什么不可说的？“一”与“语言”被认为是“二”，“二”与“一”被认为是“三”。从“三”依此类推，能巧算历数的人也无法计算其数，况且凡夫之人呢？因此从无到有能到三，况且从有到有呢？无法到达，顺其自然罢了。

“道”未曾有准确的界限区分，言语未曾有准确的常理，为了证明自己的是才有了边沿界限。我们来说明一下这个边沿界限：天地间是有左有右的；人类文化是有伦有理的；人类理念是有分有辩的；人类生活是有竞有争的；这八类可称谓八德。天地四方之外，圣人怀有而不辩论；天地四方之内，圣人辩论而不决议。对前代三皇五帝的记载圣人议论而从不执是辩非。因此有的人想分，却分不开；有的人想辩，却辩不清。有人会说，这是为什么呢？圣人怀中有，众人口中辩，以表相示辩。因此说，辩论的人，有见不到之处。

大道不可称谓，大辩不可言说，大仁不可仁爱，大廉不可谦让，大勇不可刚愎，道用来明理而这不是真正的大道，言语用来辩论而这说明不了真理，仁用来平常仁爱而这成不了大仁，廉用来得清名而这清名并不可信，勇用来刚愎自负而这成不了大事。这五种做法是以圆学方，因此道理只是停止在自己知道的范围内，已经到了尽头。谁能知道大辩不可言说，大道不可称谓呢？如果有知道的，这可以说是合于自然的府藏。灌进去而灌不满，倒出来而倒不尽，不知道理从何而来，这可以说是藏而不露。

以前尧问舜说：“我想要征伐宗、脍、胥敖三个小国，而在朝堂之上心中却总是不愉快，这是什么原因呢?”舜说：“那三个小国的国君，如同生存在蓬蒿艾草之间。你心不平静，为什么呢？以前十个太阳一块儿升起，万物都照，况且你的德行比太阳还明亮！”

啮缺问王倪说：“你知道万物相同的地方是什么吗?”王倪说：“我哪里知道呢！”啮缺又问：“你知道你所不知道的吗?”王倪说：“我哪里知道呢！”啮缺接着问：“难道万物你没有知道的吗?”王倪说：“我哪里知道呢！虽然我不知道，但我尝试着来回答一下你的问题。怎么知道我所说知道不是不知道呢？怎么知道我所说不知道不是知道呢？还是我尝试着来问一问你：人在潮湿的地方睡觉就会腰部患病或患半身不遂，泥鳅为什么不会这样呢？人住在树上就会恐惧发抖，猿猴为什么不会这样呢？三者谁知道哪个是正确的住处？人食牲畜的肉，麋鹿食草，蜈蚣喜欢吃小蛇，鸱鹰喜欢吃老鼠，四者谁知道哪个是正确的味道？猿以猵狙为配偶，麋与鹿交配，泥鳅与鱼交尾同游。毛嫱和丽姬，是人中美人，可是鱼儿见了她们却深深潜入了水底，鸟儿见了她们却高高飞向天空，麋鹿见了她们却撒腿快跑。四者谁知道哪个是天下真正的美色呢？以我看来，仁义的究竟，是非的混淆，纷杂错乱，我哪能知道怎么分辨呢！”

啮缺说：“你不知道好坏，是说道德高尚的至人本来也不知道好坏吗?”王倪说：“进入物我两忘境界的至人神涒不测呀！大泽焚烧而不能使其感到热，黄河与汉水冰冻了而不能使其感到寒冷，迅雷破山与狂风倒海而不能使其感到震惊。像这样，乘雾驾云，骑日驭月，而遨游于四海之外，死生对其自身没有任何变化影响，何况好坏的究竟呢！”

瞿鹊子问长梧子说：“我多次听老师孔子说，关于圣人不从事于琐细的事情，不靠近好事，不远离坏事，不喜欢得到，不攀缘虚妄。

没有说又有所说，有所说又没有说，而游心于烦恼之外的说法。孔子认为这是轻率的言论，而我却认为这是妙道之理，你认为如何?”

长梧子说：“就是黄帝听了这些话也会迷惑不解的，而你老师孔丘也不可能都完全知道啊！况且你也太着急了，看见鸡蛋你就要求得到报晓的公鸡，看见掸子你就要求得到烤熟的斑鸠肉。

“我试探着为你胡乱说说这个问题，你也以此胡乱地听听这个问题如何？圣人靠近日月，怀抱宇宙，为了和谐，安放了滑稽的昏乱，以此放下了相互的尊崇。众人劳苦不息逐名奔利，圣人貌似无知，却参通了万年而是一刹那的事。万物全都是这样，并且以此相互包含。

“我哪里知道高兴的活着不是不迷惑呢！我哪里知道厌恶死亡是没有胆子而不知道死了其实是回去了呢！丽姬，是艾地封人的女儿，晋国刚迎娶她的时候，她哭得鼻涕泪水沾满衣襟，等她到晋王的宫里，与晋王同睡一床，吃上美味珍馐，后悔当初不该那么伤心地哭泣。我哪里知道那些死去的人不会后悔当初的求生呢?

“梦中饮酒的人，早晨哭泣了；梦中哭泣的人，早晨打猎了。他们在梦中的时候，并不知道自己是在做梦。在梦中又会占卜他们的梦，醒来后才知道自己是在做梦。况且有了大觉悟后才知道自己的人生也是一场大梦，而愚昧的人却自以为觉悟了，好像自己什么都知道。君尊牧卑，这种看法实在是浅薄鄙陋呀！孔丘也和你一样，都是在做梦。我说你们在做梦，其实我也是在做梦。这番话，此时可以称为奇特或怪异。但万世之后而一旦遇上一位大圣人，知道并悟出了其中的道理，是早晚相遇的事。”

就算是我与你展开辩论，你胜了我，我输了，难道你的结果就对了，我的结果就错了吗？如果我胜你，你输了，难道我的结果就对了，你的结果就错了吗？那么究竟我们两个谁的对，谁的不对呢？还是我们两个都对，或是都不对呢？我与你不可能相互知道，是人本来就有自己的偏见偏信，谁又能给我们做出正确的裁判呢？使用观点和你相同的人来裁判吗？既然观点与你相同，哪能做出公正的裁判呢？使用观点和我相同的人来裁判吗？既然观点和我相同，哪能做出公正的裁判呢？使用观点不同于我和你的人来裁判吗？既然观点不同于我和你，哪能做出公正的裁判呢？使用观点与我和你相同的人来裁判吗？既然观点与我和你相同，哪能做出公正的裁判呢？因此我与你还有别人，全都不能相互知道，那还等待谁呢？辩论中言辞变化是相互对立的，要想他们不相互对立，和平相待就要以顺自然的分际，分际的边缘要以顺自然的圆环，原因是一年到头循环往复没有始终。

“为什么说和平相待就要以顺自然的分际呢？回答是：对与不对一样，是与不是一样。对你结果对了，而对不同于对的不对也不用争辩说不对了；是你结果是了，而与是不同的不是也不用争辩说不是了。舍弃生死忘掉是非，游心于无穷，所以寄辩说于无穷。”

影子的影子问影子说：“以往你行走，现在你停止；以往你坐着，现在你站起。你怎么那样没有自己的独立操守呢？”影子说：“我有依靠会这样吗？我所依靠的又有依靠会这样吗？我依靠的像蛇蜕皮或蝉蜕壳吗？我哪里知道原因是这样呢？我哪里知道原因不是这样呢？”

从前庄周梦做蝴蝶，是栩栩如生的蝴蝶，自己晓得是舒适自得吗？不知道自己是庄周。忽然醒来，惊喜地发现自己是庄周。不知道是庄周的梦做蝴蝶呢，还是蝴蝶的梦做庄周呢？庄周与蝴蝶，是必然有区分的。这个就叫作物、我的交合与变化。

【感悟】

为了方便读者的理解，我将在下面的篇章中，分段引用原文及译文来逐句分析、理解和感悟。

感悟一
物我两忘　大道是谁

【原文】

南郭子綦隐机而坐，仰天而嘘，荅焉似丧其耦。颜成子游立侍乎前，曰："何居乎？形固可使如槁木，而心固可使如死灰乎？今之隐机者，非昔之隐机者也。"子綦曰："偃，不亦善乎，而问之也？今者吾丧我，汝知之乎？女闻人籁，而未闻地籁，女闻地籁而未闻天籁夫！"子游曰："敢问其方。"子綦曰："夫大块噫气，其名为风，是唯无作，作则万窍怒呺，而独不闻之翏翏乎？山林之畏佳，大木百围之窍穴，似鼻，似口，似耳，似枅，似圈，似臼，似洼者，似污者。激者，謞者，叱者，吸者，叫者，譹者，宎者，咬者，前者唱于而随者唱喁。泠风则小和，飘风则大和，厉风济则众窍为虚。而独不见之调调之刁刁乎？"子游曰："地籁则众窍是已，人籁则比竹是已，敢问天籁。"子綦曰："夫吹万不同，而使其自已也，咸其自取，怒者其谁邪？”

【译文】

南郭子綦坐在那里，仰头向天长长地吹着口哨，那离神去智的样子像丢了魂似的。他的学生颜成子游站在他身边侍候，问道：“这是怎么啦？形体诚然可以使它像干枯的树木，难道精神和思想也可以使它像死灰那样吗？今天坐在这里的你，可不像从前坐在这里的你。”子綦回答说：“停，你问的不是也很好吗？今天我已经忘掉了自己，你知道吗？我吹的口哨你听见过了，而你没有听见过大地发出的音声，你听见过大地发出的音声，但你却没有听见过宇宙的声音！”子游说：“敢问老师其中的道术。”子綦说：“天地呼吸之气，它名字叫风。不发作则已，一旦发作则是万窍怒吼。难道你没有听到那长长的风声吗？你看那山林的扇动，百围大树上无数的窍孔，有的像鼻子，有的像嘴巴，有的像耳朵，有的像横木，有的像畜兽的栅栏，有的像舂米的臼窝，有的像清水洼儿，有的像浑水洼儿。从它们这些窍孔发出的声音，像急流水声，像迅疾的箭声，像怒吼声，像呼吸声，像呼喊声，像嚎哭声，像鹌鹑叫声，像鸡狗叫声，前面的高声在唱，后面低声随唱。清远的风吹来就轻声地跟着唱，飘荡的风吹来就大声地跟着唱，凶猛的风停息了以后万窍又归于无声。难道你没有看见风过后草木还在来回轻轻摇晃的样子吗？”子游说：“大地的音声我知道是从众多窍穴里发出来的，你吹的口哨我知道就像是箫管发出来的音声。请老师告诉我宇宙的音声是什么。”子綦说：“风吹万窍发出的音声有万般不同，而使万窍发出万般不同音声的是万窍自己，都是由万窍自己决定的，但能让万窍发出万般音声的鼓动者是谁呢？”

【感悟】

南郭子綦隐机而坐，仰天而嘘，荅焉似丧其耦。

译文：南郭子綦坐在那里，仰头向天长长地吹着口哨，那离神去智的样子像丢了魂似的。

这里开篇的第一句“南郭子綦隐机而坐”，历来研究庄子的学者们对其注疏颇多，虽然各家注疏言辞不同，但总的不外乎两种说法：多数学者的说法是靠着几案而坐；少数学者的说法是坐禅而坐。这里我们不去探究到底南郭子綦是怎么坐着的，反正不是站着。到底怎样坐的，谁又能说得清楚呢？要想说清楚还得去问庄子！我认为研读古人经典，不可死抠字眼，拘泥于文字，要尽量穿越时空回到他们的时代去，成为其中的一名角色。只有这样才更容易感悟到那个历史时期，古人的情怀。

下面我们试着来设计一种容易研读和感悟古人经典的方法。我们不妨先把古人经典分成两种句子，在这里我们给这两种句子赋予一个概念名称叫：“介连句”和“主题句”。为了更明确一些，我们先用电影和电视剧来举例。例如：我们先把电影和电视剧中的每个镜头分成两种，这里给它们起个名字叫：“介连镜”和“主题镜”。那么什么是“介连镜”呢？就是在电影和电视剧中可多可少用来串联主题的镜头。这些镜头是为中心主题服务的，并不是看点，看点是“主题镜”。其实一部好的电影或是电视剧，“介连镜”是一定要有的，因为需要这些镜头来介连中心主题，但是它不可反宾为主，只是介连而已。有了这种方法，我们就更容易弄明白古人的经典了。

现在我们回到正题上来，“南郭子綦隐机而坐”在这里是“介连句”，“仰天而嘘，荅焉似丧其耦”在这里是“主题句”，“颜成子游立侍乎前”是“介连句”，“形固可使如槁木，而心固可使如死灰乎？今之隐机者，非昔之隐机者也。”是“主题句”。不用一一列举，想必你已有了感觉。既然这样我们在研读中就要把注意力放到主题句上，但不能把注意力放到句子的字面上，要究其言外之意。学者对“仰天而嘘”这一句大约有以下三种注解：一种是仰头向天叹气；一种是仰头向天吐纳；还有一种是仰头向天吹口哨。我比较赞同最后一种仰头向天吹口哨的注解。为什么呢？因为它与后面主题句“女闻人籁”紧紧相扣。

庄子这里开篇的第一段，如果我们从翻译的字面上看，就好像看了一段电视剧或听了一段故事似的。但是如果我们细心研读，对其言外索意的话，那我们就可以发现庄子在此章中讲的是“道”的体用，以及入“道”的工夫。

这里“南郭子綦”的“南”，有隐喻《逍遥游》中“南溟”的意思，因为在《人间世》中有“南伯子綦”；在《大宗师》中有“南伯子葵”。有人说“葵”字是笔误，也应该是“綦”字。我认为此处不必较真，虽说庄子笔下的人物有真有假，但大部分人物是杜撰寓托的。这里的“南郭子綦”在历代注疏中，有说此人是楚昭王之庶弟，也有说此人是楚庄王之司马。到底有没有这个历史人物，我们就不去深究了。我认为此人应该是庄子寓托的高士，并非历史人物。可以说是庄子虚拟了一个“南郭子綦”，他在此借南郭子綦之口来述说自己的思想。通过“仰天而嘘”这样一个长长的口哨，首先埋下伏笔。为什么这样说呢？我们来分析一下：人吹口哨时，是口发出来的声音吗？如果是口发出的哨声，那么人人都有口，为什么不是人人都在吹口哨？既然不是口，那是气吗？如果是气，人人都在呼吸喘气，为什么不是人人都在吹口哨呢？宋代苏轼的《题沈君琴》一诗中这样写道："若言琴上有琴声，放在匣中何不鸣？若言声在指头上，何不于君指上听？"苏轼的这首诗是很有禅意的！琴声到底从何而来？到底是谁在吹口哨呢？这里如同禅宗的"参话头"，参"谁在念佛""念佛是谁"。现在我们可以感觉到了，庄子在这里一开篇就通过他寓托的两个人：南郭子綦和颜成子游，带着我们慢慢地由懵懂向着"道"的境界走去。

颜成子游立侍乎前，曰："何居乎？形固可使如槁木，而心固可使如死灰乎？今之隐机者，非昔之隐机者也。"

译文：他的学生颜成子游站在他身边侍候，问道："这是怎么啦？形体诚然可以使它像干枯的树木，难道精神和思想也可以使它像死灰那样吗？今天坐在这里的你，可不像从前坐在这里的你。"

哨声让子游发现老师"荅焉似丧其耦"，蔫耷耷的，看上去什么都没有了，像丢了魂似的坐在那里。你看庄子这里一开始就引领我们进入"道"的感觉，忘我的境界。可是他怕我们不明白这种忘我的境界，便通过子游的问："形固可使如槁木，而心固可使如死灰乎?"来向我们进一步的阐明什么是"道"的境界。庄子这里讲的"死灰""槁木"，是说修行的人妙悟自然，达到了离形去智、寂寞无情、心身俱遣、顺其自然而忘却是非的境界。身体顺其天真、无何所有、于无心而自得，物我两忘、能所俱泯。

对子游的问话，南郭子綦并没有急着回答，好像没听见一样。子游见此情景接着说："今之隐机者，非昔之隐机者也。"今天坐在这里的你，可不像昨天坐在这里的你。这句看上去非常简单的话，言外之意是，庄子通过子游对老师南郭子綦今昔不同的变化，告诉了我们一个大道理：要想入道，先要明"变"。就是要让我们明白宇宙万事万物、每时每刻都是在不断的变化之中。如同《易经》中讲的“变易”；《金刚经》中讲的：“过去心不可得，现在心不可得，未来心不可得”；庄子讲的：“方生方死，方死方生”；孔子讲的：“回也，交臂非故”；毛泽东《水调歌头·重上井冈山》中的：“三十八年过去，弹指一挥间”；还有成语“刻舟求剑”“循表夜涉”中的楚人等。这些讲的都是一个不断地“变”字。

佛说“诸行无常。”世界万物每时每刻都在不断变化之中，没有一个永恒的存在。生命也没有一个本来可以让你抓住，只有一个流动性的现象。前一秒钟的你，已不是这一秒钟的你了，这一秒中的你，也不是下一秒钟的你了。交臂非故，弹指一挥间。就在这须臾、刹那甚短的时间里，两人相遇、擦肩而过之时，你已不再是你，我也不再是我了。“斯人已非故人矣，纵使相思也惘然。”两手相交之时，手已经不是过去的那只手了。看起来人世间的三十八年时间挺长，其实也不过弹指间而已。这一指弹下去，指头也不再是过去的指头了。

刻舟求剑的楚人渡河时，不慎剑落江中，因为他不懂舟行变化之理，而在舟上刻下记号，待舟停之时，以便捞剑，岂不知舟早已远离落剑之处，按记号无法寻找，即使跳入河中也是遍寻不获的。古希腊哲学家赫拉克利特也说过：“人不能两次踏进同一条河流”，这也是一种变的哲学。循表夜涉的楚人袭击宋国前，也是先派人探澭水树其杆，标记渡河之处。却不知澭水突涨，夜晚徒步过河时，淹死了一千多士兵。说的这一些都指向了一个“变”字，也就说世界万事万物每时每刻都是在不断的变化之中，诸行无常。

子綦曰：“偃，不亦善乎，而问之也？今者吾丧我，汝知之乎？女闻人籁，而未闻地籁，女闻地籁而未闻天籁夫！

译文：子綦回答说：“停，你问的不是也很好吗？今天我已经忘掉了自己，你知道吗？我吹的口哨你听见过了，而你没有听见过大地发出的音声，你听见过大地发出的音声，但你却没有听见过宇宙的音声！”

南郭子綦一开始对于颜成子游的问，并没有急着回答。当他感到颜成子游问的火候已到的时候，便立刻回答说：停，用了一个“停”字，不让颜成子游再说下去了，并表扬颜成子游说得很好！为什么表扬子颜成游说得好呢？因为颜成子游的发问，说出了南郭子綦入道的境界，那就是“形如槁木，心如死灰”，自己忘掉了自己，没有自己了，进入了“吾丧我”的境界。并且通过自己的口哨引领颜成子游去体悟“道”的境界。其实，这也是庄子借用颜成子游和南郭子綦的口，引领我们进入“道”的境界。也是明“变”之后，庄子引领我们探赜“形而上”之道的开始，他通过借用颜成子游与南郭子綦的一问一答，引领我们切入正题。

这是庄子的为人，也是庄子的智慧！前面几句，他借颜成子游的嘴告诉我们，宇宙万事万物，每时每刻都是在不断的变化之中。而这里的几句，他又借用颜成子游与南郭子綦的一问一答，引领我们去体会什么是“形而上”之道。他告诉我们要观其“道”之妙处，就需要境智两忘，物我双绝，把寻常日用安心于无，达到忘我的境界。这里的“吾丧我”，用简单的白话可读成“我丧我”。那什么是“我丧我”呢？又是哪个“我”丧哪个“我”？其实，这说起来十分简单，但能真正理解或感悟起来挺不容易。不管怎么说，那到底是哪个“我”丧哪个“我”呢？为了更容易弄懂这些问题，不妨我们从佛学的角度来体悟一下：其实庄子这里的“吾丧我”，用佛教的话来说，可以理解为以“假丧假”，也就是以“假我丧假我”；也可以理解为以“妄丧妄”，也就是以“妄我丧妄我”；还可以理解为以“妄丧假”，也就是以“妄我丧假我”。其实“假我”就是“妄我”，“妄我”也是“假我”，语殊而义同，只是叫法不一样罢了。既然有“假我”“妄我”的说辞，那肯定有“真我”说法了？说得很对，有的！其实“真我、假我、妄我”都是佛学术语。真我，也可以叫“大我”，有很多种叫法，这里就不一一列举了。看上去“真我”好像是与“假我”或“妄我”相对，其实“真假”是一不是二。为什么这样说呢？譬如说的大海与波浪。真我，就是平静大海；“假我”或“妄我”，就是大海中的波浪。真我，说的是出离生死烦恼的自在之我，意思就是真正的我。“假我”或“妄我”，是凡夫执着五蕴假合之身为“我”，其实那“我”是“假我”或“妄我”。

修行的人，必须弃掉对“假我”或“妄我”的所执，达到忘怀泯物的境界以后，方处处可见“道”之妙处。庄子这里的言外之意是在告诉我们，观无的时候，不要单单去观无，要观其虚无中所含有的造化万物之妙，方可知晓什么是真如空性。只有达到了这种境界，才可体悟到“恒常之道”是不可说的。所以，庄子从文章的一开始就借用南郭子綦的口哨引入正题，并通过南郭子綦与子游的对话：“我吹的口哨你听见过了，而你没有听见过大地发出的音声，你听见过大地发出的音声，但你却没有听见过宇宙的音声！”将人籁、地籁、天籁陈列开来，为的是让我们更容易去体悟那“形而上”之道。

子游曰：“敢问其方。”

译文：子游说：“敢问老师其中的道术。”

听老师这么一说，子游虽然不明白其中的奥妙，但却能感觉到老师南郭子綦话中有话，所以大胆地请教老师，明示他其中的道理。

庄子以口哨引入正题，是因为口哨属于人籁，比较容易体会。人籁，是人通过自我或是自我对器物的演奏发出的音声。譬如说口哨，在吹的时候，其口型基本是不变的，是通过用气的大小与急缓，才吹出长短高下，宫商异律不同的万般音声。而这大小急缓的气，又禀于何处呢？有优劣之分吗？这些都需要我们去好好参悟！而天地之音声不是这样，天地之音声全都禀于空无。那又是怎样禀于空无的呢？下面是子綦对子游的明示。

子綦曰："夫大块噫气，其名为风，是唯无作，作则万窍怒呺，而独不闻之翏翏乎？

译文：子綦说："天地呼吸之气，它名字叫风。不发作则已，一旦发作则是万窍怒吼。难道你没有听到那长长的风声吗？

地籁，有赖于自然的风。那什么是自然的风呢？子綦说自然的风，就是天地呼吸的气息。这种呼吸的气息，不发作则已，一旦发作了，则是万窍怒吼。因此他问子游："难道你没有听到那长长的风声吗？"从字面上看，这里无非是在说风是天地呼吸的气息。可是如果你言外索意的话，就不难感觉到，庄子是在慢慢地告诉我们什么是"道"的本体。其实，"道"的本体是无相无名、其体至虚的。那个"形而上"的"道"是看不见摸不着的。然而，天地万物都是从此中变化而来的，它的本体功能是靠万物作用的现象，而呈现出来的。

《易经·系辞》中云："形而上者谓之道，形而下者谓之器。"这是看似有形而上与形而下之分，其实是分不开的。形而下是形而上的起用，是以它而起的。如果不依靠这形而下万物的作用现象，那个形而上的本体功能也就呈现不出来。接着庄子以具体的自然现象让我们体悟，以他而起，万物载道的现象。

山林之畏佳，大木百围之窍穴，似鼻，似口，似耳，似枅，似圈，似臼，似洼者，似污者。

译文：你看那山林的扇动，百围大树上无数的窍孔，有的像鼻子，有的像嘴巴，有的像耳朵，有的像横木，有的像畜兽的栅栏，有的像舂米的臼窝，有的像清水洼儿，有的像浑水洼儿。

庄子这里先从眼睛能看到自然现象开始说起。他从山林的扇动，到百围大树上的无数窍孔，生动形象地描述出了，大树上那无数窍孔的百般造型。并以自然界中其他物象的造型，来比喻大树上的无数窍孔。这里如果从字面上看，无非是南郭子綦在告诉颜成子游山林中大树上那无数窍孔，是造型各异，形象不齐的。然而，如果你细细品来，好好参悟的话，就会发现其实庄子这里言外另有他意，他是在借南郭子綦之口告诉世人，眼睛所看到的世间万物，看上去外表形象是不同并且不齐的，但这种眼见的不齐，只是万物的外在表象，而不是本性的本来。为了让世人不惑，接下来庄子又通过耳朵所听，继续一一道来。

激者，謞者，叱者，吸者，叫者，譹者，宎者，咬者，前者唱于而随者唱喁。

译文：从它们这些窍孔发出的声音，像急流水声，像迅疾的箭声，像怒吼声，像呼吸声，像呼喊声，像嚎哭声，像鹌鹑叫声，像鸡狗叫声，前面的高声在唱，后面低声随唱。

上面庄子陈列出了八种不同的窍孔，这里庄子又陈列出了八种不同音声。他陈列说明了，当“自然的风”到来之时，大树上的无数窍孔，是怎样发出万般不同音声的。他通过八种不同的窍孔，所发出的八种不同音声，来说明宇宙中万事万物形式的无穷。告诉我们这个世界万般不同的万事万物都生成于自然。同时还告诉我们，在观有的时候，不要单单地去观有，而是要观万事万物之上那虚无之妙道。是虚无的道体，生出了有形的天地万物。而“有”“无”本来同是一体。有不能生有，必因无以生有；而无不自无，是因有显无。庄子通过百围大树的百般窍孔所发出的各种不同的声音，充分说明了因有显无、有无相生的道理。这里，庄子仍然用自然之物的音声做比，为的还是让世人更容易体悟宇宙万事万物的不齐之齐。而言外之意，也另有所伏。到底有何所伏，我们就随着前面高声的唱和后面低声的随唱慢慢解读。

泠风则小和，飘风则大和，厉风济则众窍为虚。

译文：清远的风吹来就轻声地跟着唱，飘荡的风吹来就大声地跟着唱，凶猛的风停息了以后万窍又归于无声。

上面两段，庄子先陈列了所“看”，后陈列了所“听”，而在这里庄子又陈列了所“想”。由此可见庄子过人的智慧！

我是个画家，曾在一篇文章中这样写过：“中国的山水画，不同于西方的风景画。西方的风景画如同讲故事，而中国的山水画如同作诗，表现的是画家之所见、所听、所思、所想、所梦、所道、所禅……”其实一样，庄子虽然不是在画画，但其理相通。佛教中有六识：眼、耳、鼻、舌、身、意，庄子这里用了“眼、耳、意”三识。他让我们看了再听，听了再想。你要问了，怎么能看出“想”来？不是跟着唱吗？唱完了又归于无声，这怎么又成了“想”呢？是的，你说的也对！不过，不想怎么知道什么是轻声地跟着唱？不想怎么知道什么是大声地跟着唱？不想怎么知道万窍怎样归于无声的？上面我们说了，不要拘泥于文字，要言外求意。庄子知道你会这样想，所以接下来他让你好好再看看，好好再想想。

而独不见之调调之刁刁乎?

译文：难道你没有看见风过后草木还在来回轻轻摇晃的样子吗?

接下来庄子继续以南郭子綦对颜成子游的问来说事。上面他说那寥寥长风的清吹，激荡着山林的扇动，世人都看到并听到了。这里他又问子游："难道就你没有听到和看到，风吹过后草木还在来回轻轻摇晃的样子吗?"你看庄子这里让我们看完了就听，听完了再想，却不告诉我们到底其中有何所伏，而是继续让我们看，看什么呢？看那"风过后草木还在来回轻轻摇晃的样子"。其实这里也是庄子在借南郭子綦问颜成子游的同时在问我们。问什么呢？问我们体悟到了没有。为什么说是问我们体悟到了没有呢？因为如果体悟到了，也就明白为什么风过后，草木还会来回轻轻地摇晃。我们仔细想想，这是否就是庄子埋下的伏笔呢？可能这伏笔是针对当时诸子百家的论辩而埋的，也是为本篇后文作的铺垫。庄子提倡一切顺其自然，都在自然中。庄子这里是不是在以大树无数窍孔发出的万般不同声音，来寓意当时诸子百家的论辩呢？并以低声地随唱和轻声、大声地跟唱，来寓意那些论辩的跟随者呢？以通风停息后万窍归于无声，风过后草木还在来回轻轻摇晃的样子，来寓意那些跟随者的行为呢？当然，这些可能只是我们的猜想。

万物形貌不同，摇动也就不同，"调调刁刁"讲的无非是万物摇动的形貌。但这些都是外表的东西。摇动虽然不同，但从"道"的角度讲，万物的本性没有什么不同，而是相同齐一的。虽然从字面上看"调调刁刁"有所不同，但它们却没有"是非"上的不同。况且那"自然的风"充实与空虚的聚与散，生死穷通，法尔如是。在调调和刁刁之间是没有是非存在的。既然这样，那还有什么可辩论的呢?

庄子认为清风吹和的声小，暴疾飘荡的风吹和的声大，但这些都是各称所受，没有好坏。况且万物生成于无中，法尔如是。烈风吹来万窍充实，烈风停止万窍空虚。虚实虽异，却各得相同。这里庄子的言外之意是，告诉我们道的“绝对性”。万物生成于无中，虽各得虚实不同，但性同不殊，这主要是因为人的主观分别生成了对万物认识的不齐。如果我们能无心于分别，不有意于憎爱，而是顺其自然，就可以达到“道”的境界。而子游还没有达到“道”的境界，对老师南郭子綦的问还不理解，因此，继续请教老师。

子游曰：“地籁则众窍是已，人籁则比竹是已，敢问天籁。”

译文：子游说：“大地的音声我知道是从众多窍穴里发出来的，你吹的口哨我知道就像是箫管之类发出来的音声。请老师告诉我宇宙的音声是什么。”

子游明白“地籁”是窍穴发出音声，“人籁”是口哨及箫管之类发出的音声。这些既可以听到，也都可以看到。唯有“天籁”之音，深奥玄妙，难以体悟。请老师为他讲解，消除疑惑。

看上去万窍、口哨或箫管等所发出的万般音声，好像接近于有生命的生物类，是由母体所生。如果说是这样，那么万般不同的音声是谁生的呢？其实这些没有是非之争的音声，就像宇宙万事万物一样，是自然自生的。自然生我，我自然生。既然万物是自生的，就说明万物不是我生的。我既然不能生万物，那万物也不能生我，也就是说我也是自生的。既然我是自生的，也就是自然的。既然是自然而非人为的，因此也就是天籁之音了。“敢问天籁”这一句，是庄子为了点明本文的主题，用的索引。

子綦曰：“夫吹万不同，而使其自己也，咸其自取，怒者其谁邪？”

译文：子綦说“风吹万窍发出的音声有万般不同，而使万窍发出万般不同音声的是万窍自己，都是由万窍自己决定的，但能让万窍发出万般音声的鼓动者是谁呢?”

这一段，是庄子《齐物论》的重点。更有重中之重之句：“怒者其谁邪”？点题通篇而贯通《齐物论》。我们所称呼的“天地”，也可以说是这个世界万物的总名称，自然的别称。世界万物是自然自生的。其实，自生就是自取，自取也就是自得。意思是窍孔的形状不一样，所发出的音声就不一样。这些都是由窍孔自己的形状决定的，没有一开始的不齐。万窍发出的万般不同音声，的确是因为那“自然的风”的发作。可是，这么一说问题就来了，那是谁鼓动了这“自然的风”呢？庄子这里的问，言外之意是：“谁能说得明白呢？难道辩论能辩论出来么?”其实，庄子问的是：“要明白云云众生的纠纷，万象的参差，都是缘于各自分内自取，没有什么不足之处。宇宙中无论是天上飞的或是地上跑的，到底谁是万事万物的主宰呢?”这需要我们自己去参悟。庄子这里没有正面回答，而是以天籁之音，用疑问的口气“怒者其谁邪”，再次让我们来体悟什么是形而上的“道”。

庄子通过子綦和子游的对话，以“风”作比，逐渐让我们感悟那不可说的形而上之“道”。为什么庄子不用“地、水、火”去比喻“道”，而是用“风”呢？其实这个问题很简单，因为“地、水、火”是看得见摸得着的，而风是看不见摸不着的，以风喻道，更容易让我们体悟到什么是无中生妙有，有无相生，有无同一不二的道理。

上面说了，风不发作则已，发作了就能吹的万窍发出万般不同的音声，但这万般不同的音声都是由万窍自己决定的。为什么这样说呢？我们来想一想，方孔发出的音声和圆孔发出的音声是不可能一样的，而圆孔发出来的音声和扁孔发出的音声肯定也是不一样的，依此类推我们也就明白了。由此可见，风对万窍的吹拂是平等一样的，而万窍发出万般不同的音声，是由万窍自身的形状决定的。既然这样，那到底能让万窍发出万般不同音声的鼓动者是谁呢？是“天籁”之音吗？看上去庄子并没有回答，但庄子言外之意已经回答了：天籁无声。因其只可意会不可言传，无法附着于文字正面回答。“天籁”之音，也可以称其为“道音”“佛音”等音声，它不是耳所能听到的音声，而是恒常不变的真心之声，因此说“天籁无声”。它如同平静的大海，不动则已，动则波涛汹涌，万浪怒吼。老子《道德经》第四十一章中云：“大音希声。”魏朝王弼对其注为：“听之不闻名曰希，‘大音’不可得闻之音也。有声则有分，有分则不宫而商矣。分则不能统众，故有声者非大音也。”大意是：“听而听不到的是希，‘大音’是不可能听得到的音声。因为有了音声就有了区分，有了音声不是宫调而就是商调。有了区分是不能统一众调的，因此有音声的不是‘大音’。”由此可见“大音希声”就是“大音无声”的意思。“大音”也可以说就是“天籁”之音，是只可意会不可言传的“无音心声”。

庄子这一段的言外之意，是在暗示辩士们的辩论，也像能发出万般不同音声的万窍一样，论言都是由辩士们自己决定的。虽然音声是由万窍自己决定的，但是没有风吹，万窍自己也发不出音声。同样的，没有万窍，我们也不知风在哪里，是以万窍而起的。听上去万窍发出音声，是因为风的吹拂，但是一个重要的问题来了，那“风”从哪里来，又是谁鼓动的风呢？是否有一个主宰呢？如果没有主宰，是自然来的，归于自然的话，那什么又是自然呢？真是不可说，说明白了，就不自然了！也就是说也不是自然。因此，佛教称“法尔如是”。《楞严经》中云：“非因缘非自然，法尔如是”，本来就这样。

这段最后庄子用“怒者其谁邪”的问，让我们自己去体悟什么是“道”的绝对性。既然“恒常之道”是不可说的，那还有什么“是非”可辩呢？

到此，我们再次通过“主题句”来回顾一下庄子在这一章中，以音声作比喻，告诉我们这个世界的万有，就像风吹万窍发出万般不同的音声一样。是有一股“无相无形”的力量，“吹万不同”的吹出了这个世界的万有。天籁的吹万不同，合乎了地籁的众窍不同，是众窍自己自决自取的。同时“依他而起”也是这世界的万有显出了这股“无相无形”的力量。但这股力量是什么，从哪里来。他却没告诉我们，而是让我们自己去参悟。他通过南郭子綦与颜成子游两个人物的对话寓托思想。从“仰天而嘘”的“哨”；引领到“今之隐机者，非昔之隐机者也”的“变”；再到“今者吾丧我”忘我的“无”；而后通过“女闻人籁，而未闻地籁，女闻地籁而未闻天籁夫”的“问”；引出了“夫大块噫气，其名为风，是唯无作，作则万窍怒呺，而独不闻之翏翏乎？山林之畏佳，大木百围之窍穴，似鼻，似口，似耳，似枅，似圈，似臼，似洼者，似污者。激者，謞者，叱者，吸者，叫者，譹者，宎者，咬者，前者唱于而随者唱喁。泠风则小和，飘风则大和，厉风济则众窍为虚。而独不见之调调之刁刁乎”的“有”；最后用“吹万不同，而使其自己也，咸其自取，怒者其谁邪”的“问”，以“风”喻“道”。让我们自己去参悟那无形无相的“恒常之道”是什么！只要人们悟道了，论辩自然也就不必了。

感悟二
道不可说　无是无非

【原文】

大知闲闲，小知间间；大言炎炎，小言詹詹。其寐也魂交，其觉也形开，与接为搆，日以心斗：缦者，窖者，密者。小恐惴惴，大恐缦缦。其发若机栝，其司是非之谓也；其留如诅盟，其守胜之谓也；其杀若秋冬，以言其日消也；其溺之所为之，不可使复之也；其厌也如缄，以言其老洫也；近死之心，莫使复阳也。喜怒哀乐，虑叹变慹，姚佚启态。乐出虚，蒸成菌。日夜相代乎前，而莫知其所萌。已乎，已乎！旦暮得此，其所由以生乎！

【译文】

大道理纵横交错，小道理也是如此，无论是气焰盛人之大言，还是琐细啰唆之小言，都无法言说这纵横交错的道理。辩士们睡觉的梦中也被这纵横交错的道理弄得魂魄不得安宁，他们醒来后也是忧虑重重，与外界一接触，就整日里钩心斗角。有时迟缓沮丧，有时深不可测，有时慎语严密，小处说得惴惴不安，大处说得惊恐沮丧。他们的言语像扣动了弩机的利箭，快疾而又尖刻，其实这些言语主要是谈论是非的说辞。他们留在心底的言语是诅咒的盟誓，其实这些诅咒都是持守胸臆坐待胜机的盟誓；他们把不想用来辩论的言语像秋风扫落叶一样抹去，说话间将其逐一消亡；他们把溺爱的言语用来从事所辩论之事，为的是使对手不能取胜；他们把讨厌、不喜欢的言语封闭起来，说话间将其封锁在沟洫之中；近死的心，不能使对手正面辩论。喜怒哀乐，思虑叹息中变通改动言语以适应辩论引来的恐惧，轻浮放纵张狂的姿态，好像乐声从管中发出，又像菌类从地里蒸腾而发。白天晚上都是这样，却不知道是什么在驱使他们。算了吧，算了吧！早晚会明白，他们这种言语情态所产生的原因。

【感悟】

大知闲闲，小知间间；大言炎炎，小言詹詹。

译文：大道理纵横交错，小道理也纵横交错；无论是气焰盛人之大言，还是琐细啰唆之小言，都无法言说这纵横交错的道理。

此句在感悟开篇一段中。为了更容易解读此经典，我们假设了两种句子，也就是：“介连句”和“主题句”。从此段开始，我们对文中章句，将不再具体所指，请读者对两种句子的或重或轻，自行体会！

《齐物论》是庄子针对诸子百家的争辩风气而作的一篇文章。在本文的一开始我就讲过：要想研读古人的经典著作，就要想法穿越时空回到他们的时代，走进他们的著作里去探赜索隐。在研读过程中，你身边不可缺少的是历史资料，如《史记》《中国历史年代表》等。并且还要注意辞章考据、历史本相等方面。只有这样你才能知道文章是在什么历史时期创作的，其中心思想是什么。

庄子这一段中心思想是“非诽”。那何为“非诽”呢？用白话文讲大概意思是“不驳斥批评他人”。曾有学者在文章中谈到，墨子在其著作《墨子·经下》和《墨子·经说下》驳斥过庄子“非诽”的说法。为此，我们在这里对其说法略考一下：《墨经》是《墨子》书中的重要部分，《墨子》是我国战国时期墨家著作的总集，相传是墨子的弟子及再传弟子关于墨子言行的记录。据考墨子生卒于约公元前 468 年—公元前 376 年；庄子生卒于约公元前 369 年—公元前 286 年。从两人生卒年代来看，墨子在前而庄子在后，因此，墨子不可能驳斥庄子。而《墨子·经说下》中的确有墨子驳斥庄子之处。《墨子·经说下》中云：“非诽，非己之诽也。不非诽，非可诽也。不可非也，是不非诽也”。墨子表示，“非诽”这句话有问题，关键在“非”处。“不驳斥批评他人”这句话本身就是在“驳斥他人”，因此驳斥批评他人，也就不可以被驳斥批评，所以说不驳斥批评他人，就是驳斥批评他人。自相矛盾，因而推论不驳斥批评他人，自己本身就是驳斥批评他人。

为什么说这一段的驳斥，不是墨子驳斥的，而是另有其人呢？这里我们就要从《墨子》中的《墨经》说起。墨家经典《墨子》原有七十一篇，后来因散佚，只剩下五十三篇。通常把其中的《经上》《经下》《经说上》《经说下》四篇称为《墨经》，也有把上述四篇加上《大取》《小取》共六篇称为《墨经》或《墨辩》。《墨经》是《墨子》中的一个相对独立的部分，因其结构独特，文字晦涩难明，内容隐奥，历来学术界的学者们对其字句解释是各执己见，多有不同，争论不休。对《墨经》的作者问题，一直有着不同见解。部分学者以《经》中的文字晦涩难明，古奥难懂为根据，认为《经》是墨子所作，而《经说》以下是墨家后学所作。这个说法是有道理的，这里我们不妨通过一些其他典籍来找一下答案。《韩非子·显学篇》中云："自墨子之死也，有相里氏之墨，有相夫氏之墨，有邓陵氏之墨。"大意是：墨子死了以后，有相里氏墨学，有相夫氏墨学，有邓陵氏墨学。也就是说墨家分为三派。分为了三派，就说明这三派对墨学的取舍肯定是相互矛盾，各有不同的。既然都称是墨子的真传，那么谁又能来判断他们的真假呢？

《庄子·天下篇》中云："相里勤之弟子，五侯之徒，南方之墨者苦获、已齿、邓陵子之属，俱诵《墨经》，而倍谲不同，相谓别墨。以'坚白''同异'之辩相訾，以觭偶不仵之辞相应……"大意是："相里勤的弟子，五侯的门徒，南方的苦获、已齿、邓陵子一般墨者，都诵《墨经》，而之间却相互矛盾各不相同，互相指责对方为'别墨'，以'坚白同异'之类的辩论相互诋毁，将那些毫无共同之点的言论调和相应……"说到"坚白同异"，这里我们就顺便谈一下"坚白同异"之辩。"坚白同异"，是战国时期两种很有意思的哲学观点，要谈这个问题，我们就必须提到惠施（公元前390 年—公元前 317 年，宋国人）与公孙龙（约公元前 320—公元前250 年，赵国人）这两个人物。

惠施是庄子的好朋友，学问渊博，学富五车，是战国时期的名家巨子。他是名家合同异派的代表人物。他说："大同而与小同异，此之谓小同异；万物毕同毕异，此之谓大同异。"这里说是事物本身差别与同一的相对性。"大同"与"小同"有差异，这就叫"小同异”；万物都相同又都不同，这就叫“大同异”。这也是当时人们对事物一种认识理论。惠施认为万物毕同。

公孙龙是战国时期名家、离坚白派的代表人物。“善为坚白同异之辩”。其《坚白论》中有文曰：“视不得其所坚而得其所白者，无坚也；拊不得其所白而得其所坚者，无白也。”大意是：我们观察一块白石头，能看见石头外表的白色，但却无法看见石头坚硬；如果我们用手抚摸石头，能感觉到石头的坚硬，但不能感觉到石头的白色。也就是说，人不能同时通过一种感官来感知石头的坚硬和白色这两种属性，必须通过不同的感官。因此坚白不能同时摄取。这里强调的是视觉与触觉的差异，他认为“坚”是性，“白”是色，见“白”就没有了“坚”，拊“坚”就没有了“白”。视觉与触觉一分离，也就没有了现象和感性的认识，因此石头也就不存在了，而事物也只是精神观念的组合存在而已，也没有现实具体的物质事物存在。

从以上看来，公孙龙与惠施的观点貌似相反对立，其实到最后两者却又是殊途同归，都承认宇宙的本体是“道”。墨家弟子以“坚白同异”之类的辩论相互诋毁，从中可以看出，《墨经》为墨家三派讲诵的资料。由此可见《墨经》中许多被批评的对象，都是墨子时代以后的。如《经上》中的：“以言为尽悖，悖，说在其言”“非诽者悖，说在弗非”“辩，争彼也。辩胜，当也。”；《经下》中的：“谓辩无胜，必不当。说在辩。”等，这些言论都是针对庄子的“言尽悖”（所有言论都无法表达道理）、“非诽”（不应驳斥批评他人）、“辩无胜”（辩论双方都不会有赢家）而立的，是专门用来驳斥庄子的。由此可以推断《墨经》上、下及《经说》上、下均成于庄子之后。所以说，《墨经》并非墨子自著。《墨经》作者的姓名，现在虽然无从稽考，但作者必不止一人，也非写于一个时代。

初读《经说下》，感觉文中驳的非常有力，好像可以驳倒庄子，但如果细品的话，其实《经说下》中的驳斥用的是逻辑推理的方法，而庄子的“非诽”本身在于参悟。庄子是悟道之人，而“非诽”在“不驳斥批评他人”的同时，也否定了自身的表达形式。正如释迦牟尼佛《金刚经》中云：“一切贤圣，皆以无为法而有差别。”大意是：“古今的一切圣贤，都是因为无为法而得道，本质上并没有区别，只是个人程度和传化方式上的不同。”因此说，“非诽”是圣贤之道，那么驳斥批评他人就是世俗的做法。

佛在《金刚经》中云：“所言法相者，如来说即非法相，是名法相。”大意是：“这里所说的法相，如来说并不是真实的法相，只不过是这样称呼罢了。”由此可见，所谓“非诽”，既非“非诽”，是名“非诽”。只不过是为了方便理解的概念名称罢了。在《金刚经》结尾时，释迦牟尼佛这样告诉须菩提：“一切有为法，如梦幻泡影，如露亦如电，应作如是观。”这首偈子说的是为众生讲法的时候，不要执着于事物的表面现象，因为一切有为法都是虚妄不实的，如梦幻泡影一般无常，如同朝露、空中闪电般的刹那短暂，所有法都应该如此来认知。由此可见，庄子的“非诽”之说，在否定别人的同时，也否定了自身的表达形式。谈到这里，下面我们再回到正题上来。

庄子这里的“大知闲闲，小知间间；大言炎炎，小言詹詹。”在译文中我们的注解是：大道理纵横交错，小道理也纵横交错；无论是气焰盛人之大言，还是琐细啰唆之小言都是纵横交错的。为什么这样注解呢？因为“知者，道理也”，而“道理”不是“道”。道理是用来识别宇宙万事万物实体与性质的。老子曰：“道可道，非常道。”也就是说，可说可见之道，是通往“大道”的“道路”和“道理”，也可以说是地图。是变化无常的，不是恒常的之“道”。为什么这样说呢？因为，随着时间或时代的变化，语言或词汇的变化，道理也在不断地变化。譬如同样到一个地方，过去是土路，而后是普通的柏油马路，再而后是一级公路，再而后是高速公路，再而后是……过去从那里走，后来从这里走，再后来又从另一个地方走，再后来……这一切，总是随着时间或时代的变化而无常地变化着，既然变化无常，也就没有顺序和规律可循，所以说是纵横交错的。但是，无论道路怎样无常变化，要到达的地方概念名称怎样无常变化，所要到达地方的位置却是永恒不变的。

下面我们先来看一下通常学者们在研究老子和庄子著作时，对于“知”字的大概解释：一种是把“知”当着“智”的通假字来解释。把“闲闲”解释为：广博豁达的样子。因此，通常这句话的解释是：大智慧之人广博豁达，小聪明之人斤斤计较；大道之言气势凌人如猛火烈焰，小智之言喋喋不休而琐碎。另一种是理解为内在的超常的体验，只可意会无法言说的，任何言说的都不是这种体验的本身。

这里我们对所有注疏解释不做非议，只按本人私疏。先说“闲”字，《说文·门部》中：“闲，阑也。从门中有木。”就是说“闲”是“阑”的意思。那么“阑”字，同“栏”，同“拦”；“阑干”同“栏杆”。我们再来看“闲”字，门中是个“十”字，再加一个“八”字。由此可见这个“闲”字的门中之“木”，是纵横交错，参差错落的。唐代白居易的《琵琶行》中有这样的诗句：“夜深忽梦少年事，梦啼妆泪红阑干”大意是：“深夜忽然梦见了少年的往事，梦中哭泣的泪水把红妆流得是纵横交错。”

再来看“间”这个字。这里的“间”字，其实就是繁体的“閒”字。《说文·门部》中：“閒，隙也。从门，从月。”“隙”就是裂缝的意思，也当“闲”“空”来讲。由此可见，这里的“间”字同“闲”字意思相同。为什么这样说呢？因为在自然界中，所有裂缝都没有标准的顺序和规律，都是肌理自然、纵横交错的。譬如满是泥巴的湖底或河床，干涸以后的裂隙是没有顺序和规律可言的，都是纵横交错的自然肌理。道理也像这自然的裂隙一样，是没有顺序和规律可言的。所以说，大小道理都是纵横交错的。无论大言还是小言，都无法言说这纵横交错的道理。由此可见，我们不要局限在“大知”和“小知”、“大言”和“小言”的字眼上，如果庄子分大小的话，他还写什么《齐物论》，那就不齐了！在庄子这里，一切存在都是平等的。

庄子在这里讲的大小是世俗之人眼里的大小，不是庄子的。庄子认为，天地万物运行的“大道”是齐平的，看不见，摸不着，只可意会，不可言说的。因此，无法用语言来表达的。既然无法用语言表达，那么那些所谓的辩士们，无论是气焰盛人大言，还是琐细啰唆小言，看上去都气势不凡。其实一样，无非都是得理不饶人，气盛于理罢了！辩论到最后也无法言说纵横交错的道理，也不会得出是非结果。

在庄子眼中，这世界的一切是齐平的！这里我们还要引用三祖僧璨大师《信心铭》中的两句话：“至道无难，唯嫌拣择。但莫憎爱，洞然明白。”《仁王经》中曰：“心行处灭，言语道断。”心，是不可得的；道，是不可说的。庄子乃得道之人，怎么还会去拣择和憎爱呢？他是不会用取舍分别之心去对待世间事物的。我前面讲过语言文字也是拣择，也是一种分别知识，才有言语，便是拣择。只要我们张开嘴巴一讲话，就是拣择的开始。那你又要说了，为什么圣人还要讲呢？问题来了，如禅宗所讲的“话头”，这个你可以当一个“话头”去参一参！

《维摩诘经》中有句云：“不此不彼，不以此不以彼。不可以智知，不可以识识。”这里虽然谈的是自性，但也异曲同工，足以说明“道”“佛”用语言文字无法表达。这种境界只有自我亲证方可体悟。然文以载道，圣人传授知识，还得依靠语言文字作为载体。《金刚经》中云：“若人言如来有所说法，即为谤佛，不能解我所说故。须菩提，说法者，无法可说，是名说法。”其实一切法门只是方向所指，真正的那个境界无法言说，不可思议，只有自我亲证方可体悟。德山宣鉴禅师云：“穷诸玄辩，若一毫置于太虚，竭世枢机，似一滴投于巨壑。”是的，那些言语文字和“道”来比，是多么的微小。

《五灯会元》中有这样一段：“世尊于灵山会上，拈花示众。是时众皆默然，唯迦叶尊者破颜微笑。世尊曰：‘吾有正法眼藏，涅槃妙心，实相无相，微妙法门，不立文字，教外别传，付嘱摩诃迦叶。’”大意是：“释迦牟尼佛在灵山会上说法时，他拿着一朵花，面对大家，拈花一笑，一言不发。众弟子面面相觑不语，不知所以。只有摩诃迦叶会心一笑。释迦牟尼佛高兴地说：‘我有包含万有普照宇宙的精深佛法，不生不灭的奥妙心法，遍法界虚空，法门微妙不可言说，不立言语文字，自悟心性，现在传给摩诃迦叶。’”

释迦牟尼佛的《金刚经》讲到最后，把讲的一切都否了。没有佛法，也没有芸芸众生可渡。佛法是什么？佛法就像是一只用来渡河的船。你到了彼岸就应把船弃掉，还背着它干什么？庄子认为：所谓“大言”与“小言”，都无法表达事物的真理。从佛家角度理解，就是对所有事物道理言语表达，都无非是指月的指头，指月罢了，告诉你月亮在那，指头又不是月亮。何必去取舍分别呢！老子曰："知者不言，言者不知。"意思不就是说："道理无法用言语表达，言语也无法表达道理。"

《庄子》的外篇《天道》中有这样的一段："世之所贵道者，书也。书不过语，语有贵也。语之所贵者，意也，意有所随。意之所随者，不可以言传也，而世因贵言传书。世虽贵之，我犹不足贵也，为其贵非其贵也。故视而可见者，形与色也；听而可闻者，名与声也。悲夫！世人以形色名声为足以得彼之情。夫形色名声，果不足以得彼之情，则知者不言，言者不知，而世岂识之哉！桓公读书于堂上，轮扁斫轮于堂下，释椎凿而上，问桓公曰：'敢问，公之所读者，何言邪？'公曰：'圣人之言也。'曰：'圣人在乎？'公曰：'已死矣。'曰：'然则君之所读者，古人之糟粕已夫！'桓公曰：'寡人读书，轮人安得议乎！有说则可，无说则死。'轮扁曰：'臣也以臣之事观之。斫轮，徐则甘而不可，疾则苦而不入，不徐不疾，得之于手而应于心，口不能言，有数存焉于其间。臣不能以喻臣之子，臣之子亦不能受之于臣，是以行年七十而老斫轮。古之人与其不可传也死矣，然则君之所读者，古人之糟粕已夫！'"

大意是："世上的人们认为书中有可贵的道理。其实书是无法完全的表达言语的，言语确有可贵之处。语言的可贵之处在于它所表达的道理，而道理也有它的指向之处。但道理的指向之处，用言语又无法表达，因此世人也只有用书来传播那些所谓的可贵言语。世人虽然看重书中可贵的道理，而我却认为它不值得看重，因为这些所谓的可贵道理并不是真正的可贵。所以说，用眼睛可以看见的，是形和色；用耳朵可以听到的，是名和声。可悲啊，世人却认为以形色名声就足以获得事物的道理！所谓形、色、名、声又实在不足以获得事物的道理，那么道理无法用言语表达，言语也无法表达道理，而世人能懂得这个吗？齐桓公在堂上读书，轮扁在堂下砍削车轮，他放下手中的锥子和凿子来到堂前，问桓公说：‘敢问，桓公所读的书是谁的言语？’齐桓公说：‘是圣人的言语。’轮扁说：‘圣人还在世吗？’齐桓公说：‘已经死了。’轮扁说：‘这说明国君所读之书，全是古人的糟粕！‘齐桓公说：‘寡人读书，你一个做车轮也敢妄加评议！今天你要是说得有理可以原谅你，如果说的无理就得处死你。’轮扁说：‘我是在做车轮的过程中体验感悟得来的。比喻凿削车轮，榫眼松弛省力而不坚固，紧了又累人不好进入。我能凿得榫眼不松不紧很容易地敲进去，这看起来是手的作用其实是心中有数，这种心中的数用言语又无法表达，而心中确实有数的奥妙和技巧道理。我无法用言语对儿子说明心中有数的奥妙和技巧道理，儿子也无法通过言语从我这里接受到心中有数的奥妙和技巧道理，因此至今我活了七十岁还在砍削车轮。所以我认为，古人也与他们不可言传的道理一块儿死亡了，那么国君所读之书，也就是古人的糟粕了！’”这一段庄子在告诉我们“书不尽言，言不尽意”的同时也否定了他自己。我曾经说过：“不断否定自己的人，才是真正的圣人。”我们可以回想一下，我们每个人心中的感悟用语言能表达明白吗？回答是：不可能的！比喻我们吃一种水果或喝一种饮料，我吃喝后的感觉，无论用什么样的言语和文字对你说明，都不如你自己亲自尝上一口。言语永远不能把你心中的感觉说明白。因此，轮扁无法说出的斫轮道理，不就是“言不尽意”吗！

文子在《通玄真经》第五卷中，老子（文子）曰：“执一世之法籍，以非传代之俗，譬犹胶柱调瑟。圣人者，应时权变，见形施宜，世异则事变，时移则俗易，论世立法，随时举事。上古之王，法度不同，非故相返也，时务异也。是故不法其已成之法，而法其所以为法者，与化推移。圣人法之可观也，其所以作法不可原也，其言可听也，其所以言不可形也。三皇五帝轻天下，细万物，齐死生，同变化，抱道推诚，以镜万物之情，上与道为友，下与化为人。今欲学其道，不得清明，玄圣守其法籍，行其宪令，必不能以为治矣。”

这一段话其实是文子借老子之口说的。大意是老子（文子）说：“执着于世间已经成法的典籍，是以糟粕传代的俗法，如同用胶粘住了琴瑟上的音柱而调整音色。作为圣人，就应该与时俱进，随时把握时势变化，因地制宜，懂得时代不同世事也变化不同，随着时间推移，世俗也在不断地改变，不同时代要不同的立法，随着时代的变化来处理事情。上古帝王，法度不同，并不是帝王们法度相互对立，而是时代和事务不同，因此圣人不应该取法于那些已形成的有为他法，而是应该取法于他本身以顺得自然之法，顺其自然变化。圣人之法是可以看得见摸得着的，而道是看不见摸不着的；圣人之言是可以听得见分得清的，而道是无声无音不可言说的。三皇五帝神不累于天下，心不迷惑于万物，把死生等同看待，不喜恨于生死，同变化而变化，胸怀道法推行精诚，以清净之心而见万物之情。上与道交友，下修行其自身。当今想学圣人之道，却学不到他们清净光明之心，研学道法玄学的学者抱残守缺执着于世间已经成法的典籍，推行其法令，以此治理是一定不能治理好的。”

从《通玄真经》这一段中，我们也可以体悟到庄子为什么提倡“不驳斥批评他人”了，因为他深知用已成之法去驳斥批评不同时代的不同世事，是不可能辩出是非的。

其寐也魂交，其觉也形开，与接为搆，日以心斗：缦者，窖者，密者。

译文：因此辩士们睡觉时，梦中也在辩论不得安宁。他们醒来后也是忧虑重重，与外界一接触，就整日里钩心斗角。有时迟缓沮丧，有时深不可测，有时慎语严密。

庄子对这些看得很明白，他知道那些所谓的辩士们心中是怎么想的。庄子认为，那些所谓知名辩士，为了辩论，夜不安寐。他们白天也把时间花费在争论上，搞得自己忧虑重重。这些人接触的也都是些所谓的辩士，整日里为那些无法说明的论点而争，甚至有时他们为了能辩胜对手，在言语中也设上了陷阱。其实不用说辩士们，就是日常生活中的人们，对于每天所面对的事物，也有很多钩心斗角。他们每天工作后回到家里，不去好好休息，而是拖着疲劳的身体，继续回想着白天所发生的一些事情，想着第二天解决的办法、应对的言语。因为思虑过度，他们有时夜里梦中也在应对白天的事物，因此，醒来后也是忧虑重重，心神不安。与外界一接触，工作一开始，真真假假、虚虚实实的言语就来了，接着就是整日里的钩心斗角。真乃：滚滚红尘难入静，何处寻境入清凉。其实人生什么是烦恼，用佛家的话讲就是："闲来觅愁寻恨。"王实甫的《西厢记》中，第一本楔子里崔莺莺有这样的唱句："落花流水红，闲愁万种，无语怨东风"，说的是："花开花落本是自然之事，可是那些多情善感的人们，只想让花开，不想让花落，把自然的花开花落之事都埋怨于东风。这不就是闲愁万种，闲来觅愁寻恨吗！"

小恐惴惴，大恐缦缦。

译文：小处说得惴惴不安，大处说得惊恐沮丧。

真真假假，虚虚实实的言语，给辩士们带来不安和惊恐。言语的真假虚实，造成了辩士们在辩论时自己也担惊受怕，怕掉进对手的言语陷阱。

我见过这样一副对联，上联是：真真假假假假真真真亦假假亦真，真假难辨。下联是：虚虚实实实实虚虚虚乃实实乃虚，虚实谁清。依我看，虚实谁也不清，只有“道者”可清。

有句话说：“真作假时假亦真，假作真时真亦假。”这句话原本不是这样的，不知是哪位后人改的。这句话出自曹雪芹《红楼梦》中的一副对联：“假作真时真亦假，无为有处有还无。”大意是：“把假的当作真的，真的也是假的，把没有当成有，有的也是没有的。这副对联高度概括了人世间许多本质和现象。人世间就是这样真真假假，虚虚实实，为了一己私利，贪婪无度，弄虚作假。俗话说得好：一个美丽的谎言后面，总是跟着一个美丽的故事。然而，生活中能有几人分得清什么是真什么是假呢？越是那些自以为是、感觉自己看得挺透彻的人，越什么也看不透，因为真假之间本无定论，何况还有那些真正会弄虚作假的人，他们能弄的真是假、假是真，真中有假、假中有真，真不真、假是假，假当真、真当假……最终让你真假难辨。

庄子讲的这一切，我们完全可以从现实生活中体会到。在我们的现实生活中，无论是官场还是商界，到处都可以见到这样的例证：有多少官场上的人，从来不去想怎样为人民服务，而是整日里绞尽脑汁、费尽口舌，为的就是能升官发财。对上级的汇报中，对责任避重就轻，甚至有时推得一干二净，对成绩则是弄虚作假，虚报数据，欺上瞒下，去年的数据报表把数字一改当成今年的就报上去了。再看商界中，有的商人不走正道，丧尽天良，以虚假广告欺诈消费者，赚取的都是不义之财。今天，虽然我们很难再见到为谋取仕途和名利而到处辩论的辩士，但靠嘴巴吃饭的人却还大有人在。他们以其美丽的言语，取悦人耳，洗脑人心。为了实现自己的贪欲，设下种种圈套，小处说的别人惴惴不安，而自己也惴惴不安。为什么自己也惴惴不安呢？因为怕别人看破了他的圈套。大处说的别人惊恐沮丧，而自己也惊恐沮丧。为什么自己也惊恐沮丧呢？怕别人看破了他的圈套以后，找他算账。最后搞得别人倾家荡产，无法生活。而他们对这些无义无德之举，却并不感到羞耻，甚至自明是胜利的硕果。对这些丧尽天良的人，我们又能奈何？就是庄子活在当下又能奈何？算了吧！天地良心，自有因果轮回。

其发若机栝，其司是非之谓也。

译文：他们的言语像扣动了弩机的利箭，快疾而又尖刻，其实这些言语主要是谈论是非的说辞。

辩士们在辩论中故作镇静，不动声色。处处躲开对自己不利的言语，在等待中寻找对手言语上的破绽。一旦找到，就迅速出击，言语像扣动了弩机的利箭一样快疾而又尖刻，用今天的武器来比喻，就像子弹从枪口射出去一样快。而这些射出去的子弹，无非都是为了射中“是非”的目标。不说古代专门辩论的辩士们，就是今天我们生活中的一些普通人，在与对方进行是非争论的时候，不用说得理不饶人，就是不得理，也不饶人，总是用自己的是，辩别人的非，胡搅蛮缠，咄咄逼人！

其留如诅盟，其守胜之谓也。

译文：他们留在心底的言语是诅咒的盟誓，其实这些诅咒都是持守胸臆坐待胜机的盟誓。

辩士们不但在表面上以速度极快的言语胡搅蛮缠、咄咄逼人，同时，心底也在祈求保佑，发誓非战胜对手不可，甚至为了完成自己的愿望，就算使用黑暗或邪恶的力量也在所不辞。这些都是为了坚守自己的心中所藏，坐待胜机而发的誓。

其实，在我们的现实生活中，这种事例到处可见。在与对手争论时，争论双方都是如此，不但嘴上喋喋不休、咄咄逼人地说着对方，同时心里也在暗暗地诅咒着对方。

其杀若秋冬，以言其日消也。

译文：他们把不想用来辩论的言语像秋风扫落叶一样抹去，说话间将其逐一消亡。

在辩论中，辩士们对自己取胜不利的言语，避而不谈，尽量不与对手作正面辩论。当然，实在没有办法，必须正面辩论的情况下，辩士们也有办法一边说，一边在话语间将其对自己辩论不利的言语逐一消亡，不漏出半点破绽。其实，这些在我们日常生活生活也中随处可见。俗话说"王婆卖瓜，自卖自夸"，当今生意场上有个流行词叫"洗脑"，那些能洗了别人脑的人，都具备"秋风扫落叶"的本领，如果不这样，这些人又怎么能吃香的喝辣的呢！

其溺之所为之，不可使复之也。

译文：他们把溺爱的言语用来从事所辩论之事，为的是使对手不能取胜。

虽然说辩士们在辩论中，避而不谈对自己取胜不利的言语，但是他们却非常溺爱那些在辩论中对自己有用的言语。为什么这样呢？因为这些言语能使对手不可取胜。

其厌也如缄，以言其老洫也；

译文：他们把讨厌、不喜欢的言语封闭起来，说话间将其封锁在沟洫之中；

为了使对手不可取胜，辩士们在辩论中无论内心怎样翻滚不安，表面上都是非常冷静的。因为他们相信自己的判断，无论辩论怎样激烈，他们也能藏住内心的恐惧和不安，以敏锐的直觉判断对手的想法。他们把自己讨厌的不喜欢的言语封闭起来，不为辩论而改变。他们注意洞察对手的内心，不断改变辩论的言语，隐藏自己的内心，制造弄人的神秘，有时神秘得令人惊讶。他们在辩论中能迅速制定出细致的言语目标，使那些自己讨厌不喜欢的言语，瞬间逃得无影无踪，好像是将其拒之在千里之外，其实是说话间将其封锁在了沟洫之中。

近死之心，莫使复阳也。

译文：近死的心，不能使对手正面辩论。

当辩论言语对自己辩论不利的时候，辩士们会给对手一种错觉，一种近死心的错觉，并且情绪极不稳定，喜怒无常，波荡不已，一言不发，使对手摸不着头绪，无法正面辩论。

喜怒哀乐，虑叹变慹。

译文：喜怒哀乐，思虑叹息中变通改动言语以适应辩论引来的恐惧。

辩士们在辩论中，为了掩盖自己的恐惧，就用外表的一些行为来遮掩自己，他们把装疯卖傻、喜怒哀乐，发挥到了极致，搞得对手莫名其妙，不知所措。而自己却乘虚而入，在思虑叹息中变通改动辩论所用的言语，以适应辩论引来的惊慌和恐惧。

姚佚启态，乐出虚，蒸成菌。

译文：轻浮放纵张狂的姿态，好像乐声从管中发出，又像菌类从地里蒸腾而发。

这种喜怒哀乐，装疯卖傻，轻浮放纵的张狂姿态，是为什么而变化的呢？是谁在控制这个变化呢？谁又能知道呢？这好像是乐声从管中发出。那为什么管中会发出乐声呢？是因为管中是空虚的吗？又好像是菌类从地里蒸腾而发。那为什么地里会蒸腾而发出菌类呢？是因为蒸汽的虚无缥渺吗？这里庄子的六个字“乐出虚，蒸成菌”内含了一个大大的疑问。也应了他自己那句“夫吹万不同，而使其自己也，咸其自取，怒者其谁邪”。看上去，风吹万窍发出的万般不同音声，是万窍自己发出的，也都是由万窍自己决定的，但能让万窍发出万般不同音声的鼓动者是谁呢？你知道，还是我知道？庄子问谁能说得清楚，既然说不清楚，那还辩论什么？

日夜相代乎前，而莫知其所萌。

译文：白天晚上都是这样，却不知道是什么在驱使他们。

宇宙是找不到终极答案的，因为那个东西不可说！这个世界的所有宗教解决的是“唯心”答案，哲学解决的是“唯物”答案，唯物解决的是“科学”答案，科学解决的是“物理”答案，物理解决的是“相对”答案，相对解决不了了，就又回归到了“绝对”。说来说去唯心的也是唯物的，唯物的也是唯心的。因此，无论辩士们怎么辩论，这些辩论又能解决什么问题呢？辩士们白天晚上都是这样，为名为利争论不休。然而，谁又能知道是什么在驱使他们？哪里才是他们的归宿？历朝历代都是这样，如同北宋时期诗人苏轼的《念奴娇 · 赤壁怀古》一开始“大江东去，浪淘尽，千古风流人物”；唐代柳宗元《江雪》中的“千山鸟飞绝，万径人踪灭”；明朝杨慎《临江仙 · 滚滚长江东逝水》中的“滚滚长江东逝水，浪花淘尽英雄。是非成败转头空，青山依旧在，几度夕阳红……”多少代诗人语殊而义同的咏叹！

已乎，已乎！旦暮得此，其所由以生乎！

译文：算了吧，算了吧！早晚会明白，他们这种言语情态所产生的原因！

就这样，人世间不管是普通人物还是风流人物，一生都在劳心费神，劳心劳身，不辞辛苦地贡献着自己的一切，在自我主观意识里过着每一天，鞠躬尽瘁，死而后已。即使如此，我们人类的这点能力，对永恒的宇宙来说也是微不足道的，就如一颗微小的石子，投入广袤平静的大海中，激起的不是千层浪，而是微小的涟漪。

生活中那些喜怒无常的人，流露出来的是他们的自我主观意识和个人主义倾向。这种个人主义倾向有时候能让他们谨慎从事，有时候能让他们大胆放肆，有时候可以让他们心中的怒火瞬间爆发，有时候也可以牢固地封锁住他们心中的怒火，有时候也可以让他们心中的怒火烟消云散。拍马屁的时候可以拍得对方眉开眼笑，讥诮对手的时候也可以讥笑得对手火冒三丈。乍见之下，好像这是一种怪癖，其实这也是一种理智。而这种理智有时候却非常不理智，让他们无法自制，更不知道是谁在主宰他们。庄子知道，无论到哪一步，辩士们都不会轻易地放弃辩论，因为他们的一切行为，都是为了掩盖自己的非，彰显自己的是。因此，就不再多劝他们了。所以，庄子说："算了吧，算了吧！早晚会明白，他们这种言语情态所产生的原因。"

我们从其他道家典籍中再来感受一下这种辩论言语引发的因果关系。《通玄真经》中"老子曰：'鸣铎以声自毁，膏烛以明自煎，虎豹之文来射，猿狖之捷来格，故勇武以强梁死，辩士以智能困。能以智而知，不能以智不知，如勇于一能，察于一辞，可与曲说，不可与广应。'"大意是："老子说：'大钟是因为自身能发出清脆明亮的钟声才被敲打而毁的，蜡烛是因为自身能点亮照明黑暗而被燃烧殆尽的，虎和豹是因为身上好看的斑纹才招致射杀的，猿和猴是因为身体敏捷而相互格斗，所以勇敢的武士是因为强悍好斗而战死的，辩士是因为智慧的辩说能力而被困住的。辩士能以智慧明白道理，却不能以智慧来弄明白道理是不可言说的，如是只勇于辩论，执着洞察于言语的含义，言说于不公正之中，因此无法体会“道”的含义。’”

这里文子是借老子之口，以大钟、蜡烛、虎豹、猿猴和勇敢武士的自身因果关系，来比喻说明辩士们因为自身智慧的辩说能力，被困在了不公正的言语辩论中，因为执着言语辩论而造成自身不能悟道，永远无法达到“道”的境界。

在文子的《通玄真经》中有还这样一段：“书者言之所生也，言出于智，智者不知，非常道也……人生而静，天之性也；感物而动，性之欲也；物至而应，智之动也；智与物接，而好憎生焉；好憎成形，而智出于外，不能反己，而天理灭矣。”大意是：书是言语的表达，言语是智慧的表达，智慧不是道理，道理是无常的……人生本来是清静的，这是天性；触物有感而动，是人性的欲望；接触到外物就产生了感应，引起这种感应的是智慧的动力；智慧与外物一接触，就引起爱憎之心，因为爱憎的形成，而使智慧外出，无法回归本来清静的自己，而失灭了天理本性。

从这一段我们可以体悟到，文子也提倡圣人应清静寡欲，不应执着于事理，因为事理是无常的，是会随时代和时间而变化的。用过去的事理来辩说今天之事，由于时代与时间的不同肯定是非难辩。庄子深知这一切，因而提出不要驳斥批评他人，因为驳斥批评他人，最终是分不出个是非结果来的。

感悟三
实相无相　非彼非我

【原文】

非彼无我，非我无所取。是亦近矣，而不知其所为使。若有真宰，而特不得其眹。可行已信，而不见其形，有情而无形。百骸，九窍，六藏，赅而存焉，吾谁与为亲？汝皆说之乎？其有私焉？如是皆有为臣妾乎？其臣妾不足以相治乎？其递相为君臣乎？其有真君存焉？如求得其情与不得，无益损乎其真。一受其成形，不亡以待尽。与物相刃相靡，其行尽如驰，而莫之能止，不亦悲乎！终身役役而不见其成功，苶然疲役而不知其所归，可不哀邪？人谓之不死，奚益！其形化，其心与之然，可不谓大哀乎？人之生也，固若是芒乎？其我独芒，而人亦有不芒者乎？

【译文】

不是彼就没有我，不是我就没有彼的呈现。这个也近似那个，而却不知是谁在驱使。如果真有主宰，而却得不到它特别的征兆迹象。相信它在运行，而却见不到它的形象，看来它是有情无形的。众多的骨骼，眼、耳、口、鼻等九窍，心、肺、肝、肾等六脏都存在于我身上，我跟它们哪一个部位最亲近呢？你对它们全都同样喜欢吗？还是对它们中某一部位格外偏爱呢？真的所有部位都会成为臣妾似的仆属吗？它们之间可以相互统治支配吗？还是轮流做君臣呢？它们有真君主宰存在吗？如是寻求它的情形而无法得到，也不会增益和损坏它的真实存在。人一旦受天地之气形成了他们的形体，就无法忘掉自身而是等待最后的殆尽消亡。跟外界相互宰杀相互消灭，他们行动的殆尽消亡如同快马奔驰，不能止步，这不也很可悲吗？终身承受役使却看不到他们的成功，困顿疲劳却不知道他们的归宿，这能不算悲哀吗？就算人们说这种人不会死亡，这又有什么益处？他们的形骸逐渐衰竭，他们的心也跟着一起衰竭，这能不算是最大的悲哀吗？人这一生，就应该茫然无知吗？还是就我自己茫然无知，而人生能有不茫然无知的人吗？

【感悟】

非彼无我，非我无所取。

译文：不是彼就没有我，不是我就没有彼的呈现。

这句历来有多种翻译，譬如“没有它就没有我，没有我那它就无从呈现”“没有对方就没有我，没有我也无法呈现我的对方”“没有自然界就没有我，没有我也无法呈现我的自然界”等。你看很有意思，古文言文就是这样，有一种很高的模糊境界。根本就没有绝对标准的白话文可翻译。这里为什么不把“彼”字翻译成“他、她、它”呢？因为“彼”字，与“之、其、渠”等在文言文中一般都是用在第三人称代词，相当于“他（她、它）”或“他（她、它）们”。其实这一切所指都是我们的对方，也就是法界的一切。当然对方所对的这个“我”，也在法界的一切中。因此说“不是彼就没有我”，为什么这样说呢？因为如果从二元对立的角度来说，没有我的对面的“彼”，也不可能有对面的“我”。我的对面不是“彼”，那我也就不是“我”。其实对我对面的“彼”自身来说，彼也是“我”。可以说“我”是彼的“彼”，彼是自己的“我”。既然对彼来说“我”是彼，那么“彼”也就是我。由此可见，彼就是我，我就是彼，从概念名称上说“彼此”是无法分割的。看到这里有的人可能有些茫然，心中在想着说的什么东西，彼我我彼的，是不是在故弄玄虚呢？是不是故弄玄虚，你可以来回多看几遍，细心地体会一下，对你的悟性也可以有些测验。

然而庄子这里的“彼”，言外之意有他的另一层意思，不是指我们的对面，而是“心与物”的关系，因为没有“心”就不知道有“物”，当然没有“物”也不可能有“心”，两个是对立统一又缺一不可的。譬如说，我们这个生命的存在就是“彼”，也就是“物”为“非彼”，如果不是因为“它”的存在，就不可能显示出“我”的作用。同样如果没有“我”的作用，也呈现不出“它”的存在来。从客观上讲“不是彼就没有我”；从主观上说“不是我就没有彼的呈现”。

“非彼无我，非我无所取。”这句最通俗易懂的解释应该是：没有人客观的生命，就没有人主观的意识；没有人主观的意识，就没有人客观的生命呈现。因为如果没有这个客观生命的“彼”，也不可能有那个主观意识的“我”；没有主观意识的“我”，也不可能知道客观的生命“彼”。所以庄子云：“是亦近矣”，是说“这个也是那个”。也就是说，客观就是主观，主观就是客观。没有客观就没有主观，没有主观就没有客观。为什么这样说呢？是因为先有了人客观的生命，才有了人主观的意识；有了人主观的意识，才知道了这个客观的生命。因此，也就有了自我主观的对面。有了自我主观的对面，也就有了自我对万事万物的分别取舍。有了分别取舍，也就有了万事万物的不齐。从哲学角度来思考，客观物质的真实存在是物质的第一性，如果没有生命这个第一性的物质，就不可能有人们的意识存在，没有意识存在的话，也就不可能感受到客观物质的存在，所以说意识是第二性的。这样就有了对方相互论证的存在。所以说，庄子的学说也是唯物的，比西方的唯物论要早得多，只是我们的古人更懂得宇宙万事万物是对立统一的。

庄子提倡的是“齐”字，可是要想达到“齐”的境界，就不能有分别心，没有了分别心，也没有了自我主观的观念。这是一种情怀，是一种从小我走向大我，从大我走向无我的大道情怀。正如庄子说的“至人无己”“吾丧我”，这个“吾丧我”，也就是“我丧我”。上面我们说过，就是以“假丧假”，也就是以“假我丧假我”，也可以说是以“妄心丧妄心”，因为“主观意识”就是妄心。所以说要想回归真心，就必须以妄心丧妄心，遣之又遣，放下“放下”至无放下。也就是以“假我丧假我”而归“真我”。这里说的“以妄心丧妄心”，不是熄灭真心，而是回归真心。唐代守安禅师偈云：“南台静坐一炉香，终日凝然万虑亡。不是息心除妄想，只缘无事可思量。”说的是人找不到自己得与失的时候就不需要再找了，也不需要再思考了。但这里说的不思考不是熄灭，而是无念。熄灭了就执空了。那什么是“无念”呢？就是佛教所说的“般若三昧”。《六祖坛经》中云：“般若三昧，即是无念。何名无念？若见一切法，心不染著，是为无念。”惠能大师为什么这样说呢？因为“真我”是“不生不灭，不垢不净，不增不减”没有分别拣择的无我之心。《六祖坛经》中云：“善知识，心量广大，遍周法界。用了即了了分明，应用便知一切。一切即一，一即一切。来去自由，心体无滞，即是般若。”又云：“般若无形相，智慧心即是。”由此可见，般若智慧之心是大智慧。有了大智慧，也就见到了真我或者说是大我。庄子《德充符》中云：“眇乎小哉，所以属于人也；謷乎大哉，独成其天。”由此可见小我属于人，而大我属于我们所说的天、道、佛等。

庄子“彼出于此，是亦因彼”说的是二者互为因果，但是这个因果，有它的自然统一性。自然生我，我自然生，也可以说我是自然，自然是我。“我”也可以说是“彼”，“彼”也可以说是“我”。对宇宙万事万物来说，本来就不必有可称呼的概念名称。老子《道德经》第一章中云：“名可名非常名”；《楞严经》中云：“应观法界性，一切唯心造。”其实宇宙中的万事万物，没有本来固定的概念名称，都是由我们的“自我主观成见”而来。当然，这一切也都是为了理解上的方便，而这种方便又是变化无常的。

《六祖坛经》中云：“善知识，一切修多罗及诸文字、大小二乘、十二部经，皆因人置。因智慧性，方能建立。若无世人，一切万法本自不有，故知万法本自人兴；一切经书，因人说有。缘其人中，有愚有智；愚为小人，智为大人；愚者问于智人，智者为愚人说法；愚人忽然悟解心开，即与智人无别。善知识，不悟即佛是众生；一念悟时，众生是佛。故知万法尽在自心，何不从心中顿见真如本性？《菩萨戒经》云：‘我本元自性清净，若识自心见性，皆成佛道。’《净名经》云：‘即时豁然，还得本心。’”六祖惠能说得很对，世间万法唯心所造，唯识所变。只有顿见真如本性的人，方可见道。因为有了人才有了万法及一切经书。如果没有人，哪来的万法及一切经书。而这一切经书及万法，都是智者为了让愚者开悟所说的方便法门。正如佛在《金刚经》中所说：“汝等比丘知我说法，如筏喻者。法尚应舍，何况非法？”其实世间一切法都如同过河的船筏，过了河就要把船筏弃掉。佛法也一样，它只是用来度化众生的手段和方法，也就是一种让众生开悟的方便法门，并不是目的本身。佛说正法尚且应舍，何况不是正法。是的！我们在研读经典的时候，一定不要拘泥于文字，应该多多体悟言外之意。我曾经写过这样一句话：“当看字书至无字，不泥文字伺外义。”

庄子继承了老子的道家学说，并论道于人生，他认为人们之所以不能“齐物”，在于对“是非”的分辨上。人们总是从自我角度去观察、理解这个世界，而却不知这种观察、理解带有自我主观成见的色彩。因为人们认识中有了“我”的存在，与外界的接触总是会产生这样和那样的矛盾冲突，给自己的心身带来许多麻烦和不方便。那么人究竟应该怎样去解决这些问题呢？这里庄子的言外之意已经告诉我们，对事物的认识，不能仅盯着何为对何为错，何为是何为非。因为那些都是你自己的“主观成见”。其实没有什么对与不对、是与不是的真理，如果有人一定要问出个是非对错，那你就反过来问他：“你到底是谁？”“你从哪里来，又回哪里去？”只有这样从这种不可说的疑问中，才有可能让他体悟“真如大道”是什么。

生活中每个人都有自我主观成见，并且差异很大。无论你是佛教还是道教的，无论你是哪宗哪派的，都要通过修行来解脱自己。要想达到解脱的境界，首先必须打破入世与出世的观念界限，要知道我们所生活的这个世界就是一个最大的道场。要想得道、悟道，不必非要从出世法中求得，所谓人间无处不是道，平常心就是道，行、住、坐、卧无处不在。马祖道一禅师云："祇如今行、住、坐、卧，应机接物，尽是道。"由此可见"道"就在你生活的点点滴滴中。《六祖坛经》中云："佛法在世间，不离世间觉。"只要我们有了这种上乘的见地，何愁不悟呢！

是亦近矣，而不知其所为使。

译文：这个也近似那个，而却不知是谁在驱使。

"是亦近矣"，大部分的解释是：这样的认识和感觉差不多接近于事物运行的本来。其实，这说的还是主观与客观的问题。从哲学角度讲，主客之间是无法分割的，因为如果没有客观的存在，就不可能有主观意识。同样，如果没有主观意识，也不可能知道有客观的存在。由此可见，客观与主观是对立统一的。然而却不知道这一切受什么所驱使。

《六祖坛经》中云："因二僧论风幡义，一曰风动，一曰幡动，议论不已。惠能进曰：'不是风动，不是幡动，仁者心动。'"幡，是用竹竿或是木杆挑起来直着挂的长条形的旗。两个僧人，一个说是旗在动，一个说是风在动，而惠能开示说：不是旗动，也不是风动，是仁者心动。这里我们也顺便谈一下仁者与智者。生活中人们经常会顺口说："仁者见仁，智者见智""仁者乐山，智者乐水"。我们先不追问这两句话的出处，首先我们要知道什么是仁者？什么智者？简单地说，"仁者"是有为的，而"智者"是无为的。但这个"无为"，是无为而无所不为的。"仁者见仁，智者见智。"这句话，源于《周易·系辞》。《周易·系辞》中云："仁者见之谓之仁，智者见之谓之智，百姓日用而不知，故君子之道鲜矣。"大意是：对那个形而上的大道来说，仁者从仁的角度看待，智者从智的角度看待。日常生活中，道无处不在，而百姓却不知其道理，因此知其道理的人很新鲜的被称为了君子。

每个人都有自己的主观意识，因此对同一事物的认识也就有着不同的见解，这也是主观对客观的能动反映，也是主客相互作用的结果。人的认识不仅有主观性，还有客观性和差别性。这些具有差别的主观认识既没有标准，也不是真理。俗话说："情人眼里出西施。"莎士比亚说："一千个人眼中有一千个哈姆雷特。"这些年，中国的戏剧导演也编导了很多莎士比亚的作品故事，同样也是"一千个戏剧导演的眼中有一千个莎士比亚"。

生活中也是一样，每个人有每个人的生活经历和各自的品性德行。看待人也是"见仁见智"的。善人看别人也善，恶人看别人也恶。战国子思的《中庸》中云："天地之道：博也，厚也，高也，明也，悠也，久也。博厚，所以载物也；高明，所以覆物也；悠久，所以成物也。"大意是："天地的道，是广博、深厚、高大、光明、悠远、长久的。因为大地广博深厚，所以能载万物；因为老天高大光明，所以能覆育万物；因为天地悠久，所以能够成就万物。"是的，说得很对！万物多姿多彩，天地之道，博厚高明而悠久。人的意识，纷纭复杂而多变，对世界的看法各执己见而主观。多少博学的才子，终其一生也没弄明白其中的奥妙，多少雄辩之士整日唇枪舌战，也没辩别出个所以然来。因此，说来说去，这派那宗，众说纷纭，各执己见，莫衷一是。但最终都离不开那个形而上的东西。

"仁者乐山，智者乐水"，出处在《论语·雍也》篇中。整句话是这样的："智者乐水，仁者乐山；智者动，仁者静；智者乐，仁者寿"。大意是："智慧的人喜欢像水一样随形而变，仁义的人喜欢像山一样以形而随静。智慧的人无为，仁义的有为。"看上去这是孔子的儒家思想，其实也不外乎道家的理念。山是具体的，静止的，有形的；水是流动的，柔软的，随岸而曲的。儒家和道家思想理念看上去好像非常不同，其实从某些角度来讲，追求的都是一个东西，追求的目标都是与自然万物的和谐共处。在与大自然的对话中，人作为自然的一部分，与自然是合为一体的，因此，古人提出了“天人合一”境界。有的人把“天人合一”理解为天就是人，人就是天，天人是一个东西，这未免有些曲解了古人的原意。天人合一，是一种精神超脱、忘我的境界，当然也是修身、治国、平天下的理想追求。

自古以来，人类因受自然山水的影响，品性也在不断地变化，气质和修养处处体现着自然山水的特性。东晋陶渊明的：“采菊东篱下，悠然见南山”；唐朝李白的：“遥望敬亭山，相看两不厌”；战国伯牙与钟子期的：“巍巍乎若高山，荡荡乎若流水”……这些无处不体现着自然山水的品格。真乃：识吾心中山水者，乃我人生知音也！自然中的山是稳定可信的，水是随岸而曲柔软顺和的。山如此巍峨壮丽，柔和的同时也有它的锋利，既可为善，也可为恶。老子的《道德经》第八章中云：“上善若水。水善利万物而不争，处众人之所恶，故几于道。”魏王弼在《老子道德经注》中对这句的解释是：“人恶卑也。道无水有，故曰：‘几’也。”说的是：道只可意会不可言传，玄奥莫测。虽然我们看不见摸不着它，但道却无处不在，遍周虚空法界。在自然界中，水与道非常相似，它至柔至刚。至柔随岸而曲，至刚坚不可摧。它是万物之源，若论功名，当是颂辞千篇、丰碑万座，但它却从不居功自傲，而是“和其光，同其尘”，遇圆随圆，逢方随方。直时如单刀刻线，遒劲挺拔；曲时如游丝盘龙，委婉自然。低流而渊，深聚安静。这种润万物而不居功名的清素精神，也是我们需要追求的人生品格。此等宁静达观，看上去好像是一种消极的无为，但是这种无为是“小我”的无为，不是“大我”无为，是难以企及的无为，是在个人利益之上的无为。这种“无为”，即使流动的也是凝聚而不可分割的。唐朝李白《宣州谢朓楼饯别校书叔云》中有句云：“抽刀断水水更流”，真乃：流水不等岸上人，渡船何曾复流水。

水奔流不息，威力无比，汇聚百川，成就江河湖海，浩渺无穷，涤古荡今。它波涛汹涌、至柔至刚、一波一浪、前赴后继、击浪盘礁、九曲回还，无阻无隔、百转千回、越过重叠、雄浑豪迈、无停片刻、荡浊扬清；它低吟浅唱、舒缓为溪、虎啸龙吟、陡峭为瀑、韬光养晦、深聚为潭、高歌猛进、东流为海。

“海纳百川，有容乃大”林则徐这样说，是告诉世人要学水那样，有着亲和包容的爱心。水养青山绿，水养百花俏，水养禾苗壮。它春夏秋冬，随季而变。孟春时雨偶见雪，季夏时雨常见雾，仲秋雾雨初冬雪，冬雪过后又春雨。年复一年复年年，年年雨雪，雨雪年年。真乃：千湖有水千湖月，万湖抱月不矜骄。水营造了天下千湖万湖的胜景，却从来不矜持傲慢，而是水月两忘。自古以来，它让多少文人墨客为之陶醉，留下了多少美丽的画图和动人的诗篇。

水，不贵富贱贫，对待万物公平公正、一视同仁。器歪它不歪，物斜它不斜，所以我们称它为“水平”。世间做人，什么是“水平”？其实很简单，“摆平”就是“水平”。倘若你能摆平一切，一切摆平，那就是你的真水平。水是万能的尺，水是水平的仪，水是天上的雨，水是地下的泉，水是……用尽华丽辞藻也无法完美地歌颂它。它优秀的品格，无论我们用尽千言万语怎么表达，也不如老子说的：“善利万物而不争”。看上去儒家的思想是有为的，道教的思想是无为的。但从孔子的“智者乐水”中我们却不难看出儒家也求水的品格，孔子也认为人是自然的一部分，与自然是一体的。

谈了这么多却不知是谁在驱使，你知道了吗？如果还没有感悟到，我们接着再谈。

若有真宰，而特不得其眹。

译文：如果真有主宰，而却得不到它特别的征兆迹象。

得不到就对了！如果能得到，那就是可说了，就不是不可说了。《楞严经》中云："非因缘非自然，法尔如是。"本来就这样，所以本来也就不可说。《金刚经》中云："无我相，无人相，无众生相，无寿者相"。

其实宇宙万物对每个观察者和研究者来说都是齐的，不会因个人主观变化而变化。即使"相对"的理论也是从"绝对"的理论中孕育出来的。是形而上的那个东西孕育哲学，哲学孕育辩证，辩证孕育唯物，唯物孕育物理，物理孕育相对，相对回归了绝对。真的很有意思！一个"绝对"的，竟然能孕育出"相对"的。而一切"相对"又归于"绝对"。由此可见，人的主观意识，是因为有"我"的存在。当然，这个"我"，是假我、妄我，不是真我。人的身体与外界一接触就会产生矛盾的冲突，因此，就有了身心的不自由，那么我们到底应该怎样来解决这些问题呢？原因又在哪儿呢？其实不能"齐物"的原因，是在于人们的主观意识。

人的意识是一种不受客观现实制约的纯主观的东西，而这种主观意识是流动的、没有间断和空白的，是超时间性和超空间性的，不受时间和空间的束缚，能使感觉中的现在与过去不可分割。如同一股切斩不断的"流水"。因为意识不是片断的连接，而是不断的流动，所以用"流水"来比喻它是最自然的了。自然界的一切现实，只是反映了事物外在表面的真实，而这个表面的真实世界并不真实，因为真正的真实，源于人的内心主观世界。意识是复杂的，是理性的，也是非理性的；是明确完整的，也是朦胧片段的；是有言语层的，也有非言语层的。它可以让时间颠倒，也可以让空间重叠；它复杂多变，没有逻辑，唯一不变是“变”。万事万物的边界源于它，而它来源于“不是我”的那些东西。是它给了形而上那个东西许多的概念名称，又因为这些概念名称让我们感悟到了那个形而上的东西，同时，也给我们指明了一个无相的实相，使我们把概念名称和实相统一了起来。因为实相无相，所以得不到它特别的征兆和迹象，“不知其所为使”，也不知是谁在驱使，所以是“日夜相代乎前，而莫知其所萌”，一天二十四小时在你身边，而你却不知道是什么时候开始发生的。如果知道怎么开始和怎么发生的，那就应该知道开始指示形成宇宙万物的是什么东西。如果真的有主宰，它在哪里？是什么样子？

可行已信，而不见其形，有情而无形。

译文：相信它在运行，而却见不到它的形象，看来它是有情无形的。

一天二十四小时，我们除了工作就是休息，好像我们生命中真的有个主宰在支配着我们的思想和行动。这个主宰是谁呢？是自我吗？如果这个主宰是“自我”，为什么“自我”不能支配我们什么时候想睡就睡，什么时候想起就起呢？而却是自然地睡，自然地起呢？如果说是自我，为什么身上那个部位有疼痛的时候，却不能让它不疼痛就不疼痛呢？而却是疼痛自然地来，疼痛自然地去呢？既然不是自我，那这个主宰到底是什么？是灵魂吗？那灵魂是什么样子呢？是心吗？那心是什么？是心脏吗？如果是心脏，为什么心脏还会有毛病，它不会主宰自己没有毛病吗？看来也不是心脏。既然不是心脏，那是大脑吗？如果说是大脑，为什么大脑还会胡思乱想，它难道不能主宰自己不胡思乱想吗？既然不能主宰，那说明也不是大脑。找来找去，找不出来，所以说它是有情无形的。

说来说去，庄子还是在为前面的“非诽”而谈，他是对辩士们讲“辩无胜”。意思是辩论是不会有结果的，辩论双方最终都不会是赢家。因为庄子深知“道理”也是无形无相的，无法用语言文字表达，所以说辩论不会有结果。

庄子认为“道”是天地万物运行的规律，不是物化的东西，是无形无相的，无法捉摸的。既然“道”无形无相，那么用言语就无法表达。因此，在不同的时态情况下，阐释也就不同，而争论中因论点过时，“道理”不通，导致驳斥无用，最终离“道”越来越远。

《文始真经》中关尹子曰：“非有道不可言，不可言即道，非有道不可思，不可思即道。”大意是：不是道不可言说，不可言说就是道，不是道不可思想，不可思想就是道。乍一看关尹子这句话，可能你有些模糊不清，其实如果你认真感悟一下也很简单，就是说“道”可以言说，但可以言说的道是通往“道”的“道理”，是无常之道，不是恒常之道。恒常之道是不可言说的。老子曰：“道可道，非常道”嘛！

《通玄真经》中文子云：“夫事生者应变而动，变生于时，无常之行。故‘道可道，非常道也’”。大意是：“事物是随变化而变化的，变化随着时代和时间的变化而不断变化，无常变化。可以看见言说的道，不是真正恒常的道。”由此可见，宇宙中可以看得见摸得着的所有相、听得到的所有音声，都是变化无常的。我们可以以他而起，去接近体悟那恒常不变的“道”。虽然这个“道”无法言说，也无法传递，但是我们可以用心灵去感悟，达到空相如一。

百骸，九窍，六藏，赅而存焉，吾谁与为亲？

译文：众多的骨骼，眼、耳、口、鼻等九窍，心、肺、肝、肾等六脏都存在于我身上，我跟它们哪一个部位最亲近呢？

既然找来找去，找不出来，那回过头来再看一下我们这个身体。我们这个身体是有众多的骨骼，眼、耳、口、鼻等九窍，心、肺、肝、肾等六脏组成的。那这些器官哪一样是我们最亲的呢？其实我们哪一样都不亲，哪一样也都亲，都有用离不开，离开了哪一样身体都是不完整、不健康的，因为身体的每一样都是我们生命的一部分。身体是生命的存在，是自我暂时之所属。每个人百千万劫得此今生，是来之不易的。有句话说得好："此生不向今生度，更待何生度此生"，这个身体今生是属于你的，但它不是你的永恒所属，因为它不是你的真有，死后它就不属于你了。

汝皆说之乎？其有私焉？

译文：你对它们全都同样喜欢吗？还是对它们中某一部位格外偏爱呢？

六藏、九窍，全是一身，那到底我们对这个身体的哪一样最爱呢？其实哪一样也爱，哪一样也不爱。当然这里说的不爱，不是真的不爱，而是不偏爱。如果说有最爱的，那便有了偏私，有了偏私，就有了偏爱。但是从道理上说，对身体的某个部位偏爱是行不通的。譬如说你最爱脚，那没有嘴你怎么吃饭？如果说你最爱嘴，那没有脚你怎么走路？因此说你对哪一样也爱，哪一样也不爱。为什么这样说呢？因为你离开了哪一样，都不是一个完整健康的身体，所以说你对哪一样也爱。但是如果你只单独偏爱哪一样，你的生命就会受到危机，所以说你对哪一样也不爱。因为你不可能只通过身体的某一样来维持你的生命，如果没有嘴巴，你吃不了；没有眼睛，你看不了；没有耳朵，你听不了。所以说没有哪一样也不行，因此，都爱！只爱一样肯定不行，因为其他都不为你工作了，那你还怎么活？所以说都不偏爱。

如是皆有为臣妾乎？其臣妾不足以相治乎？其递相为君臣乎？其有真君存焉？

译文：真的所有部位都会成为臣妾似的仆属吗？它们之间不可以相互统治支配吗？还是轮流做君臣呢？它们有真君主宰存在吗？

所有部位是不会成为臣妾似的仆属的，因为如果成为臣妾似的仆属，就有了君臣关系了，有了君臣关系，就有了主宰了。而实际我们的体内是没有一个真正作主的“君”存在的。生活中看上去我们的身体的每一样好像是在轮流做君臣，譬如：吃饭时好像“嘴”是君，看东西时好像“眼”是君，拿东西时好像“手”是君，走路时好像“脚”是君……好像是在轮流做君臣。其实如果你读过《楞严经》，就不难感悟到其中的奥妙。《楞严经》中前面有这样一段，佛问阿难心和眼在哪里？阿难回答“实居身内”，就是说在身体里面，而佛却告诉阿难心不在体内。其中有这样一段对话，佛告阿难：“如汝所言，身在讲堂，户牖开豁，远瞩林园。亦有众生，在此堂中，不见如来，见堂外者。”阿难答言：“世尊，在堂不见如来，能见林泉，无有是处。”“阿难，汝亦如是。汝之心灵一切明了。若汝现前所明了心，实在身内，尔时先合了知内身。颇有众生，先见身中，后观外物？纵不能见心、肝、脾、胃，爪生发长，筋转脉摇，诚合明了，如何不知？必不内知，云何知外？是故应知，汝言，觉了能知之心住在身内，无有是处。”大意是：佛对阿难说：“如同你所说的那样，身在讲堂内，门窗大开，便可以看到外面远处的林园，但是，会不会也有众生，在这个讲堂中，看不到如来，只能看见讲堂外的东西呢?”阿难回答:“世尊,在讲堂内看不到如来,而只看到讲堂外面的林泉,是没有道理的。”佛说:“阿难,你也如同这样。你的心灵能明了一切。如果现在你这颗能明了一切的心,确实在你的体内,那么这时,你就应该先知道体内的一切。那很多众生,也是先去看到体内,而后才去观察到外部事物吗?既然如此,那为什么众生看不到体内的心、肝、脾、胃,看不到指甲毛发的生长,也看不到筋骨血脉的运动呢?既然有一颗能明了一切的心,为什么不能知道这些呢?必定是不能知内,那还谈什么知外呢?所以应当知道,你所说的能觉悟明了一切的心住在体内,是没有道理的。”这一段佛说得很妙!的确没有一颗能明了一切的心在体内,因为能明了一切的心不是体内的那颗心脏,能明了一切的心是不可得的。《金刚经》中云:“过去心不可得,现在心不可得,未来心不可得。”过去的成了回忆,了不可得,现在的如同瀑流,刹那即灭,未来的没有到来,只是畅想。到来了也如同瀑流,只在须臾间,刹那即失,是非常快的。所以说心念似瀑流,秒秒百念,念念相续,念念不断。这种流动的意识,来了即灭,灭了即来,是得不到也抓不住的。因此《金刚经》中云:“应无所住而生其心。”怎么“应无所住”,就是“不生法相”。“不生法相”,就是没有依附六尘外物的分别心。如“空”一样,但又不是“空”,因为“空”也是概念法相。就是“法相”二字也是概念名称的法相。佛在《金刚经》中说:“所言法相者,如来说即非法相,是名法相。”所以说尘世间一切法相都是心所呈现。世界的一切因果事物,都因为心作用而成。《楞严经》中云:“诸法所生,唯心所现。一切因果世界微尘,因心成体。”

由此可见,所有部位既不会成为臣妾似的仆属,也没有臣妾之间的相互统治,也不可能轮流做君臣,更没有真君主宰的存在。你要说了，如果没有真君主宰，那能让我们思考、分别万事万物的那个东西是什么？那个东西是根尘妄念的所思所想，是拣择分别尘影的妄想心，是它迷惑众生的真心自性。《楞严经》中佛对阿难说："此是前尘，虚妄相想，惑汝自性。"

庄子以人体的骨骼、九窍和脏腑来比喻"道"，他问人体到底哪个部位是人的主宰？该爱护哪个？是每个都爱护？还是特别爱护一个？或许是每个部位都被主宰了？如果都被主宰，就没有部位主宰其他的部位了，那是另有主宰吗？还是不同的部位轮流做人体的主宰？他认为人体既然如常动作，好像是有主宰！但是他又问，主宰在哪里？辩论可以辩出来吗？因此庄子讲，天地间道理随处可见，不断刹那变化，辩士们在争论中好像掌握的是真理，而那些所谓的"真理"，实在和"道"无关，因此，庄子说辩论不会有结果。

如求得其情与不得，无益损乎其真。

译文：如是寻求它的情形而无法得到，也不会增益和损坏它的真实存在。

庄子就是这样一个智慧之人，在谈问题的时候，处处都是话头，很多问题提出来以后，不去正面回答，而是一个疑问连着一个疑问，并以答似非答的回答，引领着我们去体会和感悟那个"真"的东西。庄子说："你尽管找，不管你用什么办法找，无论你能不能找到它的情形，都不会增益或损坏它的真实存在。"庄子为什么这样说呢？因为我们生命的"真君"或"主宰"，是不生不灭，不垢不净，不增不减的。譬如大海，无论风多大，浪多高，当这一切平静下来以后，便回归到它海面平如镜的"本来面目"。它不垢也不净，不增也不减。庄子知道这个问题，无论你懂与不懂，对那个"真"的东西来讲，都是无所谓的，因为它不会因为你懂或不懂而变化，你懂或不懂对它来说都一样，都是真如如是、如如不动的本来面目。当然，无论辩士们怎样辩论，也不会增益和损坏它的真实存在。

一受其成形，不亡以待尽。

译文：人一旦受天地之气形成了他们的形体，就无法忘掉自身而是等待最后的殆尽消亡。

虽然说辩论不会有结果，但辩士们却不这么想，因为辩士们在争论中，总觉着自己掌握的都是真理。其实人一生下来，嗷嗷待哺之时就有了分别索取心，就会通过气味寻找母乳。每个人都在这种分别索取中慢慢长大，慢慢殆尽，慢慢走向消亡。当然，这对每个人来说也是公平的自然规律，不管你是富贵还是贫贱都一样，最终都要走向消亡。

《庄子》内篇《大宗师》中云："夫大块载我以形，劳我以生，佚我以老，息我以死。故善吾生者，乃所以善吾死也。"大意是："天地赋予了我形体，赋予我形体和青壮的生命是让我劳累，赋予衰老无能是让我安逸，赋予我老死消亡是让我安息。因此既要好好地对待生，也要好好地对待死。"然而，人生在世，身不由己。德国哲学家海德格尔在谈到"人"的时候，把人描述为"人是被抛入世界（身不由己来到人间）、能力有限、处于生死之间、对遭遇莫名其妙、在内心深处充满挂念与忧惧而又微不足道的受造之物。这个受造之物对世界要照料，对问题要照顾，而自己本身则常有烦恼。"人生在世，身不由己，是天地所为的自然规律，所以庄子说："劳我以生"。用佛教的话来说，人一生下来就有贪、嗔、痴、慢、疑等七情六欲，是是非非，是烦恼的聚集。人生下来就开始终其一生的辛劳拼搏，无论富贵贫贱、地位高低，都是如此。俗话说："死生由天"，老子说："出生入死"，无论你怎么辛劳拼搏，官位多高，多么富有，都不会长生不老。

人终有一死，然而，当面对死亡的时候，人人都会变得恐惧而严肃。海德格尔有句话叫："向死而生"，我们可以理解为：死是生的开始，坦然面对死亡的同时，更应珍惜生命存在的本身。这句话是向心灵的召唤，也可能是为了唤醒本真的自我。当死亡摆在人们面前的时候，人们这才会发现所执爱的自身，本质上是虚无的，是了不可得的。海德格尔喜欢研究中国的《老子》，他认为《老子》的"道"与西方哲学的"存在"本身指的是一个东西。到底是不是一个东西，谁又能说得明白？在此，我们也不妄加评论了。《道德经》第十五章中云："孰能浊以静之徐清？孰能安以动之徐生？"大意是：谁能在混沌中安静地慢慢澄清？谁能在安定中行动地慢慢复生？这里的"谁"，到底是谁？是老子和庄子的"道"吗？还是海德格尔的"存在"本身？这需要你自己好好地去参一参。

生命的根本问题是世间万物从何处来、往何处去？本真的自我在哪里？人生短暂，"向死而生"的智慧启发了人类什么？它能打破人类心灵的束缚，成为一种超越吗？可怕的是，人类的"主观成见"固封了人类的自我，束缚了人类本真的心灵，不断传递着的那些可怜的社会经验和遗传基因，只能在短短的生命中感受着年复一年的春秋价值，而等待着最后的殆尽消亡。

与物相刃相靡，其行尽如驰，而莫之能止，不亦悲乎！

译文：跟外界相互宰杀相互消灭，他们行动的殆尽消亡如同快马奔驰，不能止步，这不也很可悲吗？

虽然庄子说人受天地之气，一生下来就无法忘掉自身，而是等待最后的殆尽消亡。但是这个"殆尽消亡"，不是一动不动地在等待着殆尽消亡，而是群品云云、各有主观、妄心见性、纵情恣意、寻情逐境、顺逆相交、执是执非、憎爱有加、贪嗔痴慢、唯识贪境、不能自鉴……在跟外界相互宰杀、相互消灭中殆尽消亡。这种殆尽消亡如同快马奔驰不能止步，说起来这也真算是够可悲的！

终身役役而不见其成功，苶然疲役而不知其所归，可不哀邪？

译文：终身承受役使却看不到他们的成功，困顿疲劳却不知道他们的归宿，这能不算悲哀吗？

俗话说“知足者常乐”，这句话源于老子《道德经》第四十六章。其中云：“祸莫大于不知足，咎莫大于欲得，故知足之足，常足矣。”大意是：“祸事没有大于不知足的，罪过没有大于贪欲的。因此，知道满足才是真正恒常不变的满足。”是的，老子他老人家说得很对！人只有知足了，才可以常乐。

人生一世，不过百八十年的，在这看似漫长却又短暂的人生旅途中，哪个人不是行色匆匆、忙忙碌碌、疲于奔命。西汉伟大的史学家、文学家、思想家司马迁在《史记·货殖列传》中云：“天下熙熙，皆为利来；天下攘攘，皆为利往。”能有几人可真正做到淡泊名利、笑看人生呢？在祈求上苍保佑自己的同时，各自随其自己的主观意识奋勇拼搏，却怎么也达不到自己期望的目标。忙来忙去，心中只装着“夙愿成真”，却从来不知道什么是“欲望无穷”。不知道“夙愿成真”，只不过是别人盛宴上的一道美味佳肴罢了。此美味佳肴，只可远看不可近尝。唐朝杜甫《昔游》诗云：“余时游名山，发轫在远壑。良觌违夙愿，含凄向寥廓。”大意是：“我时常游览于名山大川，但当我拿掉支住车轮的木头驱车前往深山峡谷的时候。美丽的会面却违背了我心怀已久的愿望，只能心含凄凉面向着空旷深远的虚空。”杜甫的感慨，其实也是众人的感慨，然而生活中能有几人能够体悟到这一层境界呢？面对着空旷深远的虚空，难道这样不好吗？记得有句诗是这样写的："弃将此身成夙愿，一朝飞过万重山"，人生在世，什么是你的？什么又不是你的？这一点，还真的需要每个世人好好地去参一参。

知足，是每个人应该具备的态度、觉悟和境界。人不但要知足，而且还要知不足，只有知道自己的不足之处方为有自知之明之人。山外青山楼外楼，山外楼外有高手。如果一个人欲望无穷，并任其膨胀，最终一定后患无穷。《孟子·尽心下》中云："养心莫善于寡欲。其为人也寡欲，虽有不存焉者，寡矣；其为人也多欲，虽有存焉者，寡矣。"大意是："修养心性没有不善于减少欲望的。其为人也少欲望，虽然本性有所不善，那也很少；其为人也多欲望，虽然本性有所善，那也很少。"那人的"本性"到底是什么？《三字经》中云："人之初，性本善。"其实用佛教的话来说，人的本性是不善不恶的。只是认为人来到这个世间后，与外界一接触，感官之欲就起了贪婪之念，造成了贪、嗔、痴、慢、疑的妄心。老子《道德经》第三章中云："不见可欲，使人心不乱。"《乐记》中云："人生而静，天之性也。感于物而动，性之欲也。"欲望，是过分要求，令人智昏。若欲望不控，则欲壑难填，最终让人们成了欲望的奴隶，坠入了欲望的深渊。所以说，修养心性的最好办法就是减少欲望、寡欲清心。老子在《道德经》第十九章中云"见素抱朴，少私寡欲"，孟子说"养心莫善于寡欲"，孟子虽然不是老子的学生，但在"寡欲"的问题上见解与老子有相通之处，其实儒道两家在很多问题上是有异曲同工之妙的。

寡欲，不一定非要无欲，苏格拉底说："我们需要得越少，我们越近似神。"宋代苏轼在评柳宗元诗的时候有一句"寄至味于淡泊"，我感觉这一句写得非常好！因为，闲适简淡是一种生活的意境，这种生活的意境是平淡的，是激情后的返璞归真，是沧海后的田园归隐。淡泊名利而平淡的生活，是人生追求的一大境界。当然，古往今来，能有多少人做到淡泊名利，笑看人生呢？

《清代皇帝秘史》中有这样一段记载，乾隆皇帝下江南时，在江苏镇江金山寺问一个老和尚："寺旁江中每天有多少船往来？"老和尚回答说："只有两只船，一只为名，一只为利。"司马迁也说过："君子疾没世而名不称焉，名利本为浮世重，古今能有几人抛？"说的很对！君子恨的是死后名字不被后人称颂，名与利本来就是人世间看重的事，古今能有几个人把它抛弃呢？《红楼梦》第一回中有这样一句歌词"世人都晓神仙好，唯有功名忘不了"，由此可见，想要做到淡泊名利，是一件甚难之事，说起来轻松而做起来难。人心不平，何谈淡泊名利、笑看人生。淡泊名利，不等于没有理想，也不是无所事事，而是怎样"明志致远"。《诸葛亮集》中有段名言，后人给起了个名字叫《诫子书》，其中有这样一句："非澹泊无以明志，非宁静无以致远。"恬淡宁静的生活，可让人在平淡中找到快乐，在宁静中感受浪漫。人生在世如果你不迷于欲，肯定不能伐其性；不迷于物，肯定不能伐其志；不迷于己，肯定不能增其过失。这是生命的安顿，也是心灵的升华，同时也是心身的坦然。

其实，名利本无好坏，只要你不贪婪，如果你贪婪那就永无止境。美国著名电影、电视、戏剧女演员，两度荣获奥斯卡"最佳女主角奖"的贝蒂·戴维斯，在她的回忆录《孤独的生活》中曾写道："任何目标的达到，都不会带来满足，成功必然会引出新的目标。正如吃下去的苹果都带有种子一样，这些都是永无止境的。"而在生活现实中能有几人明白这一点呢？清代张潮在《幽梦影》中云："能闲世人之所忙者，方能忙世人之所闲。人莫乐于闲，非无所事事之谓也。闲则能读诗书，闲则能游名胜，闲则能交益友，闲则能饮酒，闲则能著书。天下之乐，孰大于是?”大意是：“能无事于世人所忙的名利，才能忙世人所不忙的无事。人不要喜欢于无事可做，因为无事说的不是无所事事。说的是不忙于名利就有时间读诗书，不忙于名利就有时间游名胜，不忙于名利就有时间交益友，不忙于名利就有时间饮酒，不忙于名利就有时间著书立说，天下的乐事，谁能大于这个?”说的也是！人生一世应该有忙有闲，不要去贪婪名利，这样才能品出人生滋味。闲世人之所忙，忙世人之所闲，是一种积极的人生态度。当世人都为名利在忙碌的时候，你却能冷静地保持泰然；当世人无所事事，散漫无度，闲极无聊时候，你却又能一如既往地坚持进取，读万卷书，行万里路，游天下名胜，交天下益友，饮天下美酒，著天下经典……难道这不是生命的真谛吗?

人生一世，草木一秋，何不淡泊名利，笑看人生呢?何必为名利所羁绊而泥于名利不能自拔呢！终身承受役使却看不到成功，困顿疲劳却不知道归宿，如果我们成这种人，也算得上悲哀了！

人谓之不死，奚益！其形化，其心与之然，可不谓大哀乎?

译文：就算人们说这种人不会死亡，这又有什么益处?他们的形骸逐渐衰竭，他们的心也跟着一起衰竭，这能不算是最大的悲哀吗?

如果没有益处，那些辩士们为什么还辩论呢?是因为那些茫然无知可怜的辩士们，执我心太强，不明此理，整日里跟外界相互宰杀消灭，不知困顿疲劳，造成殆尽消亡而不能止步。这种人就算活一万、十万、一百万年也都白活了。因为这种人永远也弄不明白，也不可能悟道，更不可能知道自己的归宿在何处。所以，终身受役而不得成功。庄子认为，别说这种人到最后会累死，就算这种人不会累死，又有什么益处呢？不是很可悲吗？这些人一生迷惑于法相，不知自己的本性妙明清净，整日里跟外界相互宰杀而不能自拔，轮回于生死之中。

释迦牟尼佛在《楞严经》中对阿难说："诸可还者，自然非汝。不汝还者，非汝而谁？则知汝心，本妙明净，汝自迷闷。丧本受轮，于生死中常被漂溺，是故如来，名可怜愍。"大意是："你所见到的一切都可以归还，自然不是你的。而那个无法归还的，不是你又是谁呢？是你不明白你的真心本来就是妙明清净的，自心迷闷。丧失了本自的妙明清净而轮回于生死，被长久漂流沉溺在生死的苦海之中。因此，如来称你们是可怜悯的众生。"这里佛对阿难讲的与庄子讲的从某种角度上讲，有异曲同工之妙。可人世间又能有几人明此"见性"，达此不动见性之道场呢！无奈也只能是知解明理者多，实证行证者少了。

《六祖坛经》定慧品第四中云："善知识！我此法门，以定慧为本，大众勿迷，言定慧别。定慧一体，不是二。定是慧体，慧是定用。即慧之时定在慧，即定之时慧在定。若识此义，即是定慧等学。诸学道人，莫言先定发慧，先慧发定，各别。作此见者，法有二相。口说善语，心中不善，空有定慧，定慧不等；若心口俱善，内外一种，定慧即等。自悟修行，不在于诤；若诤先后，即同迷人。不断胜负，却增我法，不离四相。"这一段是惠能大师对那些修行的人说的，大意是："正直地说，我这个法门，是以定慧为根本宗旨，大家不要迷惑，说定和慧是有区别的。其实定、慧是一体的，不是两种东西。定是慧的本体，慧是定的应用。慧到之时定在慧中，定到之时慧在定中。你们明白了这个道理，就明白了定慧是一体不二的。你们这些修行的人，不要说先要入定才能产生智慧，也不要说先要有智慧才能产生定力。认为定慧各不相同。作为这样见解的人，是把法相分开了。嘴里说得挺正直，其实心中迷惑不解，空有定慧的虚名，将定慧看成了两回事；如果嘴里说的和心中想的都觉悟正直了，内外一样，即是定慧一体不二的觉悟。自己觉悟修行，不在于和别人争辩是非，如果去争辩那先后胜负，就同迷惑的人一样。斩不断争执胜负的心思，却增加了我执和法执，不能脱离四相。”这里引用了佛教中的几段经典，为的是让我们从多角度去体会参悟庄子的“辩无胜”，到底为什么庄子说辩士们的辩论不会有结果？一个修行的人，要用正直之心来修行，因为正直的心就是你的道场、你的净土。不要心里一套，嘴里一套，心口不一是永远不会成功的。在我们生活中，有多少争执和辩论，从来也没有分出个胜负或是非结果来。到最后无非就是各执其见，自得胜负罢了！如果说一个修行的人，修的长生不老了，并不能证明此人就悟道了，虽然说此人可能脱离了婆娑世界的框框，但很可能此人又被婆娑世界框框以外的出世框框给框住了。有时修行人可能体悟不到入世法和出世法都是牢笼，都很容易把众生牢牢地束缚并禁锢在里面。然而，要知道，想要悟道，首先要彻底打破世间法与出世间法的牢笼，让心灵清净，不被其所迷惑。一位真正的道者，终极的诉求就是找到自我的“本来面目”。要想找到本来真实的自我，就必须跳出世间法与出世间法的条条框框。并且，修行的人要明白，跳出，不是让你去破坏，而是让你不要迷惑！

一个人如果能做到对世间法或出世间法都不去分别拣择，对镜无心，那么一切辩论也就自然化为乌有了。没有了辩论，自然也就没有了问题。假如一个人能达到如此境界，还谈什么修与不修，即使不修他的心也已经与道相应了，或者说已经得道了。没有了生活中的分别拣择，也就没有了二元相对的知见；没有了二元相对的知见，也就没有了心灵的扭曲；没有了心灵的扭曲，也就没有了意识上的分别拣择；没有了意识上的分别拣择，意识也就不会扭曲真相。这样就脱离了幻生幻灭而达到清明自知的境界。自己也能做得了自己的主，再也不会被妄心妄识所迷惑。做到能用心识，而不被心识所用，转识成智，一切都从真如自性起用。六根虽有见闻觉知，却不再被万境所染，日用平常处处是道，即使起心动念也是道，生活充满了禅趣，真乃：人间大道处处有，只向日用平常修。

虽然说，人生一世，草木一秋。但人活在这个世间，不能什么都不管了，生活总还是要过的。当然，过什么样的生活，这个可以由自己来决定。如果你能做到明道多德，以道心体悟人生，用禅趣品味生活，那你的人生一定与别人不一样，肯定是很有品位的。这种品位，不一定是生活上的饶益，但一定是心灵上的宁静。空灵无执的心，让你将生活中的一切烦恼抛到了九霄云外，实现了心灵上的完全释放。面对生活，处处触目菩提，随缘任运，真乃：人间何处不是道？只因心迷悟不了。迷人分别拣择，执是执非，困顿疲劳，终身承受役使，别说这种人也会死，就算说这种人不会死，又有什么益处？最终他们的形体没了，心也回归了自然，这也算是他们最大的悲哀了！

人之生也，固若是芒乎？其我独芒，而人亦有不芒者乎？

译文：人这一生，就应该茫然无知吗？还是就我自己茫然无知，而人生能有不茫然无知的人吗？

不茫然、无知的人有吗？有找到自己生命真谛的人吗？有！这种人是“觉者”。觉者是谁？谁是觉者？你参参看！

生活中很多人，自以为是，说自己找到自己生命的真谛。我看不然，如果真的找到了自己生命的真谛，他自己就不会说找到了。庄子认为人生的可悲之处，在于人都太虚伪了，人心难测，做不到“齐物”。因此，达不到“逍遥”的境界。庄子提倡的是“中道”思想，以“无为”论治国和做人之道，这也是庄子哲学的重要概念。庄子并不否认相对，也并不否认矛盾，只是强调摆脱主观意识上对立矛盾，不泥于外物，让心身清净，使空灵无执的心灵不被外物所拖累，达到无拘无束的自然状态。对境无心，抛弃相对，抛弃功名利禄，达到如《逍遥游》中所云“乘天地之正，而御六气之辩，以游无穷”的境界。

庄子的境界，是心身上的逍遥自在。追求的是天人合一，是心身与宇宙万事万物的和合平等。他认为，人应该放弃自我主观成见，与天地精神相往来，让心身融入宇宙万事万物之中，从而与宇宙万物相终始。他还认为，人的生命中没有主宰，所谓的主宰只是人的妄心妄识，幻梦幻象。而幻梦幻象水中空，不必执着拣择。执着的拣择分别，是不会给人生带来幸福和快乐的，只会给人生带来痛苦和烦恼。生活中那些所谓的对和错，都是由人的主观成见造成的，同样也是这种主观成见造成了人思想上的茫然无知。而在人世间这种茫然无知，不是独立的，而是普遍的。说自己茫然、无知的人，这种人恰恰不一定是茫然、无知的！而那些说自己不是茫然、无知的人，这种人却一定是茫然、无知的。

感悟四
执着成心　无有为有

【原文】

夫随其成心而师之，谁独且无师乎？奚必知代而心自取者有之？愚者与有焉。未成乎心而有是非，是今日适越而昔至也。是以无有为有。无有为有，虽有神禹且不能知，吾独且奈何哉！

【译文】

随顺执着于自我成见并奉为师，谁难道还没有老师吗？何必说知道是非而有自我成见的人才有呢？愚笨的人也一样有！如果说未曾有成见而已经有了是非，那就好比是说“今天出发去越国而昨天就已经到了”。这是把无有当成了有。把无有当成了有，即使是神圣的大禹也尚且不能明白其中的道理，我又能怎么办呢！

【感悟】

夫随其成心而师之，谁独且无师乎？

译文：随顺执着于自我成见并奉为师，谁难道还没有老师吗？

每个人心中都有一个老师，这个老师就是自己心中的“主观成见”。心中有了这种主观成见，就形成了判断是非的标准。当然其中还内含着第二个老师，就是自我“成心”以外所喜欢的彼“成心”，也就是说与自己“主观成见”观点相同的另外的“主观成见”。主观偏见可以说人人都有，没有一个没有的人。聪明的人有，愚笨的人也有；有智慧的人有，没有智慧的人也有。你有你的“是非”标准，我有我的“是非”标准，人人心中都有自己的“是非”标准，当然所有的“是非”标准都唯心所造，唯识所变。如果说没有的话，也只能是那些成佛成道的人了，普通的凡人是不可能的。世界上所有的宗教理论，都带有主观成见的意识形态。因此，成佛成道的人都爱否定自己，譬如释迦牟尼佛在《金刚经》中所说：“知我说法，如筏喻者，法尚应舍，何况非法。”这里释迦牟尼佛是告诉我们，不要执着于法，要放下主观偏见。正法都如同渡河的船，过了河到了彼岸就应该舍掉，何况不是正法。其实无论是佛法还是道法，都像是指月的手指头，它可以告诉你月亮在那，但手指头不是月亮。如果你把手指头当成了月亮，那是因为你自己的主观成见认可了另外一个主观偏见，如果这样就永远也达不到“道”的境界。

今天我们研读庄子的《齐物论》，不能走逻辑推理的路子，最好像佛教禅宗那样，通过参悟去研读。其实庄子也像禅宗一样倡导我们“触目菩提，随缘任运”“从自家身上讨道理”，从日常生活中感悟人生的真谛，因为“平常心就是道”，不用费力从其他地方找。

《六祖坛经》中惠能曾对韦刺史开示说："人有两种，法无两般，迷悟有殊，见有迟疾。迷人念佛求生于彼，悟人自净其心。"六祖说得很对！人是分迷惑、觉悟两种的，但法没有两种。人对法的理解，有快有慢。迷惑的人向外求，觉悟的人向自心找。我们中国历朝历代有很多诗人的诗句都很有禅意，从中也可以让我们体悟到庄子的这种境界。譬如唐朝杜牧的《登九峰楼寄张枯》诗句"睫在眼前长不见，道非身外更何求"，这里就可以让我们参悟，不用费力从其他地方找，而是从自家身上讨道理。怎样消除妄心，怎样消除自我主观偏见，这些都需要你自己去参悟。既然你有你的道理标准，我有我的道理标准，而你的标准又不是我的标准，我的标准也不是你的标准，而法又无两般，那么辩论也就分不出个是非来，所以也就不需要再辩论了。庄子这里讲的"成心"，我们既可以理解为一家之言的主观成见，也可以把它理解为那些已成之法。如果把自己的成见或符合于自己主观思想的道理标准当成自己的老师，错误地将其认为是准确的标准，那么世间的人谁还会没有老师呢？

庄子这里的疑问，主要是针对那些自以为是、抱残守缺、墨守成规的人。那些人愚昧偏执于自己的"成心"和那些已成之法，以此作为判断是非的标准，却从来也不知道跟上时代的步伐并与时俱进。说到"与时俱进"，我们也顺便简单地谈一下这个成语的来历。这个成语我们都耳熟能详，不管怎样理解，都不外乎是跟上时代潮流，同步伐于时代的发展。有人说这一成语是李大钊先生（1889—1927 年）在 1917 年给《太平洋》杂志记者的信中说的，而我在阅读蔡元培先生（1868—1940 年）的《中国伦理学史》时，也见过这一成语。而蔡校长的《中国伦理学史》应该成书于清末约 1907—1910 年。从时间来看，蔡校长的《中国伦理学史》应该比李大钊先生给《太平洋》杂志记者的信要早。当然这也不能作为准确的依据用来判定，因此，“与时俱进”到底是先出自哪里，我们就不去深究了，大约就是出现在清末民国初期吧。

《易经》六十四卦中的第四十一卦，损卦的彖辞中有句“损益盈虚，与时偕行”，“与时偕行”强调的是一个“偕”字，而“与时俱进”强调的则是一个“俱”字。“偕”是共同的意思，“俱”是全都的意思，两个成语看上去是语殊，其实意义是相同的。

《庄子·山木》中云：“一龙一蛇，与时俱化。”意思是：“是如龙一样腾飞行动起来，还是如蛇一样蛰伏起来，这些全都要随时代变化而变化。”当然庄子这里的“与时俱化”中的“化”字，不要只理解成我们日常中所说的一般变化，其中内涵着“教化”和“提升”意思。

文子的《通玄真经》第十一篇中，老子（文子）曰：“天下几有常法哉！当于世事，得于人理，顺于天地，祥于鬼神，即可以正治矣。昔者，三皇无制令而民从，五帝有制令而无刑罚，夏后氏不负言，殷人誓，周人盟。末世之衰也，忍垢而轻辱，贪得而寡羞，故法度制令者，论民俗而节缓急；器械者，因时变而制宜适。夫制于法者，不可与远举；拘礼之人，不可使应变。必有独见之明，独闻之聪，然后能擅道而行。夫知法之所由生者，即应时而变；不知治道之源者，虽循终乱。今为学者，循先袭业，握篇籍，守文法，欲以为治，非此不治，犹持方枘而内圆凿也，欲得宜适亦难矣。夫存危治乱，非智不能，道先称古，虽愚有余。故不用之法，圣人不行也；不验之言，明主不听也。”这段是文子借老子之口说的，意思是：“天下有多少不变的常法呀！能适合于世事，得于人情事理，顺从于天地，祥顺于鬼神，就可以正法而治了。从前，三皇没有法令制度而民众服从，五帝有法令制度而没有刑罚，夏代国君不食言而治，商代国君立誓言而治，周朝国君立盟约而治。后来这一切都衰亡了，忍住了辱骂而轻视了耻辱，贪得了财富而不觉羞耻，因此法令制度，应论民俗而调节缓急；器械，因时代的变化而制造适宜的。制约于法令的人，不可能有远大的创举；拘于礼节规范的人，不可能使自己顺应时代的变化。一个人必须对所见到的有独特的见解，对所听到的有独特聪慧的判断，然后才能善于大道而顺应时代潮流。知道法令制度是怎样产生和由来的人，就能顺应时代变化而变化；不知道法令制度是怎样产生和由来的人，虽然遵守沿袭了已成之法最终也是混乱的。今人为学，依照的是沿袭祖业，掌握的是书卷典籍，遵循的是先王法度，他们想要以此为治，认为不是这样就不能治理，这就如同拿着方形的榫头打进了圆形的榫眼一样，想要得到适宜的松紧也就很难了。在危险中治理混乱，没有智慧是不可能办到的，“道”首先称得上是亘古不变的智慧，得“道”之人虽然感觉愚笨却有大智慧。因此不适用的法度，圣人是不用的，没有经过验证的言论，心明的君主是不听的。”

从以上我们可以看出，抱残守缺而墨守那些陈旧的已成之法，自以为是、执着偏见于自我“成心”的人是不可行的！无论是古人的“与时偕行”或“与时俱化”，还是现代的“与时俱进”，无非是语殊而义同的，都是同样的意思。无论是“俱化”“偕行”“俱进”，都包含着进化、退化过程。进化的同时也是退化的开始。当然，无论是进化还是退化，都是自然平衡运行的过程，是在变化中求得生存，而生存离不开智慧，智慧是生存的关键。人类的智慧，创造了人类的历史。人类社会从出现文字开始，历经了无数创新变化，形成了今天光辉灿烂的人类社会文明。

古老的智慧是永恒不变的真理！古老的文化是我们今天学习的知识，它的精华可以启迪我们的智慧，激活我们的灵感，它既可以引领我们腾云驾雾飞上蓝天，又可以航导我们乘风破浪遨游大海。而有的人却从来没有体会到这一点，对中国古老的文化，不去取之精华，而是抱残守缺、墨守成规于那些糟粕的东西，沉醉在愚昧迷惑的自我成心之中。

因此，我们就不要再去纠结到底“与时俱进”出自于哪里了。其实说来说去，中国古代文化是我们现在一切文化的源头，都同源于妙道，衍生于血亲。社会在发展，时代在变化，不要做一个抱残守缺、墨守成规、自以为是、执着于成见的人，这样的人只会以成见来代替不成之法，以自己之长来代他人之短，愚昧痴呆而安闲于其中，坚持执着于是非。应该做一个放弃自我成见，跟得上时代的步伐，随时代发展变化而进出的人。

奚必知代而心自取者有之？愚者与有焉。

译文：何必说知道是非而有自我成见的人才有呢？愚笨的人也一样有。

人人心中都有成见，都有一个是非标准。但是这个是非标准，到底是在成心以前就有，还是在成心以后才有的呢？这需要我们好好地去参一参！其实庄子这里讲的“成心”就是日常我们所说的“成见”或“偏见”，如同佛教中讲的“妄心”“分别心”一样。《大乘起信论》中“依一切众生，以有妄心，念念分别”，说得很对！人只要有了“妄心”就有了念念分别，有了分别，就有了是非。由此可见，如果没有成心，也不会有人世间这么多的是非。

从佛教的角度讲心有八识：眼识、耳识、鼻识、舌识、身识、意识、末那识、阿赖耶识。前七识都是妄心，因为生灭无常，所以称“妄”。而第八识心是真心。因为不生不灭，恒常不变，所以叫“真”。前七识都从第八识阿赖耶识（如来藏）中而生。由此可见自性清净，如如不动，恒常不变的是“真心”；执着分别，妄想虚假，生灭转变，变化无常的是“妄心”。大乘佛教讲的第八识阿赖耶识的如来藏心，就是真心，也叫真识；前七识都是妄识，也叫妄心。《楞伽经》中云：“海水常住不变，是为真；波浪起灭无常，是为妄。”这里以海水与波浪来比喻真、妄二心，非常的通俗易懂！《八识规矩颂》中云：“浩浩三藏不可穷，渊深七浪境为风。”庄子讲的“风”和这个句子中讲的“风”有什么不同？一样的风，却不一样的浪。

真心是空性的，无形无色，不生不灭。凡夫之人是体悟不到的，只有明心见性后方可悟到，因此禅宗讲“直指人心，见性成佛”。真心是不生不灭的，凡有生有灭的，必定不是真心。真心从无始劫以来，没有刹那的断灭，无处不在，无时不在。南北朝时期傅大士《传心颂》偈云：“夜夜抱佛眠，朝朝还共起。起坐镇相随，语默同居止。纤毫不相离，如身影相似。”真心就是佛，与我们同眠共起，行、住、坐、卧，形影相随。不过，是真是妄，都是唯心所造。《华严经》中云：“应观法界性，一切唯心造。”也就是说三界唯心，万法唯识。《大乘起信论》中云：“是故，三界虚伪，唯心所作；离心则无六尘境界。此义云何？以一切法，皆从心起妄念而生。一切分别，即分别自心；心不见心，无相可得。当知：世间一切境界，皆依众生无明妄心而得住持。是故一切法，如镜中像，无体可得。唯心虚妄，以心生则种种法生，心灭则种种法灭故。”大概意思是说：“因此，欲界、色界、无色界三界虚假不实，都是由心所变现的；离开了这个心就没有色、声、香、味、触、法六尘的境界了。为什么这样说呢？是因为万事万物一切法，全都是从真心而起的妄心而生的。其实一切分别，就是自我妄心的分别；如果自我妄心不分别，也没有什么相貌可得了。应当知道：这个世间的一切境界，全都是依赖于一切众生的无明妄心而来主持的。因此万事万物一切法，都如同镜中虚幻影像，没有具体的相貌形状可得。都是由心所变现的虚幻妄想，妄心生起了种种法也就生起了，妄心灭了种种法也就灭了。”《大乘起信论》中的这一段可说是佛教的唯心论，义理深奥，从中我们可以体悟到一切唯心造，真心本体上如如不动，能生万法。而妄心生于真心，具有受、想、行、识四蕴，贪、嗔、痴、慢、疑等一切是非分别。思维想象，起惑造业，都因它而起，是生死轮回的根本，也是一切是非的根源。“真心”与“妄心”的说法，不只是佛、道两教经典中的专属用词，在佛、道以外的其他典籍中也有很多谈到，此说的地方。譬如，明代洪应明集编的《菜根谭》第二十五：客气伏而正气伸，妄心杀而真心现中云：“矜高倨傲，无非客气；降服得客气下，而后正气伸。情欲意识，尽属妄心；消杀得妄心尽，而后真心现。”这一段的大概意思是说：“人之所以自以为是，矜持傲慢，无非是因为妄心在起作用，如果能降服了这个妄心，而后心中的浩然正气就会出现；其实人的七情六欲及虚幻的妄想，都是自我妄心所造，只要能够消除这种虚幻无常的自我妄心，那么自性清净的真心就会显现出来。

《菜根谭》第三十八：伏魔先伏自心，驭横先平此气中云：“降魔者先降自心，心伏则群魔退听；驭横者先驭此气，气平则外横不侵。”这一段是说：“要想降服邪念，先要降服自我妄心，降服了自我妄心，所有邪念也就自然消除了；要想横贯东西驾驭左右，先要平息自我妄心，平息了自我妄心则左右不摇，外来的慎逆事物也就不侵了。”你看这两段说得多好！从以上引用来看，是非不在成心以前，而是因为有了成心才产生了是非。正如唐代元稹《酬知退》诗句云："莫着妄心销彼我，我心无我亦无君。"

未成乎心而有是非，是今日适越而昔至也。

译文：如果说未曾有成见而已经有了是非，那就好比说"今天出发去越国而昨天就已经到了"。

庄子这里的言外之意是：先有了"成心"而后才有了是非。没有成心以前就有了是非，那是绝对不可能的！上面我们说了，因为妄心生于真心，真心是不生不灭、不垢不净、不增不减、没有分别、荡然虚静、如如不动的。既然这样，真心是不可能有是非分别的。而妄心不然，妄心具有受、想、行、识四蕴，贪、嗔、痴、慢、疑等一切是非分别，起惑造业都因它而起。

庄子认为：如果说没有成心以前就有了是非，那就好比说是"今天出发去越国而昨天就已经到了"，根本是不可能的事。庄子这里的"今日适越而昔至"是从惠施的"今日适越而昔来"一句演变而过来的。《庄子·天下》篇中惠施云："南方无穷而有穷，今日适越而昔来。连环可解也。""至"是"到"的意思。我们经常问别人：你什么时候到的？你什么时候来的？"到"是从别处来的意思，"来"是从另一地方到这一地方的意思。语殊而义同，意思一样。到有来意，来有到意。

今天我们对惠施的了解，更多的是从他同时代的庄子的文章中得到的。庄子说惠施"其书五车"，说明惠施的著述也是很多的。对惠施的"今日适越而昔来"这句话，自古以来的解释也是颇多，争议的成果可以说远远超过了真正的答案价值。可是争来争去，真正的答案谁又能说清楚呢？到如今我的依旧不知道真正的答案。这也可以说是中国古代文字的赜隐。

历来对“今日适越而昔来”有多种解释，有人解释这句话的意思是：身还没有到越国，心已经到了；还有人的解释是：知道有越国时，心已经先到了；再有人的解释是：因为地球是圆的，所以每个国家在地球上所处的位置是不同的，所以说此国的白天是彼国的晚上，彼国的白天是此国的晚上，也就是说此国的今日就是彼国的昨日……解释很多，这里就不一一列举了。这些解释是否是解释者在自圆其说，在此我们不妄加评议。

下面我们先断章取义地来说一下“今日适越而昔来”这句话，说“今天出发去越国而昨天就已经到了”。如果用“此国的今日就是彼国的昨日”一说，断章取义地解释这句话，从时间相对的观念上是能讲通的，因为今天是明天的昨天，明天又是后天的昨天。总之就是昨天、今天、明天，过去、现在、未来，以此类推，都是时间链条上的相对。每个今天都有明天，每个明天也都会成为昨天。过去曾是未来，未来也总会成为过去。但是如果从道的角度讲，就不一样了，因为“道”是无始无终，没有空间和时间观念的。

道无始无终，也没有东、西、南、北、上、下之分，也没有空间和时间观念，本来就是这样。那为什么惠施说“南方无穷而有穷”呢？因为惠施没有从道的角度去观察宇宙的万事万物，而是执着于对立、分别上去了。如果从对立、分别的角度讲，惠施说的“南方无穷而有穷”也对并且也能讲通，道理也很简单。为什么这样说呢？因为一直向南下去的确是无穷无尽的，但是如果前面有一个目的地，就是有穷的。同样如果回头看就是北，也是有穷的。这些都是从相对、分别的角度来看的。向南一米是南，回头一米就是北，这样下去，随时回头，随时是南，随时是北。从相对的角度看，是有连环，也是可解的，因为向南一米，南变北，向北一米，北变南，也就不解而自解了。那到底哪一米是南，哪一米是北，谁又能说得清楚呢？从空间来说这是一个无限与有限对立的问题。其实如果从“道”的角度来解释的话，就容易理解了。为什么这样说呢？因为向南一米的同时，这一米也变成了北；向北一米的同时，这一米也变成了南，南北是同生同死的。也就是说南就是北，北就是南，不分南北，也无法可分。既然南、北不分，也就东、西不分；东西不分，也就上、下不分；上、下不分，也就是说没有东、西、南、北、上、下之分。这样也就进入道的境界了。庄子说：“得其环中以应无穷。”以应无穷，也就无穷无尽，无外无内了。既然无穷无尽，无外无内，还云何连环？各得环中以运，没有彼此之分，也没有相互拘束，遍界荡然虚静。

道家学说不同于儒家学说，在老庄学说里，次第等级最高的是“至人”，也就是忘我之人。连自己都忘记的人，哪还有什么彼此、是非之分，这些人从本质上说已经是齐是、齐非、齐彼此了。而儒家学说里，次第等级最高的是“圣人”，也就是知行完备而至善之人。圣人在中国人的心中是至高无上的，《孟子·离娄上》中孟子云：“圣人，人伦之至也。”是说：圣人是社会中的道德完全的人。简单地说，“至人”是无为而无所不为的；“圣人”是有为而有所为的。

在中国传统文化里，因受儒学影响，有人把道家讲的返璞归真而无为的“至人”称为“圣人”，这是违背道家初衷的，因为老子推崇的是“绝圣弃智”。《弟子规》中云：“才德全尽谓之圣人。”这句最初源于儒家“止于至善”的人格追求，《礼记·大学》中云：“大学之道，在明明德，在亲民，在止于至善。”由此可见“圣人”是儒家推崇的。“圣人”一词不能说是儒家专用的，也差不多应该说就是儒家专用的。当然后来的诸子百家乃至宗教各派因受儒学的影响，也认定有自己的圣人，这些就要另说另讲了，在这里就不再多谈。

庄子认为宇宙中的万事万物是没有固定的法则可寻的，也没有一个准确的判断标准，如果说在“成见”之前就有了“是非”，那就好比说“今天出发去越国而昨天就已经到了”，是根本不可能的事。

是以无有为有。无有为有，虽有神禹且不能知，吾独且奈何哉！

译文：这是把无有当成了有，即使是神圣的大禹也尚且不能明白其中的道理，我又能怎么办呢！

这里我们不要把庄子说的“无有”理解成了唯物论的“没有”，如果理解成了什么都没有，用佛教的话来讲，你就是执“空”“断见”了。

《道德经》第四十章中云：“反者，道之动；弱者，道之用。天下万物生于有，有生于无。”意思是说：“相对的，是道的运动变化；微妙柔弱的，是道的所用。天下万物是‘有’所生，而‘有’生于无中。”这里老子用很简练的文字就说明了“道”的运动变化和作用。有高就有下，有贵就有贱，有有就有无，而有以无为用。对“反者，道之动”，历来解释有二：一说对立转化；二说循环往复。其实这两种解释也是语殊而义同的。人世间所有是是非非、对对错错，到底哪个是，哪个非，哪个对，哪个错，谁又能说清楚呢？而这些形而下的是是非非、对对错错，都是人的“妄心”即人的“主观成见”造成的。你认为你的对，我认为我的对，在这形而下的空间和时间里人人都会有自己的“主观成见”，都会有自己的对对错错、是是非非。但对于形而上的“道”来说，万事万物都在动，它却如如不动，那它到底有没有是非的存在呢？谁又能说得清楚呢？“有，无；非有，非无；非非有，非非无。”它没有主观的成见，也没有主观的师心自用。然而，从因果不灭论来说，自然也是有它的是非，有它的动，有它的用，有它形而上绝对真理中的是非。但这个不是从主观成见中得来的，这个源于泯齐形而下一切是非的真理，是不善不恶、了不可得的，是无为而无所不为的，是循环往复、周而复始的。它以微妙柔弱的用，自然而然地发生和成长着，不用任何强迫的力量，创造着万事万物。这种“弱”和“强”的区别，也是“无为”和“有为”的区别。其实如果从佛教的角度讲，就是你大彻大悟证到“空”了，也是这个因果的关系，因为“空”就是“因”，清净涅槃就是“果”。有这么一句话“一饮一啄，莫非前定”，不是你主观“成见”以前就定的，那是谁定呢？是你自己定的，不是别人定的，是你自己的主观“成心”定的。如同风中万窍发出万般不同的声音一样，是由万般不同的万窍自己决定的。是心造识变的因，造成了要受的果，这是事实也是真理和真相。《大宝积经》中有颂曰：“假使经百劫，所作业不亡。因缘会遇时，果报还自受。”人世间无论有多么严格的法律，因受其主观“成见”的影响，很难有绝对的公平公正，而在“因果”面前却不是这样的，在“因果”面前是人人平等的，是绝对公平公正的。无论高官平民，穷富贵贱，凡夫走卒，无一例外，无一能有在因果定律下获得宽恕。俗话说：“善有善报，恶有恶报。不是不报，时候未到。”因果定律下人人平等，因果才是最公平公正的仲裁者。《瑜伽师地论》卷三十八云：“已作不失，未作不得。”只要你作业了就不会亡，早晚会受因果报应。如果你没有作业就不会受到因果报应。正所谓“欲知前世因，今生受者是；欲知未来果，今生作者是”。其实每个人都是来世剧本的作者，想知道前世的事，今生就是你最好的体现；想知道来世如何，你今生的所作所为就是。有这样一首偈云："诸恶莫作，众善奉行，自净其意，是诸佛教。"此偈摄尽了大小乘之法藏，总括一切佛教，从因果的角度讲上至一切佛，下到一切众生，没有能跳出这个因果的。

因果的存在是绝对的，遍满虚空法界，无时无处不在公平公正地执行着有情众生世间的善恶赏罚和无情器界的成坏。在我们人类文明以前，有没有另外的文明不得而知，但是我们可以从人类有史以来的记载中，通过辞章考据和考古，窥见到人类社会发展的基本旅程。人类从原始社会发展到今天，不断承受着有情众生世间善恶的赏罚和无情器界自然的成坏。人类的主观成见造成了人类无节制的贪婪索取心，为了追求奢靡的生活，对我们这个赖以生存的绿色家园，恣意纵横，放纵无度的贪婪索取，矿山资源无度的滥开滥采；地下水的滥挖滥抽，等等。造成了人类生活所需的基本资源出现了问题——空气中出现了雾霾，饮用水中出现了污染，食物中出现了转基因，等等。这一切一切的问题，不断危及人类的未来。如果人类一直这样无节制地贪婪索取，将给人类的未来带来不可估计的后果。

诸法的形成，"能"是"因"，"所"是"果"，"种什么因，得什么果"。所谓的"种瓜得瓜，种豆得豆"就是因果法则，世间诸法皆如此。由此可见"主观成见"以前有因果，但是"主观成见"以前的"因果"是绝对公平公正的。因此，如果说"主观成见"以前就有了"是非"，是不可能的，那"是以无有为有"了。

上面我说过，庄子说的"无有为有"的"无有"，不是唯物论的没有，如果说什么都没有，那宇宙生命是怎么来的？既然宇宙生命是“无中生有”来的。是“真空”中生的，那“真空”里头又是怎样生出“妙有”来的呢？你能说得清楚还是我能说得清楚？“虽有神禹，且不能知”，庄子说关于“真空”如何生出了“妙有”这个问题，不用说凡夫之人说不清楚，就是神圣的大禹也说不清楚。我又能有什么办法呢！这里庄子非常感慨地告诉我们，他也没有办法说清楚。难道人生就是这样的莫名其妙的让人茫茫然而不知所谓吗，还是自己太愚笨了所以感到茫然？人世间难道有不茫然的人吗？有！人世间还真有那么些自以为是、觉得自己聪明过人的人，他们偏执于自己的主观成见、矜持傲慢、放荡不羁。他们只知道执着于自己的主观成见，并把其当成圣典，却从来不知道顺应时代发展变化而取法。其实那些执着于自己成见的人是愚昧之人，因为他们迷惑不解、愚昧执着，所以把无用的成见当成了有用之法，造成整天活在“是非”之中。谈到这里你又要说了，那今天我们看到的所有经典，就不带有个人的成见？如果带有，不也都是已成之法吗？难道所有人都错了？回答的是：没有！因为文字是感性的载体，如果错了我们还上学读书干什么，都在家里自悟罢了！庄子讲的这一切，是告诉我们要放弃主观成见，不要执着而是应该认识那些已成之法，但不要以它而法。当然，也不要以无法而法，而是要法无定法。怎样才能达到法无定法的境界呢？这个实在是无法用语言表达。

生活中我们每个人总想达到一种境界，什么境界呢？这种境界是模糊的、用语言无法表达的，只能用心灵去感悟。因为这种境界如同月下微风拂动的幽蓝潇竹，忽而恍兮之传递，忽而惚兮之显示；又如雾中的梨花，碧纱笼素之清静，透着一股神秘莫测的雅气；也如同清晨太阳还没有升起之前的山峦，时而在云雾中忽隐忽现，时而在雨露中高华明澈。但这一切的一切境界，在每个人的心中，都因其自我成见的不同而不断变化产生着万般不同的境界。我们每个人也在这无常的变化中不断地变化着。日出日落，月缺月圆，循环往复。在那暖春月下蜿蜒的小路上，轻盈的步伐，依稀可见，而在那寒月的秋树下，人人也带着“自我成见”渐渐地老去。而这一切又有几人能悟出其中道理呢？如果能悟出其中道理，就不会整日里活在“自我成见”的是非之中了。

感悟五
放弃自我　不用明鉴

【原文】

夫言非吹也。言者有言，其所言者特未定也。果有言邪？其未尝有言邪？其以为异于鷇音，亦有辩乎？其无辩乎？

道恶乎隐而有真伪？言恶乎隐而有是非？道恶乎往而不存？言恶乎存而不可？道隐于小成，言隐于荣华。故有儒墨之是非，以是其所非而非其所是。欲是其所非而非其所是，则莫若以明。

物无非彼，物无非是。自彼则不见，自知则知之。故曰：彼出于是，是亦因彼。彼是方生之说也。虽然，方生方死，方死方生；方可方不可，方不可方可；因是因非，因非因是。是以圣人不由而照之于天。亦因是也，是亦彼也，彼亦是也。彼亦一是非，此亦一是非。果且有彼是乎哉？果且无彼是乎哉？彼是莫得其偶，谓之道枢。枢始得其环中，以应无穷。是亦一无穷，非亦一无穷也。故曰，莫若以明。

以指喻指之非指，不若以非指喻指之非指也；以马喻马之非马，不若以非马喻马之非马也。天地一指也，万物一马也。

【译文】

言语不是吹风。言语有主观语意，言语它本身没有特定的准确标准。果真有主观语意吗？主观语意它真的存在吗？他们认为言语不同于雏鸟的鸣叫，也有区别吗？还是他们没有区别呢？

“道”哪里看不见而有真假吗？主观语意哪里看不见而有是非吗？“道”哪里去了而不存在吗？主观语意哪里存在而能说明道吗？见解浅的人看不见“道”，华丽精妙的言语看不见主观语意。所以就有了儒家和墨家的是非之辩，他们以自己的“是”来证明他人的“非”，用他人的“非”来证明自己的“是”。要想判定证明他们究竟谁是谁非，就不要用你自己的明鉴。

任何事物无法说不是彼，任何事物也无法说不是此。自己是彼却自己看不见自己，自己却知道自己。因此说：彼产生于此，此也因为彼。这就是彼此并生的说法。虽然如此，但是并生也就是并死，并死也就是并生；是也是非，非也是是；是因为非，非因为是。所以圣人不通过是非来判断事物而是关照于自然本身。也因为如此，是也是彼，彼也是是。彼也是一是一非，此也是一是一非。彼此真的有区别吗？还是彼此真的没有区别呢？彼此不得相对，可以说是“道”的纲要。纲要开始也获得于道中，应用无穷。是也是一无穷，非也是一无穷。因此说，不如用事物的本然来加以观察和认识。

以概念名称来说概念名称不是它所指的实际，不如以实际来说概念名称不是它所指的实际；以概念名称的马来说概念名称的马不是它所指的实际的马，不如以实际的马来说概念名称的马不是它所指的实际的马。整个自然无论存在多少要素，但作为要素都是一样的，各种事物无论存在多少具体物象，但作为具体物象都是一样的。

【感悟】

夫言非吹也。言者有言，其所言者特未定也。

译文：言语不是吹风。言语有它的主观思想和语意，言语它本身没有特定的准确标准。

这里庄子认为儒家和墨家的论战是不会有结果的，为什么这样说呢？因为双方论点没有一定的准则，无非是以自己的“是”去驳斥批评对手的“非”，以对手的“非”来证明自己的“是”而已。庄子这里又重新提到了“非诽”之说，继续提醒各家各派不要驳斥批评他人，不要去争辩是非。

庄子的这篇《齐物论》写的是起承转合、前后紧扣。从文章一开始，庄子就让我们去体悟什么是人籁、地籁、天籁。生动形象地通过对风的解说，引领我们慢慢地进入道的境界。庄子说得很对，人说话不像吹风。虽然人言和风声都是声法，但是“风”这个东西没有自己的主观思想，是“依他而起”的。而人的言语不同，人的言语带有诠辩的主观思想，是唯心所造的。风，在没有其他实物的依托的情况下是看不见，摸不着，也听不到的。你想一下，当你面对一片虚空时，没有物体的依托，你能看到、摸到、听到风吗？其实回答的一定是：看不到、摸不到、听不到。有人要说了：不对啊！我站在空处就能感受到风，我伸出手去就也可以触摸到风啊！是这样的，这一点也不奇怪！只是因为你还没弄明白，其实那还是依你而起的。你仔细想一下，风来的时候，我们是看不见，摸不着，听不到的。只有在其他客观实物的依托下，我们才可以看得见，听得到。譬如飘飞的落叶、飘扬的红旗、怒吼的大海、森林的呼啸……都是因为这些客观实物的依托，我们才看见听到了风的存在。

我们可以通过对“风”的理解，来体悟一下“道”。道是看不见摸不着的，也是依他而起。那你又要说了，依他而起，不就是看得见摸得着的吗？你说得还真对！佛家讲：“佛无处不在。”禅宗有诗云：“随缘任运，日用是道，触目菩提。”这些是在告诉修行的人，行住坐卧一切日常生活中都可以参禅悟道，彻见本心。牛顿不就是因为看到苹果的落地而发现了“万有引力”吗？

庄子说：“说话不是吹风，说话是有主观思想和语意的。”庄子为什么这样说呢？是因为“风”没有自性，是依他而起的。而我们人类只要一开口说话，就带有自己的主观思想，其主观思想又在不断变化之中，因此我们说的话，就不可能有特定的准确性。在我们日常生活中，很多时候都处在言语的交流中。而这些交流中的言语是真真假假、虚虚实实、阿谀奉承、憎爱有加、千姿百态、是非重重。人在话语间，处处带着自己的主观思想，总是用自己的“是”去证明对手的“非”，用对手的“非”来证明自己的“是”。所以庄子说：“言非吹也，言者有言。”

果有言邪？其未尝有言邪？

译文：果真有主观思想和语意吗？

庄子这里紧接着对自己刚说的“言语有它的主观思想和语意”发出了疑问，他说：“主观思想和语意真的存在吗？”庄子这里用疑问句否定了自己前面肯定的说法“言语有它的主观思想和语意”。

其以为异于鷇音，亦有辩乎？其无辩乎？

译文：他们认为言语不同于雏鸟的鸣叫，也有区别吗？还是他们没有区别呢？

这里看似庄子是针对诸子百家的争辩所说的，其实也是对我们后来人说的。庄子说得非常好！不但辩士们认为人类说话不同于雏鸟的鸣叫，其实我们不也是这样认为的吗？庄子就是庄子，上面的疑问否定刚结束，接着又来了一个疑问否定："也有区别吗？还是他们没有区别呢？"

前面庄子说"言语不是吹风"，为什么呢？因为风没有自性，是依他而起的，言语有它的主观思想和语意，因此是有区别的。可是庄子接着又用："说话果真有主观思想和语意吗？主观思想和语意真的存在吗？"这样的疑问，否定了他自己的肯定之说"言语有它的主观思想和语意"。想不到的是，还没等我们反应过来，接着庄子又用疑问的口气说"他们认为言语不同于雏鸟的鸣叫，难道也和言语不同于风那样有区别吗？还是他们没有区别呢"。这里庄子疑问的言外之意是说，言语和雏鸟的鸣叫没有什么两样，是一个味道的。到底两样不两样，这些都需要我们去参悟！其实仔细想一想，雏鸟出卵时的叫声是不同于成鸟的叫声。在日常生活中，我们可以通过成鸟的叫声感知到时节和吉凶。譬如：当喜鹊叫时我们听到会很高兴，那是吉祥喜事的象征；当乌鸦叫时我们听到会很沮丧，那似乎是凶事之兆；鹤鸣之时我们听到会有细雨霏霏感觉；布谷鸟叫时我们听到，就知道春耕开始了……很多成鸟的鸣叫，似乎都有着一定的准确性。而雏鸟出卵时的叫声，给我们的感觉却是叽叽喳喳，雏音未定。庄子这里的言外之意是说，人说的话和雏鸟出卵时的叫声没有什么两样！为此你要说了，庄子这不是在骂人吗？骂人们说话是鸟语。庄子怎么会骂人呢？你好好想一想，在日常生活中，我们每天都离不开言语交流，而在这些言语的交流中，有多少是尔虞我诈、阿谀奉承、华而不实、真真假假、虚虚实实、议论纷纭、纵横交错、是非难定的言语。人们经常是正话反说、反话正说，弄得你不知东西南北、糊里糊涂的，永远也感受不到一点准确性。如果人们说话算数并有准确性的话，那么就不需要制定合同和法律了。但人们却往往是嘴上定好的事又变了卦。变卦的事，天天、处处可见。难道这些没有准确性的言语与雏鸟的鸣叫有什么两样吗？

成鸟的叫声，有着一定的准确性，可以让我们感知到时节和吉凶。而人的言语，你听了以后能从中感知到春夏秋冬和吉凶祸福吗？如果真是那样的话就不会有上当受骗的人了。其实所谓的“是非”，也就是“有无”。“是”就是“有”，“非”就是“无”。是是非，非是是；有是无，无是有。道家学说和佛家学说一样，都是一元的。所以庄子写《齐物论》，齐物也就齐论了。如果人类的言语能顺其自然，那就可以像成鸟的叫声一样，总是有着一定的准确性。

佛教讲“有无，非有非无，非非有非非无”，我们来体会一下：先是“有、无”，接着是否定“不是有、不是无”，再接着又否定了否定“不能说不是有、不能说不是无”。乍一看，你要说了，这说了些什么，一会有、一会无的，一会不是有、一会不是无的，一会又不能说有、一会又不能说无的，一会否定、一会又否定了否定，这不是故弄玄虚吗？还真不是故弄玄虚！如果你仔细品味一下，其实真和假、是和非、有和无等都是概念而已，佛教和道教是不主张执着于概念的，因为概念是知识，不是智慧。人如果执着于概念，就会变得愚蠢狭隘，迷惑不清。你不妨来看一下世界发展到今天，有多少事物，以前被社会认定是最准确的标准，但到后来却被推翻了。其实生活中，对任何事物只要你执着于某一极端，起了分别心，必然会走向迷茫。

庄子讲了，言语本身没有特定的准确性，其实宇宙间，我们能看到的一切事物，本身都没有特定的准确性，都在不断地变化之中。《易经》中“简易、变易、不易”，这又是什么意思呢？在此我们也顺便说一下，简易：就是大道至简，一即一切，一切即一，就是宇宙间一切复杂的事物，都源于这样一个最简单的符号“—”阳爻；也可以说就算宇宙间的事物再复杂隐奥，人类也可以通过自己的智慧很容易地去体悟和理解。变易：就是无常的变化，是说宇宙间的万事万物，每时每刻都在不断地无常变化中，没有一样东西可以例外，离开这种变化，就不可能有宇宙间万物的形成。不易：就是那个“不生不灭、不垢不净、不增不减”，永远不变的形而上之“道”。这个形而上之“道”是什么东西呢？这个不可说，也无法说明白，也不能用逻辑推理来说明，需要你自己去参悟！老子在《道德经》中说：“道生一，一生二，二生三，三生万物。”“道”是宇宙的本原动力，是老子首先提出的哲学范畴。“道”，这个东西，我们无法用现代科学知识去解析和说明，因为科学经常会被推翻。同时我们也无法从《霍金的宇宙》《时间简史》等这样一些现代科学著作中，找到能让我们感到满意而又准确的答案。对“道”的理解，需要我们从书籍和知识以外，通过自己本来清净的心灵去体悟才行。

道恶乎隐而有真伪？

译文：“道”哪里看不见而有真假吗？

庄子这里是曲水传觞、顺流而下，继续通过疑问来让我们体悟大道之理。一个疑问连着一个疑问，他的言外之意已经告诉我们，道不是看不见的，也没到哪里去，道是天下的公道，道无处不在，日用是道，没有真假。

到底什么是“道”呢？要想知道答案，首先要看庄子的脉承。

庄子是老子的忠实继承者，因此要想了解“道”是什么，先要看老子是怎么说的。老子在《道德经》中对“道”的本来面目，也就是“道”的精神、特征、特性，在很多章中都做了说明。

《道德经》第二十五章中云：“有物混成，先天地生。寂兮寥兮，独立不改，周行而不殆，可以为天下母。吾不知其名，字之曰道，强为之名曰大。”老子说：“有一个东西，混混沌沌，丝毫没有缝隙，还没有天地以前就先有了这个东西。这个东西听不到它的声音，也看不见它的形体，它独立于万物之上而恒常不变，周而复始永不停止，天地万物都从这里生成，可为天下之母。我也不知这个东西叫什么，就给它起了个名字叫‘道’，并且又强名为‘大道’。”由此可见“道”字，是老子为了让后人更容易读懂“道”这本无字天书，而强取的名字。老子说“道”先天地而有，是万物的本源。天地万物如同虚幻的梦境一样，起源归宿于“独立而不改，周行而不殆”的恒常“大道”之中。

庄子秉承老子的大道，在《大宗师》篇中云：“夫道，有情有信，无为无形；可传而不可受，可得而不可见；自本自根，未有天地，自古以固存；神鬼神帝，生天生地；在太极之先而不为高，在六极之下而不为深，先天地生而不为久，长于上古而不为老。”意思是说：“‘道’是可以诚信的，它无为无形；只可意会不可言传，可以领悟却不可能见到；自己的本自己的根，还没有天地以前，自古本来就存在；不可思议地造鬼神造黄帝，生成天生成地；在太极之上而不以为是高的，在六合之下而不以为是深的，先天地存在而不以为是久的，比上古年长而不以为是老的。”

从以上两段中可以看出，对于“道”老子和庄子说的都非常生动。即便是这样，普通的人也很难理解，因为一般的人习惯以具体的方式来看待问题，凡是问题，总想问出个所以然来。在庄子的《知北游》篇中，就有一段可以说明这个问题。《知北游》篇中云："东郭子问于庄子曰：'所谓道，恶乎在?'庄子曰：'无所不在。'东郭子曰：'期而后可。'庄子曰：'在蝼蚁。'曰：'何其下邪?'曰：'在稊稗。'曰：'何其愈下邪?'曰：'在瓦甓。'曰：'何其愈甚邪?'曰：'在屎溺。'东郭子不应。"意思是说："东郭子请教庄子说：'所说的道，在何处?'庄子说：'处处都有无所不在。'东郭子说：'希望你能说出具体存在的地方。'庄子说：'在蝼蚁中。'东郭子说：'为什么说它这样底下呢?'庄子说：'在杂草中。'东郭子说：'为什么越说它越底下呢?'庄子说：'在砖瓦中。'东郭子说：'为什么越说越更加底下呢?'庄子说：'在屎尿中。'东郭子听后不再应声了。"其实问来答去，庄子第一句就回答得很明白，道无处不在。可这个东郭子非要庄子说出个具体的所以然来。对付这种人庄子是最有办法的，胡乱给他随便一说，东郭子就傻眼了，也就不敢再问下去了。因为一般的人都认为"道"是某种高高在上的东西，是天地万物的主宰，可是没有想到庄子却是胡乱地说了一通，更甚的是说在屎尿中，难怪东郭子听了庄子的回答不敢再问下去了。其实庄子并不是随便胡乱而说的，因为道真的是无处不在。他能以客观实在来回答形而上的道，是因为他明白天地万物一切源于道而归于道，是一个整体，一即一切，一切即一。道无处不在，就在我们每个人身上。因此庄子说道没到哪里去，也不是看不见，也没有真假，天地万物都显示着道的光辉。

言恶乎隐而有是非?

译文：主观语意哪里看不见而有是非吗?

主观语意是存在的，但是无法分清对错和是非。其实主观语意，重要的不在于言语本身，而在于人心的主观意识，一切唯心造。心才是一切的根源，人心复杂多变，言语中的主观语意就无法避免。一般情况下，无论人类受过什么样的教育，都无法避免言语中带有自己的主观语意，甚至可能受的教育程度越高，反而主观语意越复杂。因为你没有出世，而是在入世的生活中，在这个复杂多变的社会中，人心难懂、人心难测、人心多变。

生活中每个说话的人，本身都是带着自己的主观语意在说，而听话的人也都是带着自己的主观语意在听。本来说的是这样意思，却被听成那样的意思。本来是一个很好懂的事情，可是听来听去，反而到最后却听不懂了，这样就产生了是非。言语的确没有办法完全表达人类内心的思想和情感，因为言不尽意，所以生活中人与人的交往就会产生这样或那样的矛盾。有时候你说的话是这样，而听者从弦外之音却理解成了那样，本来是随便的一个玩笑，却可能引来很大的麻烦。言语的表达中，主观语意是没有是非可言的。人只要一开口说话就带有自己的主观语意，但却分不出个谁对谁错、谁是谁非。因此，只有大道真言，可随天地万物而见，可是可非、非是非非、无是无非。

道恶乎往而不存？

译文：“道”哪里去了而不存在吗？

道，没有去而不来，也没有来而不去，本来就是这样。如同《心经》中所说的：“不生不灭，不增不减，不垢不净”；如同《金刚经》中说的：“无所从来，亦无所去”。没有来也没有去，本来就是这样，法尔如是。关于“道”的去存，要想用言语文字来表达清楚，是根本不可能的。只可意会，不可言传。如人饮水、冷暖自知。

有一次一位不太喜欢佛、道的人对我说：“你整天里研究佛、研究道的，你能用最简单的话说明白什么是佛，什么是道吗?”我没有回答他。他又说了：“你是不是不懂?”我回答他说：“本来就是这样!”他说：“我看也是这样，不懂装懂。”话讫仰头骄矜而去。“本来就是这样”，我已经告诉他了，他却真的不懂装懂地骄矜而去了。“本来就是这样”，法尔如是，这就是佛，这就是道。只可意会，不可言传。无法用语言文字去表达它。

“法尔如是”，也叫“法尔如然”，意为“本来就是这样”，庄严无尽。也有人说是自然的意思，那么你要问了，既然是自然的意思，还搞个“法尔如是”干什么，直接叫“自然”多好?这个问题提得非常好!不能说是自然，是因为不可言说，说明白了就不自然了。我们可以从《楞严经》中佛与阿难的一段对话中来体会一下。《楞严经》中阿难向佛说：“世尊亦曾于楞伽山，为大慧等敷演斯义。彼外道等，常说自然，我说因缘，非彼境界。”大概意思是：“世尊也曾在楞伽山上，为诸位菩萨等演讲过这个，说其他外道等，常说的自然，和我说的因缘，不是一种境界。《楞严经》中佛对阿难说：“当知如是精觉妙明，非因非缘，亦非自然，非不自然，无非不非，无是不是。离一切相，即一切法。汝今云何于中措心，以诸世间戏论名相，而得分别?”大概意思是：“当然你应该理解这样的精觉妙用，它不是因也不是缘，也不是自然，不是不自然，没有不是或是，也没有是或不是。离开了一切分别相，也就是一切法。你今天为什么还在自然与因缘中用心，用世间的自然和因缘、滑稽而无义的言论名相，来分别精觉妙用呢?”

从以上这段佛与阿难的对话中，我们可以清楚地看到“法尔如是”与“自然”说法上的不同。《楞严经》中云：“非因缘非自然，法尔如是。”不管你是讲自然还是讲因缘，这样都会落在两边形成相对，相对就是二边。《六祖坛经》中云：“为是二法，不是佛法。佛法是不二之法。”为了使修行者不落二边，因此取名“法尔如是”，也叫“自性”，如同上面说的“精觉妙用”一样，说的都是一种境界。“精觉妙用”就是“妙觉”，妙觉也就是佛。佛也就是道，都一样，名殊而义同罢了，名称的叫法虽然不同，其实意义相同，说的都是一个东西，不着空有二边，本来就是这样。所以庄子这里通过疑问告诉我们，其实“道”哪也没有去，本来就是这样。

言恶乎存而不可？

译文：主观语意哪里存在而能说明道吗？

人只要开口说话，就带着自己的主观语意。主观语意每句话中都存在，可就是说明不了道理，也无法分清对错和是非，说过了就不存在了。如《楞严经》中所说：“当处出生，当处灭尽。”生活中每个人每天都在说话，有时候嘴上不说而心里在说，不管怎样，每一句话说完了都会过去，不会再有一模一样的话重复出来，即使文字上表达的一样，其主观语意和所发出来的音声也是不同的，因为心念无常，音声无常。你可以仔细想想，生活中你说的每一句话可能有文字相同的句子，但是绝对没有相同的心念、相同的语意、相同的音声、相同的时间。《金刚经》中云：“过去心不可得，现在心不可得，未来心不可得。”言语中的主观语意是随心念而动的，一切唯心所造，即说即变，即变即说。

《华严经》中云：“唯心所现，唯识所变。”但是这种心，不是真心。这种带有主观语意的心，是妄想心、分别心、执着心。这种带着妄想、分别、执着的心，也叫作“识”。但是心与识是一不是二，所以说一切唯心所造，一切唯识所变，一切法都是妄想、分别、执着变出来的。“识”是念头、是分别心。你念头没有了，分别心也就没有了。六祖《坛经》中云："前念不生即心，后念不灭即佛。"而哪个人能不起心动念？如果不起心动念，那不就成了木头和石头了吗？只要是人就会起心动念，一般的人说话都是念在言先，也就是用意在话前，一边念想，一边言说。六祖惠能所说的"前念不生即心，后念不灭即佛"中的"前念不生"，是说本来心就是这样什么都不想，如果有所想那就是妄想的分别心了；"后念不灭"是说虽然它什么都不想，却无所不用。如同镜子无照时洁净无瑕，有照时无所不照，而镜子本来是不起心动念的。其实对所见事物不起念头的心即是真心，离念不变的妙觉即是佛。

唐代高僧永嘉大师的《证道歌》中云："梦里明明有六趣，觉后空空无大千。"觉悟了念头就没有了，不觉悟的话，你的心境每天都会处在念头中，念念不忘，念中念念，总处在好与坏、对与错、是与非的无尽烦恼中。我们平日里所说的天堂、地狱，并不是心外有个什么实际存在的天堂、地狱，而是你心中的天堂、地狱。遇到顺心的好事你就快乐地升到了天堂，遇到烦恼的坏事你就沮丧地下到了地狱。人生不就是这样吗？一切唯心所造，一切唯识所变。

菩提心印偈曰："念念从心起，念念不动心，念念心头过，念念不留痕。"由此可见，主观语意哪里都有，也哪里都没有，不管你动心不动心，都是不可得的，心头而过还留何痕，又言何道理呢？苏格拉底说："我所知道的就是我一无所知。"你看世界上的圣人们都爱否定自己！

道隐于小成。

译文：见解浅的人看不见"道"。

见解浅的人，对待事物不着眼于整体，只盯在局部。因而就造成了体悟不到"道"的存在，而是整日里处在真假与是非的辩论之中。老子云："大道废，有仁义。"老子说得很有道理，大道被废弃了，是因为空喊仁义，整日里空喊仁义道德，就会失去大道的纯朴，形成虚伪的外表，而使真正的智慧消失。因此庄子说："道隐于小成。"

言隐于荣华。

译文：华丽精妙的言语看不出主观语意。

辩论中辩者用尽了那些华美的辞藻，却不知道在这些华丽精妙言语的背后，隐藏的都是他们强烈的主观语意。人生在世，你有你的是非，他有他的是非，是非是永远也说不清道不明的，到最后，辩论者自己也分辨不清楚。所以庄子告诉我们，没有必要纠缠于是非辩论之中。老子在《道德经》八十一章，也是最后一章里说："信言不美，美言不信。"意思是说：朴素、朴实、朴厚、朴质的，没有被加工修饰的言语，听起来不美，却是信言。而经过加工修饰，不再朴素、朴实、朴厚、朴质的，听起来非常美的言语，却不是信言。

老子在《道德经》最后这一章中，用"信言不美，美言不信。"这样的句子其实也是对自己前些章的否定。他看透了天下事讲来讲去是没有对错和是非的，也没法说出其中的奥妙和道理来。他抓住这一哲学核心，表明了自己的态度，写下了这五千言的《道德经》，不问对错是非，只为启迪后人。庄子也如此而已。

有句俗话说：每一个骗局，后面都跟着一个美丽的故事。还有句俗话说：你脑子让别人洗了！说实话，那些能骗人、能洗人脑的言语，肯定离不开华丽精妙的言辞，而我们从中肯定是看不出也听不出有什么主观语意来的，如果能看出来，就不会有那么多的人上当受骗被洗脑了。所以庄子说那些华丽精妙的言语是看不出、听不出、甚至也感觉不出主观语意来的。

故有儒墨之是非，以是其所非而非其所是。

译文：所以就有了儒家和墨家的是非之辩，他们以自己的“是”来证明他人的“非”，用他人的“非”来证明自己的“是”。

儒、墨两家，对社会认识不同，其政治思想及理想也不同。儒家思想以“仁”为核心，讲究尊卑等级制度。因为儒家认为社会生活资料的匮乏是由于人类的欲望过高，没有得到有效的遏制而造成的，因此制定了整套的礼仪制度来规范社会文明。儒家思想是先秦诸子百家学说之一，是中国古代的主流思想意识，对中国文化、政治发展影响非常大。代表人物为孔子。墨家思想以兼爱、非攻、尚贤、尚同、天志、明鬼、非命、非乐、节用、节葬为核心，讲究互敬互爱，反对战争，以才用人，人人平等，师自然，学习前人智慧，相信自己不信宿命，不受礼乐等级束缚，节约生产，不把财富浪费在死人身上。代表人物为墨子。墨家认为儒家的礼仪制度，对社会的物质财富消耗非常严重，造成了人们为了满足欲望而弱肉强食。墨家通过朴素的自然宗教观，将社会政治、伦理道德、思想品格等完全加以合理化。

庄子认为儒、墨两家，各执己见，互不相让，岂不知他们各自的思想和政治主张并没有着眼于社会的整体，只是盯在了社会的某一局部上。整日里的辩论空喊，造成了纯朴大道的消息。因此，总是以自己的“是”来证明他人的“非”，用他人的“非”来证明自己的“是”。

欲是其所非而非其所是，则莫若以明。

译文：要想判定证明他们究竟谁的是谁的非，就不要以用你自己的明鉴。

这里我们先略谈一下“莫若以明”这一词。读到这一词的时候，在没有解释和注疏的情况下，我的潜意识中有种明其理知其意的感觉！可是看了一些解释和注疏以后，我却感觉有些糊涂不清了！自古以来学者对这一词的解释是各执己见，莫衷一是。

早在西晋郭象的《庄子注》及唐代成玄英的《庄子疏》等一些注疏中，把“以明”解释为一种“反覆相明”或“反覆相喻”的说法。宋朝吕惠卿的《庄子义》及明代焦竑《焦氏笔乘》等一些注疏中，依据《老子》中的“知常曰明”“照之以天”“照之以本然之明”，把“莫若以明”的意思解释为：“抛弃世俗对彼此是非的分别认识，以空明如镜、虚静无我之道心来关照万物。”持此见解的学者比较多。清代王夫之在《庄子解》中，把“以明”解释为儒墨“自谓明也”。把各自的偏见当作“已得之明”。还有的学者把“明”解释为“本然之明”“得道之明”；有的把“莫若以明”解释为“意通之道”“空明的心境”“虚静之心”，有的解释为“超出彼此是非之上的大道之明”，更有学者把“莫若以明”解释为“搞不清楚”。

庄子的“莫若以明”在这里到底是不是“反覆相明”“空明如镜”“意通之道”“虚静之心”“得道之明”“虚静无我”等这些意思呢？我们不妄加评议。只是觉得硬把这些高深的意思塞进庄子的著作里，有点离圣道之境太远，弄得庄子也有点“言隐于荣华”了。

其实既然庄子推崇老子，也肯定推崇老子的“大道至简”。我们解释来解释去，最终搞得自己莫名其妙，说不出其中的奥妙和道理则“莫若以明”。有句话叫“明镜鉴物”，其实“明镜鉴物”的意思并不是让你去鉴定分别万事万物的是非与对错，而是一种能所俱泯、水月两忘、禅悟审美的直觉境界。庄子在《天道》中云：“圣人之心静乎！天地之鉴也，万物之镜也。”；在《应帝王》中云：“至人之用心若镜，不将不迎，应而不藏。”万事万物是有去有来，而明镜却无迎送，来者即照，过去不留，水月两忘。月无投水之意，水无抱月之心。《金光明经》卷二中云：“佛真法身，犹如虚空。应物现形，如水中月。”《楞严经》中云：“观诸世间山河大地，如镜鉴明，来无所粘，过无踪迹。”觉悟的人观世间万物，如明镜映照一样。一切映照，了然无碍。物来则应，过去不留，心中一片虚净。由此可见，只有摆脱对一切法相的执着，方可洒脱自在，无住生心。无住，不是让你推开万事万物，而是让你用止水般清净明镜的心境去关照万事万物。事来顺应，事去空明。

由此可见，庄子这里说的不要用你的明鉴，是说不要去鉴定分别万事万物的是非对错，还是回归你本来明亮如镜的清净心为好！如果你用了你的明鉴，也就是用了你本来明亮如镜的清净心，如同本来平静如镜的大海起了波浪一样，真心起了妄心，那不就有彼有此、有了是非吗？庄子也就不用写《齐物论》了！既然庄子认为“物无非彼，物无非是”“彼亦一是非，此亦一是非”，万物没有彼此是非之分，而是“道通为一”不可分的，那么说分不开，就是不可说，也就是说不明白；分得开，就是可说，也就是说得明白。如果能说明白了，还谈何“道”！赵州上堂云：“老僧不在明白里。”是非是越辨越混乱，越辨越不清。如果是非能弄清了，那“道”也就没有了。所以庄子说：“是非之彰也，道之所以亏也。”想要判定证明究竟谁是谁非，却又没法说出其中的奥妙和道理。因此，也就不要用你自己的明鉴了。这里庄子说得非常对！“莫若以明”，如果有法说出其中的奥妙和道理来，那就有“是”有“非”了，庄子也就不用主张齐物、齐论了。我们也就不用在这里谈佛论道了。我们仔细想一想，在我们的生活中，凡是有人存在的地方就有是非。你想要去辩论的话，是非是天天有的。若你不去辩论是非也就自然无了。

真正的宇宙和世界存在于我们心中。《金刚经》中云：“应无所住，而生其心。”那怎样“应无所住”呢？就是不生法相。你能够体悟到这个，心中就会一片光明。就可以顿悟真如空性，顿悟到这个宇宙，顿悟到这个世界是怎么诞生的，也就不会在去追问到底是先有了鸡还是先有了蛋的问题了。不管先有了哪一个，都是先来至于“道”。就像我们做梦，哪个梦有标准的开始和标准的结束呢？不都是开始于模糊，结束于模糊吗？佛说：“法尔如是”，本来就这样。突然来了个蛋就能孵出小鸡来，突然来了个鸡它就能下出蛋来。在这无尽的虚空中，有多少个宇宙及多少个世界，我们无法得知。也更无法用我们凡胎的肉眼观察明白。当今最先进的科技也无能及之。在这无尽的虚空中，我们人类的言语就更显得渺小和无奈了。

物无非彼，物无非是。

译文：任何事物无法说不是彼，任何事物也无法说不是此。

庄子为了进一步说明“是与非”没法判定，也没法说出其中的奥妙和道理来，又提出了“彼此”并生的说法。庄子说对万事万物自身来说全都叫“此”，因此说没有不是“此”的。而万事万物之间又全都相互为“彼”，因此没有不是“彼”的。没有“彼”，天下就没有“此”，没有“此”，天下就没有“彼”。庄子的这种说法很到位，让我们一看就可以体悟到！不妨我们来想一想，我们在写文章中用的第一人称代词“我”，第二人称代词“你”，第三人称代词“他”。你能分得清哪个是哪个吗？你要说了，肯定分得清。这里我们学庄子不去争辩到底分得清还是分不清，慢慢地来捋顺一下就可以明白了。

下面我们通过一个游戏来看一下：我们先在地上画一个等边三角形，再在等边三角形的三个角上各站立一个人。现在我们来看站立的这三个人，对他们自己本身来说都是“我”，对自己两边站的人来说都是“你”。每个人从一边转着看，第一个是“你”，第二个是“他”。到此为止，你来告诉我，到底谁是我、谁是你、谁是他。其实我就是你、就是他，你就是我、就是他，他就是我、就是你。说来说去，都可以是我，都可以是你，都可以是他。所以庄子说，任何事物无法说不是彼，任何事物无法说不是此。

自彼则不见，自知则知之。

译文：自己是彼却自己看不见自己，自己却知道自己。

对别人来说，你就是彼，对自己来说你就是此。你自己知道自己的所在，但是你自己却看不到自己。你要说了，怎么看不到？我自己能看到我自己的手，自己的脚，还能看到自己穿的什么衣服。这个我相信。但是你能看到你自己的脸吗？看不到啊！虽然看不到，但是你却知道你自己的所在。

故曰：彼出于是，是亦因彼。

译文：因此说：彼产生于此，此也因为彼。

你自己这个“此”，对别人来说就叫“彼”。别人自己的“此”，对你来说也叫“彼”。因此说，彼就是此，此就是彼；没有此就没有彼，没有彼就没有此。所以庄子说：“彼产生于此，此也因为彼。”

彼是方生之说也。

译文：这就是彼此并生的说法。

没有彼就没有此，没有此就没有彼。彼就是此，此就是彼。也就是说必须有两个同时出现，才有“彼此”之分，如果只有一个出现，就没有“彼此”的说法。因此庄子说彼此是并生的。

虽然，方生方死，方死方生；方可方不可，方不可方可；因是因非，因非因是。

译文：虽然如此，但是并生也就是并死，并死也就是并生；是也是非，非也是是；是因为非，非因为是。

像庄子这样的圣人，对说教方面是很有方法的。你看他先让我们明白："彼"就是"此"，"此"就是"彼"，彼此是并生的。紧接着他又告诉我们，虽然"彼此"并生，其实并生也就是并死，并死也就是并生。彼就是此，此就是彼，这就是并生；没有彼就没有此，没有此就没有彼，这就是并死，所以说并生也就是并死。没有彼就没有此，没有此就没有彼；彼就是此，此就是彼，所以说并死也就是并生。

到这里庄子言外之意已经很明白地告诉我们，这种道理放在"是非"上说也是一样的。其实"是"就是"非"，"非"就是"是"。"是非"也是并生并死的。既然这样，人们为什么还要以自己的"是"来证明他人的"非"，用他人的"非"来证明自己的"是"呢？庄子这疑问的感慨，让我们从人生的迷惑中走向清醒。在我们生活中那些是是非非，其实都是每个人主观的欲望在作怪。如同佛教所说的"贪、嗔、痴、慢、疑"，这些都是每个人的人性，是与生俱来的。"贪"，人都贪图名利、感情，贪图这个世界上的一切。俗话说"人为财死，鸟为食亡"。因此，才有那么多的贪官被抓、老板犯法。"嗔"，分辨是非就是嗔。憎爱也是嗔，嗔心嗔念，恨这爱那，怨天尤人都是嗔，只要一动念分别、拣择、憎爱就是嗔。无论你是参禅还是念佛，都必须断了这分别、拣择、憎爱之念，不在明白中。"痴"，说起来我们每个人都痴，为爱而痴、为情而痴，痴痴呆呆，多种多样，处处见痴。不过，最痴莫过于《红楼梦》中的林黛玉，她的葬花是痴到极点了。“慢”，就是傲慢。其实我们每个人都有的最大的毛病就是自崇自尊、矜持傲慢、自视高傲、自以为是、轻视别人。“疑”，就是怀疑和不相信。因为人的自我矜傲，而使其轻易不相信别人，对世间的一切都持怀疑态度。这些都是“是非”的根源，是生活中凡人所为。

是以圣人不由而照之于天。

译文：所以圣人不通过是非来判断事物，而是关注于自然本身。

说到“自然”，就是指非人为的本然状态，非他因而自有的；也是指自然界存在者聚集的整体，也就是自然物的总体。《自然辩证法》中恩格斯说：“整个自然界形成一个体系，即各种物体相互联系的总体。”由此可见，“自然”也就是“自然界”，自然的一切都有本来而开始，从本来——产生——生长——灭亡，再回到本来——产生——生长——灭亡，循环不停，变化无常，周而复始。用今天的理论来讲，自然就是相对于人类主观意识的客观存在。其实主观就是客观，客观就是主观。没有主观就不知道客观，没有客观也就不可能有主观了。到底什么是自然，只要开口一说，就不自然了，说多了就更不自然了。《道德经·二十五章》中云：“人法地，地法天，天法道，道法自然。”《形而上学》中亚里士多德认为：“本性就是自然万物的动变渊源”。也就是说，自然界万事万物的存在和发展的动因必定是内在的。因此“自然”就意味着自身具有运动源泉的事物的本质。

自然中万事万物，自成体系，繁衍相依。我们不应该人为地去改变它，因为改变了它，就意味着破坏了生态的平衡。自然有它本来的奥妙，固然也就可以显示出那物竞天择的结果。良辰美景，万象交织，森林原野，相如丽赋，山川沃土，江河湖海，孕育着无数的矿藏和动植物，呈现出无限美丽的自然景观。然而这些美丽的自然景观，也有它脆弱的一面，那就是自然生态系统的问题。这些问题有的是因为自然本身，而现在更多的是人为的破坏。自然界万事万物并非是固定不变的，更不是静止的，而是变化无常、演变不断、更新不停的。它具备自身的平衡功能，自然演变，生灭有序。但是如果我们不断地人为去改变它，就会打破生态系统本身自我约束的自然秩序，使自然失调，出现问题，导致物种全面消失。像远古白垩纪恐龙的绝迹，其中有自然因素，也有生物本身的因素。

古代圣人们讲："天道自然""无为自然"，也就是提倡人类保持自然本来的状态，遵循自然的发展规律，尊重所有生命和自然界。美国自然主义作者奥尔多·利奥波德在他的《沙乡年鉴》中这样说过："一个事物趋向于保护生物共同体的完整、稳定和美丽时，它是正确的；否则它就是错误的。"讲到这里，你又要说：不是庄子说没有对错和是非吗？怎么这里又说错了呢？其实利奥波德也是提倡人类回归自然。那为什么庄子说没有是非对错呢？因为在自然空性中，阴阳是同一不二，彼此不分的。所以说也就没有是非对错了。

亦因是也，是亦彼也，彼亦是也。

译文：正因为如此，是也是彼，彼也是是。

这句也可以说是：此也是彼，彼也是此。也就是说：我自以为的是，彼却以为是非；我以为彼的非，彼却自以为是。所以说来说去，彼也是是非，此也是是非。

彼亦一是非，此亦一是非。果且有彼是乎哉？果且无彼是乎哉？

译文：彼也是一是一非，此也是一是一非。彼此真的有区别吗？还是彼此真的没有区别呢？

这里庄子是在用疑问的方式，让我们自己来体悟什么是真如空性的大道。下面我们一起来体悟一下，我们不用“彼此”来说事，先用“你我”来举例。譬如：我就是此，你就是彼，我和你开始辩论，我说我自己的是而说你的非，你说你自己的是而说我的非，这样我和你相互都有一个是、一个非。也就是说你也有一是一非，我也有一是一非。你和我都有一是一非，这样一来还有什么区别吗？再换用“彼此”来说，如此说自己的是而说彼的非；彼说自己的是而说此的非。也就是说“是非”即在彼中、也在此中，彼也是是非、此也是是非，根本就没有办法将其分开。由此可见真如空性的大道中，万事万物自然是不分彼此是非的，因此，这里庄子用疑问否定的方式来告诉我们：彼此是非是同一不二的。

彼是莫得其偶，谓之道枢。

译文：彼此不得相对，可以说是“道”的纲要。

庄子说彼此不得相对，那就是说彼此是绝对的，是一不是二。也就是说彼此俱空、空有不二，是非两幻、非是非非，是一元的，也是道的纲要。

枢始得其环中，以应无穷。

译文：纲要开始也获得于道中，应用无穷。

庄子这里说的纲要，不是道，是通往大道的方法。这里“枢”字，我们也不要把它当成“中心”的意思。因为荡然虚静的大道，是无量无边、无穷无尽，其大无外、其小无内，无始无终的。哪里是中心？哪里是边沿？谁也说不清楚，也根本没有办法说清楚。因此，庄子把它说成了“环”。这里的“环”，是“圈”和“圆”的意思。圆中虚空，空有不二，无是无非，相寻无穷，既然是非无穷，那么说回答也是无穷的。唐代僧人拾得偈云：“无来无去本湛然，不居内外及中间。一颗水精洁瑕翳，光明透出满人间。”

你看古人设计的太极图，圆中的阴阳鱼，黑鱼中有个白眼，白鱼中有个黑眼。意思是太阴当中有小阳，太阳当中有小阴。其实如果你把两个鱼眼放大了来看，还是这样一套阴阳鱼。向外向内永远是这样，是无穷无尽的，是阴中有阳、阳中有阴，你中有我、我中有你的。

是亦一无穷，非亦一无穷也。

译文：是也是一无穷，非也是一无穷。

天下万事万物，没有自己不是自己的。是也是一无穷，没有相互一样的，非也是一无穷。说来说去，是也一无穷，非也一无穷。是就是非，非就是是。是非一无穷。只有彼我两忘，是非双遣，方可道中得道。

故曰，莫若以明。

译文：因此说，不如用事物的本然来加以观察和认识。

既然说是道中得道，而道又是不可说的，所以没法说出其中的奥妙和道理。的确我们无法通过感观去说明无穷无尽，空性自然中的奥妙和道理，因为我们的官能感觉不是智慧，它只能给我们一些对事物外表的认识，但它不能告诉我们事物任何的所以然之故。譬如：火是红的、热的。那为什么是红的、热的？为何而红？为何而热？其中的奥妙和道理就很难说明了。你看“水”无论它变成了雪、变成冰、变成雨，它的水性是永远不变的。我写过这样一首诗：“雪花落水水中水，冰上落雪雪不飞。上下雪水看不同，水雪雪水谁是谁？”你说到底雪是水？还是水是雪？冰是水？还是水是冰？说来说去都是水嘛！

再看“金”，无论你把它打造成金项链、金戒指、金耳环还是其他造型的东西，它的金性是永远不会变的。这里你要问了：那金和水又是从哪里来的？这个问题问得好，其实世界上每个有思想的人，在静下来的时候，基本都会想到这类问题。譬喻：“生从何处来，死往何处去”“先有了鸡，还是先有了蛋”等各种疑问。问到终极，归于大道。

老子的“大道至简”其实是最简单的，但也是我们最难知的，因为我们只能去体悟它却无法说明它。人的智慧产生于普遍认识，不是个别认识。而这种普遍是人类最难知的，因为它们离我们的感觉似乎那么近却又似乎那么远。我们只有证得了真实智慧和无为法身，才能大道至简。

真实智慧是什么？是离一切相的实相。而实相无相，却又无所不相。就是说它虽然无相，却又能现虚空法界的一切相，遍虚空法界的所有相都是它现的。它能现，是因为它是空性无相的，不分别，不执着，对智慧也不执着。我们为什么不能现？因为我们执着于有相，造成了妄想分别心太重，所以迷失了我们自性的智慧。这种“迷失”虽然不是真的失掉了，却如同失掉一样不起作用。所以《般若经》上说“般若无知”，真实智慧是无知的。这种“无知”在佛教中也叫“根本智”。如果我们能把分别、妄想、执着放下，现前真实智慧，也就大彻大悟，明心见性了。见性了，也就悟道了；悟道了，也就天人合一了；合一了，用佛教的话来说，本来是佛的你，现在又成佛了。

庄子时代佛教是否进入中国，这里我们不去究竟，也实在无法究竟！但是道、佛殊途同归，都提倡顺其自然，天人合一。而人们的分别、妄想、执着心，造成人类强烈的主观意识。就连万物的名称，也是人类的主观意识强加给客观存在的。庄子在这里继续举例提示我们，放弃主观，顺其自然。

以指喻指之非指，不若以非指喻指之非指也；以马喻马之非马，不若以非马喻马之非马也。

译文：以概念名称来说概念名称不是它所指的实际，不如以实际来说概念名称不是它所指的实际；以概念名称的马来说概念名称的马不是它所指的实际的马，不如以实际的马来说概念名称的马不是它所指的实际的马。

这一段，是庄子从儒墨之争转过来又把我们引向了名家之辩。在这里我们先要把战国时期名家的代表人物——公孙龙请出来。《庄子·天下篇》中说公孙龙是“辩者之徒，饰人之心，易人之意，能胜人之口，不能服人之心”。

庄子为什么这样说呢？下面我们通过一些文言记载来看一下，公孙龙的要论都记载于《公孙龙子》中，主要有：“白马非马”“离坚白”等。《公孙龙子》是公孙龙所著，现存六篇，其中在《迹府》一篇中有这样的记载：“公孙龙，六国时辩士也。疾名实之散乱，因资材之所长，为‘守白’之论。假物取譬，以‘守白’辩，谓白马为非马也。白马为非马者，言白所以名色，言马所以名形也；色非形，形非色也。夫言色则形不当与，言形则色不宜从，今合以为物，非也。如求白马于厩中，无有，而有骊色之马，然不可以应有白马也。不可以应有白马，则所求之马亡矣；亡则白马竟非马。欲推是辩，以正名实而化天下焉。”大概意思是：“公孙龙，战国时期的辩士。他恨当时名称与实际不相符的混乱现象，因主张以才能专长取士，提出了‘守白’之论，假借实物来作比喻说明，以‘守白’证明‘名称与实际’不相符的现象，提出了所谓的‘白马非马’的命题。白马不是马的理论根据是：‘白’指的是马的颜色，‘马’指的是马的形状。色不是形，形也不是色。说色的时候与形无关，说形时候与色无关。而今把色和形合二为一成为一物，是不对的。譬如：要到马棚里寻找白马，没有白马，只有黑色的马，那么就不可以说这里有白马。既然说马棚里没有白马，也就是说要找的白马这里没有。既然没有，那么白马不是马。推广这一逻辑是为了辩‘名称与实际’不相符的关系，以正‘名称与实际’不相符之逻辑而教化天下。”这里说马棚里是有“马”的，但马棚里没有“白马”。公孙龙他本人认为，名称的“马”指的是形状，名称的“白”指的是颜色，形和色不是一回事，因此说白马不是马。也就是说，“白”“马”“白马”这三个，不但概念名称不同，而且外延、内涵也不同。譬如说：要找一匹“马”，无论白马、黑马，大马、小马，肥马、瘦马等各种马，都能满足要求，因为名称“马”不是特定所指色质的马，外延包括了所有的马。但是“白马”的外延只包括白马。还有一个问题，就是“共相”的问题。共相，就是某一类事物所共有的性质。例如：“马”是“所有马”的共相；“白”是“所有白色之物”的共相。所以说马和白的共相不一样。而“白马”的共相，是马和白的结合，既不是“马”的共相，也不是“白”的共相。所以，公孙龙说白马非马。

“白马非马”是公孙龙辩论中的一个主要的命题。庄子这里对公孙龙的“白马非马”之辩提出了建议。他说：“以概念名称的马，来说概念名称的马不是它所指的实际的马，不如以实际的马，来说概念名称的马不是它所指的实际的马。”我认为庄子说的很有理！实际的马，本来开始也不叫马，是人类为了辨别各种动物，而给各种动物主观强加的假名。所以说，名称的马本来就不是实际的马。

天地一指也，万物一马也。

译文：整个自然界无论存在多少要素，但作为要素都是一样的，各种事物无论存在多少具体物象，但作为具体物象都是一样的。

其实“马”和“白马”两者的都是概念名称，只不过是名称的属性不同。而实际的马，属性也各有不同。但无论什么样的“马”，都是主观概念的“马”，都是强加的假名而已，抽象而没有属性。庄子认为“天地一指也，万物一马也。”天地无非是人类主观意识中的概念名称所指，万物也像马一样无非也是主观名称下的客观实际。从中我们就可以体会到什么是“真空生妙有，有生万物”“一即一切，一切即一”了。宇宙万事万物没有自性，本来就是同性、无名、齐平的，开始都没有名称。可以说都是那个东西，什么东西呢？不管是什么东西，反正就是那个东西，本来也就是那个东西！到后来不管主观概念对其各自用什么名称，其名称均有所指。所指，即可以是共相的个体，也可以是个体的共相。所有名称所指，都是人类主观强加给的假名。大指“道”，小指“万物”。譬如说：我们人类一生下来，本来就应该叫现在的名字吗？不是的！叫你什么都可以。所叫的名字，是我们爹妈或前辈的主观思想决定的。既然名字本来不是固定的，那就是说：你可以用我的名字，我也可以用你的名字；你我也可以用他（她）的名字，他（她）也可以用你我的名字。由此可见，人的本来面目，你就是我，我就是你；你我就是他（她），他（她）也是你我。因此庄子认为：如果不能顺其自然，而是抛开客观实物，以主观名称进行争辩，是无法辩清是非的。

公孙龙推崇的是“共相论”，到最后和庄子两者是殊途同归的，他们都承认“道”是自然真如空性的本体。“名家”与“道家”在学术思想上也有着密切的关系。因而后世道教也把《公孙龙子》纳入道教典籍之列，明《正统道藏》太清部中收有《公孙龙子》。明道士白云霁《道藏目录详注》中云：“赵人公孙龙，六国时辩士也，集中有白马等辩。”说两家殊途同归，在此可以窥见一斑。

从宇宙的本性及真相来说，自古以来人类一直在不断地探求宇宙真相，也出现了各种各样对宇宙真相概念名称上的比喻和描述，但这些概念名称描述得越多越详细，反而离它却越来越远。只有那些觉悟的人才能证悟到它的存在。

学道学佛，不要执着于概念名称。所有概念名称都属于名相，无非是让你开悟的方便法门。如佛教中讲的：佛、如来、本来面目、本来就是这样、自性、妙性、真性、佛性、真如本性、真如妙性、真心、真如、本性、实相般若、如来藏、无上涅槃等。道教中讲的：道、玄、谷神、玄牝、环中等很多的概念名称。这其实都是一回事。无论你怎么说，也没有一个能够准确地表达这个东西的，但却可以让你更容易更方便地接近和体悟它。

人们可以通过万事万物的表相来体悟它。它是万事万物的体，万事万物是它的用，体是真空，用是妙有，但体用是一不是二。虽然它无形无相，看不见也摸不着，但它无处不在，触目菩提，随缘任运。它不生不灭、不垢不净、不增不减，是永恒不变的。说它是空无；说它是真空，不管说它是什么！只要可说的都不是真正的它，因为它不可说。当然，也不是不可说，不可说就是它。它没有分别、清净无念、无作无为、如如不动。万事万物，都是从它中变现出来的。它是真空，万事万物是妙有。既然说它是真空，那万事万物也可以说是虚空假有的。譬如：它是大海，万事万物就是海中的波浪。波浪的起伏并没有给大海带来生灭、垢净、增减，无论怎样，大海依然是荡然虚静，如如不动。不管叫它什么，都是概念名称。它是万物的体，万物是它的用。因此庄子说：天地一名称，万物一实际。

感悟六
触目菩提　随缘任运

【原文】

可乎可，不可乎不可。道行之而成，物谓之而然。恶乎然？然于然。恶乎不然？不然于不然。物固有所然，物固有所可；无物不然，无物不可。故为是举莛与楹。厉与西施，恢诡谲怪，道通为一。其分也，成也；其成也，毁也。凡物无成与毁，复通为一。唯达者知通为一，为是不用而寓诸庸。庸也者，用也；用也者，通也；通也者，得也。适得而几矣。因是已，已而不知其然，谓之道。劳神明为一而不知其同也，谓之“朝三”。何谓“朝三”？狙公赋芧，曰：“朝三而暮四。”众狙皆怒。曰：“然则朝四而暮三。”众狙皆悦。名实未亏而喜怒为用，亦因是也。是以圣人和之以是非而休乎天钧，是之谓两行。

【译文】

可见的可指，不可见的不可指。可见的万物是“道”的运行而生成的，万物的名称和概念是人的主观强加所指才这样的。何处这样呢？这样于实在。何处不这样呢？这样于不实在。物本来是实在的，物本来是可见的。没有物不实在，没有物不可见。为此举例看草本植物的茎与堂屋前部的柱子，丑陋的人与漂亮的西施，离奇怪异，从道的角度讲是相同而浑一的。那分也就是成，那成也就是毁。凡是实际的物是没有成与毁的，成与毁是相同而浑一的。只有通达此理才能体会到“道”的同一性，不以名称或概念所指而是以实际万物为庸。庸，也就是用；用，也就是通；通，也就是得。得到切合实际的道理。因此为止，而后不以名称或概念辨论实际万物就是“道”。劳心费神专一于辨论是非不知万物道同一体，就是“朝三”。什么是“朝三”？养猴人给猴喂橡子吃，说：“早上三个而傍晚四个。”猴子们都发怒了。他又说：“早上四个而傍晚三个。”猴子们都高兴了。概念和实际未曾缺损，但概念一变喜怒也变了，也是因为玩弄名称或概念。古代圣人不去分辨是非，游闲于自然均衡的境界之中，这是物与我和得其所、自行发展。

【感悟】

庄子《齐物论》的要论谈的是“道”的绝对性。很难体悟！又因文中“老言古简，深隐难明”解读起来也颇费周折。自古来对其研读的学者，因其修为各有不同，所以对句中的内涵体悟和理解也是各执己见，莫衷一是。我们要知道，文言文难解的主要原因基本是一个汉字就是一个词，而每个汉字又有多重字意。动、形、代、连、助、名等词意繁多。因此在翻译文言文时，不要把句子中重复使用的字，当成一种意义去翻译，那样很容易跑题。我们前面讲过了，要研究古人的经典著作，就需要我们穿越时空回到他们的时代去，通过辞章考据、考古、语境等，去尽量体悟古人当时的心境。下面我们逐句的来看一下：

可乎可，不可乎不可。

译文：可见的可指，不可见的不可指。

为什么这样翻译呢？是因为就“是非”判断标准来看，庄子说的“以马来说马不是它所指的实际的马，不如以实际的马来说马不是它所指的实际的马”，这是针对公孙龙的《白马论》而谈的。而“可见的可指，不可见的不可指。”是庄子针对公孙龙《指物论》而说的。公孙龙的《指物论》中云：“物莫非指。而指非指。天下无指，物无可以谓物。非指者，天下无物，可谓指乎？指也者，天下之所无也；物也者，天下之所有也。以天下之所有，为天下之所无，未可。”意思是说：“不要把名称或概念当成实物，因为名称或概念不是实物。天下没有名称或概念，物就没有可以说是物的。实物本身，天下如果没有，哪还有什么物的名称或概念呢？名称或概念，天下中并不实际存在；实际的物，天下中却是实际存在。把实际的物，归于名称或概念，是不对的。”

这里公孙龙所谓的“指”是“名称或概念”，“非指”是“实物”。这一段公孙龙是说不要把“名称或概念”当成“实际的物”。前面段落中我们也提到过，是因为他不满意当时在选用人才方面的名实不符的混乱现象，主张以才能专长取士，因而通过各种论辩来证明名实不符的现象。名称或概念，指的是实物的本质属性及外表共相，从认识论方面来说，也就是概念。他认为概念在天地间并不独立存在，因为万物都可以用名称或概念来指谓，却没有什么能指谓名称或概念的。

公孙龙在《名实论》中云：“夫名，实谓也。知此之非此也，知此之不在此也，则不谓也。”意思是说：“名称，是对实物的称谓。知道此名称不是此实物，知道此名称不在此实物的实质中，是说名称不是实物。”公孙龙认为“名称”是对“实物”的一般称谓，不是“实物”的实质，是“实物”的外表共相。为什么说是“一般”的称谓呢？我们通过古代的几句诗来体会一下，唐代裴度《真慧寺》诗：“更有一般人不见，白莲花向半天开。”元朝王旭《留别孙唐卿》诗：“涧有长松谷有兰，人材休把一般看。”由此可见“一般”指的是万物的外表共相。从唯物主义角度讲，抽象的“一般”只能通过个别而存在于个别中，离开个别的“一般”也只能是抽象的概念，是人类的思想产物而已，不是客观存在的。譬如我们中国人喜欢的吉祥图腾“龙”与“凤”就是思想产物。

公孙龙的《指物论》却与此相反。公孙龙认为抽象的“一般”与具体的“个别”是对立的。如果天下没有“一般”共相的名称或概念，物、我就应该是浑然一体而没有个体。既然天下有个体，那么每个个体就是许多共相聚合而成的。但是共相却不是由共相聚合组成的，无法再分析为共相。“共相”本来是存在于个别之中的，而人类在通过思维认识实物时，先是把实物“本质属性及外表共相”作为单独思考的对象。造成只有“一般”存在于人的思维之中。这个“一般”是人类思维对客观实物本质属性及外表共相的思维反映，不是独立的客观存在。公孙龙看到了这一切，就将其片面夸大。所以他说“不要把名称或概念当成实物，因为名称或概念不是实物”。既然名称或概念不是实物，就说明共相必须通过个体实物才能存在于天下，成为感觉的对象，否则就不能为人所感觉。因此他说“把实际的物，归于名称或概念，是不对的”。也就是说共相不是具体实际的物，不是感觉的对象。归根结底是与“道”背道而驰，指物为二。

其实公孙龙的《白马论》《指物论》《名实论》等几篇论中，其中心思想都执着于名称或概念与实际的区分。而道教和佛教却不主张对概念的执着。因为概念是知识，不是智慧。道教和佛教认为：人如果执着于概念，就会迷惑不清而变得愚蠢狭隘，造成对任何事物都执着于某一极端。因分别心严重，而走向迷茫。从王旭的诗句“人材休把一般看”中，我们可以窥见一斑。对事物外表的一般认识，是我们人类的官能感觉，不是智慧。它只能让我们认识宇宙万物的外表现象，却不能告诉我们万物任何的所以然之故，并且这种对宇宙万物的认识都带着每个人自己的主观见解。而我们却不明白，其实主观就是客观，客观就是主观。没有主观就不知道客观，没有客观是不可能有主观的。《六祖坛经》中云：“善知识，一切修多罗及诸文字、大小二乘、十二部经，皆因人置。因智慧性，方能建立。若无世人，一切万法本自不有。故知万法本自人兴。一切经书，因人说有。缘其人中，有愚有智。愚为小人，智为大人。愚者问于智人，智者为愚人说法。愚人忽然悟解心开，即与智人无别。”这里顺便解释一下“多罗”，“多罗”也就是“贝多树”，是梵文的译音，也译作“贝多啰”，形如棕榈，叶长稠密，久雨无漏，其叶可供书写，称贝叶。唐玄奘《大唐西域记·恭建那补啰国》：“城北不远有多啰树林，周三十余里。其叶长广，其色光润，诸国书写，莫不采用。”佛教的贝叶经便是用此树叶写的。简单说六祖惠能这一段的大概意思是：“佛教大小二乘所修的一切经书，都是因为先有了人类自身。如果没有人的存在，就不会有这些经书。觉悟的人著书立说，为迷人说法。迷人觉悟心开，也就与觉悟的人一样了。

六祖惠能如此见解，充分体现了他对人生的理解，对佛教理论基础以及实践操作规范的开掘精神。他倡导立足于人生，秉承世尊的般若思想“直指人心，见性成佛”。他浅显易懂地对世人传递着佛陀的智慧，让我们在生活中修行。将修行融入就在日常生活的行、住、坐、卧及待人接物中，使佛法和修行变得平民化、生活化，让众生更容易感受到“佛”的真切，不再为“出世”还是“入世”而苦恼。而我们今天信佛的人，有多少是在真正的求证佛理？不乏有一些人只是为了让佛保佑自己升官发财罢了！这难道不是很可笑吗？你连人都做不好，谈何成佛？六祖惠能心明此理，因此倡导我们立足于人生。

那么庄子的“可见的可指，不可见的不可指”也是提倡我们立足于客观现实。既然六祖惠能说没有人就没有一切万法文字，就说明了如果没有客观的人，也就没有主观的万法文字。这样我们就可以从中体悟到客观就是主观，主观就是客观，二元归一之道的绝对性了。其实老子讲的“大道至简”是很对的！但是我们很多学者在研读这些经典著作时，把注意力放到了字面上，不求大义，而是死抠字眼，研究来研究去，研究到最后，没有体悟。其实，公孙龙的《指物论》是指物为二，论的是名称或概念与实物的不统一性；庄子的《齐物论》是齐物为一，论的是名称或概念与实物的统一性。把握住这个，就容易研读了。

下面我们来说“可”这个字。你又要说了，这不是又要抠字眼了吗？该抠的还得抠，不要死抠就可以了。“可”字，西晋郭象注云：“可於已者，则谓之可。不可於已者，即谓之不可。”对“可於己者”“不可於己者”，隋唐时期成玄英是这样注疏的：“夫理无是非，而物有违顺。故顺其意者，则谓之可；乖其情者，则谓之不可。”由此可见“可”就是“认可”“肯定”的意思。

庄子这里的“可见”说的是实物，“可指”说的是名称或概念。既然可见的可指，那么可指的也就可见。因此，可见的是可指的，可指的也是可见的，也就二元归一，同一不二了。

德国伟大的哲学家黑格尔说：“现实性在其展开过程中表现为必然性。”此话与庄子说的“可乎可，不可乎不可”有异曲同工之妙。在事物发展过程中，只要有必然性的表现，就一定具有现实性。现实与必然密切联系，也就是说现实性就是必然性，必然性也就是现实性。未出现的不是客观现实，出现的客观必然就是现实。而现实又处于不断发展变化的过程之中，它是过去“现实”变化来的果，也是引起未来“现实”变化的因。其实西方哲学的必然性与东方哲学的局限性殊途而同归，都是体现事物纵横两面整体性的。

道行之而成，物谓之而然。

译文：可见的万物是“道”的运行而生成的，万物的名称和概念是人的主观强加所指才这样的。

对这句中“道”字的解释，我看过很多版本的注疏，其中有人把这句译为“道路是人走出来的”，我感觉这种解释很令人费解。这是否是对句中“道”字的曲解，这里我们不妄加评论，只能归于每个人的理解不同，有可能是注疏的人以孟子那句“用之而成路也”来解释的。如果这句“道行之而成”，前面没有“可乎可，不可乎不可。”这句，后面也没有“物谓之而然”等其他句子，而只是单独一句“道行之而成”，解释为“道路是人走出来的”也不能说不可以，但是我们前面已经说了，不要断章取义。我认为庄子这里

“道”指是形而上的道。其实，庄子《齐物论》的奥义，就在于形而上之道，论的是“道”的绝对性。如果不上升到“道”的高度，还谈何“齐物”呢？庄子认为万物是“道”的运行而形成的。正如老子的《道德经》中云：“道生一，一生二，二生三，三生万物”一样。对万物给定的名称或概念，是人类对其本质属性及外表共相的思维形式，为了方便思考区分不同事物及同一事物的不同个体，强加给万物的名称或概念，是对万物的化实为虚。也如同老子的《道德经》中云：“名可名，非常名。”这句“道行之而成”，在说万物是由“道”的运行而形成的同时，也说明了万物也是“道”的体现，是“以他而起”的。东方哲学的生命意识与西方哲学的造物意识在词义上有所不同。西方哲学以静态观，如“存在”“体现”“现实”等；东方哲学则以动态观，如：“可”“行”“成”等。东、西方哲学看上去虽然概念不同，其实说的都是一个东西，“物谓之而然”。宇宙万物我们认定其名称或概念叫什么，就是什么。一切唯心，主观所指。

恶乎然？然于然。恶乎不然？不然于不然。物固有所然，物固有所可；无物不然，无物不可。

译文：何处这样呢？这样于实在。何处不这样呢？这样于不实在。物本来是实在的，物本来是可见的；没有物不实在，没有物不可见。

说不抠字眼，还是要抠字眼。来说一下句中的“然”字，《说文·火部》中对“然”字见有这样注解：“对；是；确实。”《论语·雍也》：“雍之言然。也用作肯定的回答。如此；如是；这样。”由此可见，句中的“然”字，有多种注解，所以说“然”字在此句中，也因所处的位置不同，意义也有所不同。这一段庄子先是通过“恶乎然？然于然。恶乎不然？不然于不然”这样的疑问肯定、再疑问再肯定的句式充分肯定地告诉我们：“可见的可指，不可见的不可指。”可与不可都出于客观的我的主观，对是非的判断标准也取决于客观的我的主观。主观认为对了，它就对了；主观认为错了，它就错了。因此生活中，我有一是非，你有一是非，他也有一是非，每个人各有一是非。所以说只有主观的是非，没有客观的是非，天下没有公是公非。既然天下没有公是公非，庄子认为又何必去辩论呢？黑格尔也说过：“凡是现实的都是合理的，凡是合理的都是现实的。”既然可与不可都是我们人类自我主观思想对客观事物的价值评判，也就是说所有的评判都是随心所欲的。因此，庄子从“物”的角度讲“物固有所然，物固有所可”是告诉我们，现实之“物”的价值是先天与生俱来的。既然万物本来是实在可见的，就说明万物具有现实性，而现实性就是必然性，必然性也就是局限性。就像鱼只能生活在水中而不能生活在陆地，鸟会飞而我们人不会飞一样，这都是现实之“物”的特性和局限性。而一切现实之物又都有其统一性，这种统一性就在于都是对本体动力的表现，也就是“道”的体现。为了让我们更深刻地体悟“道”是以万物而起的，庄子又从“道”的立场提示我们“无物不然，无物不可”。隋唐成玄英将这句疏为“群品云云，各私所见，皆然其所然，可其所可。”从这句话中，我们也可以体悟庄子的“可乎可，不可乎不可”的含义了。其实我们人类对万物主观强加的所有名称或概念，都基于客观万物与生俱来的局限性。庄子在这里的良苦用心，都是为了让我们念念不离“道”的境界。

故为是举莛与楹，厉与西施，恢诡谲怪，道通为一。

译文：为此举例看草本植物的茎与堂屋前部的柱子，丑陋的人与漂亮的西施，离奇怪异，从道的角度讲是相同而浑一的。

这一段打眼一看，无非就是在说柱子或是女人。而庄子的言外之意是通过粗与细、丑与美让我们进一步体悟形而上之“道”的同一性。“故为是举莛与楹，厉与西施”，讲的是：细与粗的木和丑与美的女人，是相互有别相互对立的。而这种对立是唯心主观概念上的对立，从“道”的角度讲是不成立的。如同成玄英疏：“群品云云，各私所见，皆然其所然，可其所可。”一切名称或概念都是人类对宇宙万物各自的主观所指。细与粗、丑与美都是人为强加所指的名称或概念，并非万物的普遍性。在形器的名称或概念层面上，是群品云云有别，性质相对的。但在“道”的层面上，群品云云无别，是道通为一的。在常人看来，草本植物的茎与堂屋前部的柱子相比，草本植物的茎是没有什么大用的，无非是喂喂牲畜、作为烧柴而已。而堂屋前的柱子就不一样了，它属于栋梁之材。但庄子这里却不不这样认为。庄子认为：物的有无之用是相对的，无用之用也有大用。细与粗、丑与美从道的角度来说，都是“道”的物化。一体不二，道同为一。如果分细与粗、丑与美就有了是非之彰，是道之亏也。

庄子认为，道之亏在于人的主观分别，是人思想观念与宇宙万物表面属性存在着差异而造成的，“恢诡谲怪”。本来万物一体，一切根源于“无”，是绝对的虚无统一，而庄子讲的“无”，不是“虚无主义”，而是化解虚无主义的药方。这个药方说的是：宇宙万物都是“道”的物化。所化万物荣枯交替，生生灭灭，变化无常，没有稳定的基础。而化万物的“道”却是永恒不变的。道无分别而融万物为一体，怎么会有细与粗、丑与美的区别呢？所以庄子说“道通为一”。

其分也，成也；其成也，毁也。凡物无成与毁，复通为一。唯达者知通为一，为是不用而寓诸庸。庸也者，用也；用也者，通也；通也者，得也。适得而几矣。因是已，已而不知其然，谓之道。

译文：那分也就是成；那成也就是毁。凡是实际的物是没有成与毁的，成与毁是相同而浑一的。只有通达此理才能体会到“道”的同一性，不以名称或概念所指，而以实际万物为庸。庸，也就是用；用，也就是通；通，也就是得。得到切合实际的道理。因此为止，而后不以名称或概念辨论实际万物就是“道”。

庄子是紧抓“道”纲，纲举目张，从多方面来论“道”的绝对性。他说：“那分也就是成；那成也就是毁。”这也是物理的道理。把一个东西一分为二，原有的东西毁了，分开的两个却成了。这不就是分也就是成，成也就是毁吗？比如：把花生米播种到地里，苗成了米毁了；苗长大了结出了果，果成了苗毁了；果成熟了剥出了米，米成了果毁了；米榨成了油，油成了米毁了；油做成各种食品，食品成了油毁了，等等，一切都循环在成毁、毁成中。

中国古代“一分为二”指的是事物内部的矛盾性及可分性。这一概念很多思想家提出并阐述过。当然，对于分、成、毁，我们不能去作机械的理解。按其一分为二的原理，物质是可以永远分下去的，其小无内。因为一分为二普遍存在于整个物质世界的发展过程中。内容及形式是多种多样的，既对立排斥，又对立统一，在因缘下相互转化。由此可见，通俗表达一分为二也就是对立统一。因此说，物是没有成与毁的，成也就是毁，毁也就是成，是“复通为一”“同一不二”的。

“唯达者知通为一，为是不用而寓诸庸”。只有通达此理才能体会到“道”的同一性，不以名称或概念所指，而是以实际万物为庸。

庄子为什么这样说呢？是因为庄子深知宇宙万物是“道”的用，是依他而起的。所以他提倡放弃名称或概念所指，而以实际万物为庸。其实佛教的中观、道教的天和、儒家的中庸思想都是殊途而同归的，皆提倡以实际万物为庸。那何为庸呢？这里庄子很明白地告诉了我们：

庸也者，用也；用也者，通也；通也者，得也。适得而几矣。因是已，已而不知其然，谓之道。

译文：庸，也就是用；用，也就是通；通，也就是得。得到切合实际的道理。因此为止，而后不以名称或概念辨论实际万物就是“道”。

庄子说以实际万物为庸，那么“庸”也就是实际万物。既然庸就是用，那么“用”也就是实际万物，通过实际万物的用，我们就可以明白而得到切合实际的道理。你看庄子这里很轻松地就让我们体悟到了什么是“道”的体用，并告诉我们，以此为止，不要以名称或概念去辨论实际万物，就可以契入道的境界。

劳神明为一而不知其同也，谓之“朝三”。何谓“朝三”？狙公赋芧，曰：“朝三而暮四。”众狙皆怒。曰：“然则朝四而暮三。”众狙皆悦。名实未亏而喜怒为用，亦因是也。是以圣人和之以是非而休乎天钧，是之谓两行。

译文：劳心费神专一于辨论是非不知万物道同一体，就是“朝三”。什么是“朝三”？养猴人给猴喂橡子吃，说：“早上三个而傍晚四个。”猴子们都发怒了。他又说：“早上四个而傍晚三个。”猴子们都高兴了。概念和实际未曾缺损，但概念一变喜怒也变了，也是因为玩弄名称或概念。

传说战国时代，宋国有个养猴的老人，养了很多猴子，猴子能够听懂老人的话并和老人沟通。日子久了，猴子的数目也越来越多，造成了老人经济上有些不济，就想限制一下猴子们的食量。老人决定把每天喂猴子栗子由八颗改为七颗。他对猴子们说："以后的栗子每天早上给三颗，晚上给四颗。"猴子们一听，早上怎么少了一个？便跳起来大叫，表示不同意。老人一看，连忙改口说："早上给四颗，晚上给三颗。"猴子们听了，非常满意。从故事中我们可以看出，其实概念和实际都未曾缺损，老人只是把概念变换了一下，喜怒也变了。从中也说明了猴子们的无知。庄子通过这一战国时代宋国养猴老人的故事告诉我们，不要相信那些玩弄名称或概念的人。如果不明万物道同一体，难免会像猴子一样，被像朝三暮四或朝四暮三这样的概念游戏所蒙蔽。

今天有很多人把"朝三暮四"当成了反复无常的意思。其实是把它和"朝秦暮楚"混淆了。这些人并不了解"朝三暮四"的出处，因此将其与"朝秦暮楚"混淆了。朝秦暮楚讲的是战国时期，秦、楚两大强国相互对立，有一些弱小国家一会儿倒向秦，一会儿倒向楚，所以可以理解为"反复无常"。这里的"朝三暮四"看上去是指养猴人愚弄猴子的骗术，其实寓意是指那些玩弄手法欺骗他人的辩士。

是以圣人和之以是非而休乎天钧，是之谓两行。

译文：古代圣人不去分辨是非，游闲于自然均衡的境界之中，这里物与我各得其所、自行发展。

这里庄子是告诫我们要注重于实际，不要被概念的花言巧语所蒙骗。虽然宇宙万物"物群品云云，各私所见"，但只要我们能游闲于自然均衡的境界中，就可以契入不离是非而得无是非、道同为一的境界中了。

感悟七
无内无外　无法超越

【原文】

古之人，其知有所至矣。恶乎至？有以为未始有物者，至矣，尽矣，不可以加矣。其次以为有物矣，而未始有封也。其次以为有封焉，而未始有是非也。是非之彰也，道之所以亏也。道之所以亏，爱之所以成。果且有成与亏乎哉？果且无成与亏乎哉？有成与亏，故昭氏之鼓琴也；无成与亏，故昭氏之不鼓琴也。昭文之鼓琴也，师旷之枝策也，惠子之据梧也，三子之知几乎！皆其盛者也，故载之末年。唯其好之也，以异于彼；其好之也，欲以明之。彼非所明而明之，故以坚白之昧终。而其子又以文之纶终，终身无成。若是而可谓成乎？虽我亦成也。若是而不可谓成乎？物与我无成也。是故滑疑之耀，圣人之所图也。为是不用而寓诸庸，此之谓以明。

【译文】

古时候的圣人，他们理解宇宙万物的境界达到了极致。何处达到极致了呢？在于他们认为宇宙未曾有万物的存在。内小到不可至，外大到不可尽，无法超越。其次认为有物存在，但万物未曾有准确的界限区分。再其次，认为万物有准确的界限区分，但未曾有是非。是因为是非的显露，道就有了亏损和缺陷，道出现亏损和缺陷，主观偏私的爱就会形成。真的有形成与亏缺吗？还是没有形成与亏缺呢？有形成与亏缺，因此昭文才能弹琴奏乐。没有形成与亏缺，所以昭文就不能弹琴奏乐。昭文善能弹琴，师旷妙知音律，惠施好靠着梧桐树谈说明理，三人道理穷尽，全都盛气凌人，因此到最后衰败。唯独自己的道理好，以此不同于他人，自己的道理好，想要让他人明白。他人不明白而对他人讲，因此以论石之质的“坚”与石之色的“白”迷昧而告终。而昭文的儿子又继承了昭文，终生没有什么作为。像这样而可以叫作成了吗？那虽然我无成也可说是成了。像这样而不可以叫作成了吗？那万物与我都没有成。所以说滑稽怀疑的光耀，是圣人的图谋。为的是以无用寄托于众用，这可以说是用明鉴。

【感悟】

古之人，其知有所至矣。

译文：古时候的圣人，他们理解宇宙万物的境界达到了极致。

庄子讲淳厚古朴的圣人们修行达到了豁然贯通、返归质朴、与物混同的境界。他们领会神悟、顺从世俗、不求特异、与世无争、忘却生死、融于自然。这里的“知”字，不是智慧的“智”。古人云“智者不知”“真智无知”。知识道理与智慧不同，我们不要把它们混淆在一起。《般若经》中云：“般若无知。”庄子这里说的圣人们理解宇宙万物的境界达到了极致，其实如同佛教所讲修行“证得无为法身、真实智慧”一样。那什么是“真实智慧”呢？就是实相无相、真智无知。无知，也叫根本智，是离一切相的实相智慧。虽然说实相无相，但它却能现一切相，遍虚空法界一切相都是它现的。它既不执着也不分别。

在圣人的眼中，宇宙万物的存在是平等的。为什么呢？因为他们不执着于有相。我们为什么达不到圣人的境界呢？是因为我们迷失执着于有相中，是我们的心在作用。心一作用，自我受到了限制，我就是有限的。受限的自我对宇宙万物起了分别心，形成了偏私的憎爱，同时也就出现了万物的不平等。圣人们不是这样，他们修行达到了“心不作用”。“心不作用”，自我不受限制，我就是无限的。这样也就没有了偏私的分别和憎爱。没有了偏私的分别和憎爱，那么万物的存在就是平等的。既然万物的存在是平等的，那我们要想达到圣人境界，就连智慧也不要执着了，万物平等存在，智慧也就不起作用了。但它并不是无用，而是无用于有用，有用于平等。它像不停的流水一样，没有分别和拣择。

恶乎至？有以为未始有物者，至矣，尽矣，不可以加矣。

译文：何处达到极致了呢？在于他们认为宇宙未曾有万物的存在。内小到不可至，外大到不可尽，无法超越。

庄子通过疑问引出陈述，告诉我们圣人们到底何处达到了极致。他说圣人们达到的最高境界是忘天地、遗万物、忘怀泯物。认为宇宙是无相的，未曾有万物的存在，内小到不能觉其一身，外大到不无法察乎宇宙。也就是说，物我内外全空，旷然无累，荡然虚静，实相无相。关尹子曰："是道也，其来无今，其往无古，其高无盖，其低无载，其大无外，其小无内，其外无物，其内无人，其近无我，其远无彼。不可析，不可合，不可喻，不可思。惟其浑沦，所以为道。"《六祖坛经》中六祖惠能偈曰："菩提本无树，明镜亦非台。本来无一物，何处惹尘埃。"上面说的圣人所达到的最高境界，如同佛教中讲的"涅槃"境界。也就是"不生不灭，不垢不净，不增不减"，无得，无执，随缘不变的圆满境界。《金刚经》中云："佛告须菩提：凡所有相，皆是虚妄。若见诸相非相，则见如来。"这里"见"字，不是眼见的"见"，是"见性"的见。释迦牟尼佛告诉须菩提说："大千世界的所有的形相，全都是虚妄而不真实的。如果能体悟到众形相都不是真实的形相，那就是体悟到如来了。那什么是"如来"呢？《金刚经》中佛也告诉我们了："无所从来，亦无所去。"没有那个地方来，也没有那个地方去，本来就这样。三祖僧璨《信心铭》中云："莫逐有缘，勿住空忍。一种平怀，泯然自尽。"这里的"有缘"和"空忍"，是谈"有"和"空"的。"有"和"空"是佛教中的重要概念，一般的人对"有"字能懂其意思，但往往把"空"字误认为是空中的"空"，这是不对的。如果这样理解就执空了。这个"空"的意思是心无一物的自然空无。所以执有、执空都是不正确的。那怎样才正确呢？即不执着于"有"，也不执着于"空"，以"平怀"对待。平怀了也就平等了，平等了也就没有什么分别、憎爱和是非的对立了，对立不存在了，万物也就绝对了。不住空有，没有了对立，也就没有了拣择、分别和憎爱，存在也就消失了，也就凡圣一如，泯然自尽了。

其次以为有物矣，而未始有封也。

译文：其次认为有物存在，但万物未曾有准确的界限区分。

庄子从上面境界的极致分步往下讲来。他说其次有一种境界是出现了“物”的意念，认为有“物”存在。但是“物”“我”之间还没有产生芥蒂，也就是说还没有界限的区分。这里讲的是指那些修行的接近于圣人境界的人，那些修行中的大贤们，当他们的修行接近于圣人境界时，就会认为有“物”“我”存在，但没有彼此的界限区分。

其次以为有封焉，而未始有是非也。

译文：再其次，认为万物有准确的界限区分，但未曾有是非。

这里庄子告诉我们的应该是修行的开始也就是初步入道的境界。这种最初的境界认为宇宙万物是有彼此之分的。虽然这种最初的境界没有忘怀彼此，但这种境界却已经初步忘怀是非，认为彼此之间没有是非之分。我们来想一下，如果今天我们的每个人都能忘怀是非的话，只分你、我、他，而你、我、他之间没有是非对错之分，那我们的人生一定是和谐的！

庄子上面说的至极也就是最高的圣人境界——认为宇宙未曾有万物的存在；而另一种还没有达到圣人境界——认为有物存在，但万物未曾有准确的界限区分，也就是没有彼此之分；另外，还有一种境界——认为万物有准确的界限区分，但未曾有是非。庄子讲的这三种境界，说的是修行次第。与佛教中的“三士道”有些相似。“三士道”指的也是修行次第。佛教中的三乘渐次修行之道分下士、中士、上士三乘。下士道是：皈依三宝、深信因果、扬善止恶、离恶近善而生人天善趣；中士道是：修戒定慧，断除一切烦恼，出离三界生死，发心救度一切众生；上士道是：救度一切众生，修行成就无上佛果。

老子《道德经》第四十一章中云：“上士闻道，勤而行之；中士闻道，若存若亡；下士闻道，大笑之。不笑不足以为道。”老子这里说的“三士”与庄子和佛教中讲的修行次第不同，老子这里说的是不同的人，闻道后的反应。他说：“上士闻道，深信不疑，积极不断地修行自己；中士闻到道，半信半疑，似是而非；下士闻到道，哈哈大笑。不哈哈大笑的话说明不是真正的‘道’。”老子为什么这样说呢？我们通过老子的“大道至简”就能明白。下士认为这么简单的东西也叫道，也没有什么高深之处，真是让人可笑！这充分说明了下士目光短浅而无知。其实生活中有很多这样的例子，那些笑话别人是傻子的人，不知道自己才是真正的傻子。简单举个例子就可以说明：人人皆知的“网络巨人”马云，刚开始的时候，很多人笑话他是个疯子、傻子、甚至是个骗子，但后来人家却成了中国乃至世界互联网界的大佬，中国的巨富。这个例子看上去与“道”无关，其实生活中“道”无处不在，触目菩提，随缘任运。真正的“道”是非常简单，简单得被人忽视和嘲笑，让下士们听了都哈哈大笑，但它却是真正的道。

佛教中的罗汉、菩萨、佛三种境界讲的也是修行的次第关系。罗汉境界是自觉；菩萨境界是自觉觉他；佛的境界是自觉觉他觉行圆满。佛境，涅槃寂静。这种境界我们只可意会，无法言说。罗汉是无为的，菩萨是无为而无不为，佛是无为而无不为后无住涅槃。修行的人要成佛，不修菩萨道是不可能的。菩萨道共分十信、十住、十行、十回向、十地、等觉、妙觉“五十”阶位和“两觉”阶位。十地前面的十信、十住、十行、十回向是凡夫阶位，从十地的初地到妙觉的十二个阶位，才是圣人。

人世间很多人信佛，学佛。如果我们能以慈悲心和菩提心去对待生活，做一个对社会默默奉献的人，这不就是菩萨的化身吗？佛经云："以何身得度，菩萨既现何身度之。"菩萨就是根据众生得度的需要，通过各种化身来帮助娑婆世界众生。

庄子这里讲道教的圣人境界与佛教的圣人境界是相同的，他通过次第关系告诉了我们修行入道的途径。接下来他讲的是阻碍入道的因果。

是非之彰也，道之所以亏也。

译文：是因为是非的显露，所以道就有了亏损和缺陷。

庄子推崇老子的"道法自然"，也就是顺其自然运行规则。庄子以为人类不应驾驭自然，更不应把自己当成自然界的主人。应该遵循自然规则，顺其自然发展而无为于自然，无为而无不为，否则道就会出现亏损和缺陷。庄子学老子提倡与世无争。《道德经》中老子云："不自见，故明；不自是，故彰；不自伐，故有功；不自矜；故长；夫唯不争，故天下莫能与之争。"意思是说："不自己显露，因此显耀；不自以为是，因此显著；不自夸，因此有功绩；不自大，因此受尊重；唯有不与世争，因此天下没有能于此相争的。"这就是老子"柔弱胜刚强"的哲学思想。其实老子的"不争"，不是放弃，是以不争而立于不败之地。人生在世，你不去争，谁又能争得过你呢？在《道德经》中，老子一再强调"柔弱胜刚强"的观念。他在《道德经》第七十六章中的"强大处下，柔弱处上"说得非常好！我们想一下，比如一棵大树木本因为粗大而站立在下面，枝条因为柔弱而在上面顺风飘扬，清幽自在。老子这种比喻在《道德经》中到处可见。第七十章中云："天下莫柔弱于水。"这里老子是水来喻"道"。我们来体悟一下，水以冰、霜、雨、雪等多种形式呈现着它的灵活性。它流动不断，随岸曲身。品德谦虚，离高走低。小到滴水穿石，涓涓小溪。大到团结拥抱，奋勇向前，汹涌澎湃，形成江河湖海。这就是水的品德，水的高尚。生活中“难得糊涂”，如果我们能顺其自然，吃亏是福，与世无争，立有不争之德，远离是非，也就近乎于道了。

道之所以亏，爱之所以成。

译文：道出现亏损和缺陷，主观偏私的爱就会形成。

是的，如果不能忘掉爱、放下私、视彼此玄同平等，那么就会形成主观偏私的爱，虚玄之道就会出现亏损和缺陷。庄子这里是做了一个比喻，“道”不生不灭，不垢不净，不增不减，怎么会有亏损和缺陷呢？其实老子与庄子的哲学体系中，所探讨的主要是人与自然问题。庄子的这句话中虽然没有人的概念，却寓意着人的存在。主观偏私的爱是针对人类讲的。

人世间每一种哲学思想的存在都有其各自的主张和侧重。这其中有没有主观偏私的爱呢？从逻辑推理的角度来讲是一定有的，但我们不能用逻辑推理去研究佛、道。我们也无法通过笼统的判断来定位一种思想是否正确。释迦牟尼佛在《金刚经》中说：“汝等比丘知我说法，如筏喻者。法尚应舍，何况非法？”意思是说：“诸位比丘，你们应该理解我说的一切法，如同过河用的船筏，过了河就应该把它弃掉。佛法也如此，明白了就应该舍掉，何况不是法不更应该舍掉吗？”释迦牟尼佛说得很对，其实所谓的佛法，是用来度化众生的手段和方法，它本身并不是目的，无非是指月的指头罢了，它虽然不是月亮，但它可以告诉你月亮在哪。

在人类的精神王国里，意识也会随着社会的不断变化而变化。在对自然的探索中，人类总想找到一个不再有任何困惑的永恒答案。这种倾向性一直伴随着社会的发展。其实如果我们能静下来想一想，在我们人类的本来意识里面是没有对错是非之分的。西方文化哲学里讲的人类意识是第六意识，而佛教中讲的是第八识。从佛教角度讲第六识是以第七识的“意”根而产生的，所以叫着“意识”，通常我们称它为第六意识，这也是凡夫境界。生活中我们一般的人的思想在第六意识中，这种思想极不稳定，一会儿东来，一会儿西。主意不定，心猿意马。第六意识它虽然妄想、分别、执着并且善变，但我们研学佛、道也离不开它，有句话叫“借假修真”。人生在世，使命就是借假修真，修行生命中自己的欠缺，如果不这样托生为人干什么？由此可见，只要我们放不下妄想、分别、执着，道就一定会出现亏损和缺陷。只有我们的六根对六尘不再起心动念，没有了分别、执着和妄想，我们本自具足的智慧、德能、福报也就圆满了。

果且有成与亏乎哉？果且无成与亏乎哉？

译文：真的有形成与亏缺吗？还是没有形成与亏缺呢？

这里庄子的疑问是在提醒我们不是那个形而上的“道”真的有了形成与亏缺。“道”是不生不灭，不垢不净，不增不减的，怎么会有形成与亏缺呢？形成与亏缺指的是形而下的“器”，是人的意识和主观思想。佛曰：“诸恶莫作，诸善奉行，自净其意，是诸佛教。”如佛所说，我们每个人如果能做到舍弃妄想、分别与执着。离一切恶，近一切善，清净其心，这不就达到形而上之道的境界了吗？也就不用再说什么形成与亏缺了。

有成与亏，故昭氏之鼓琴也；无成与亏，故昭氏之不鼓琴也。

译文：有形成与亏缺，因此像昭文才能弹琴奏乐。没有形成与亏缺，所以像昭文就不能弹琴奏乐。

这里讲的姓昭的，是战国时期一位有名的琴师，名字叫昭文。他琴弹得非常好。但是再好也不是完整无缺的。古代音律，不像今天的音律有 do、re、mi、fa、sol、la、si 七个，而是宫、商、角、徵、羽五个。庄子这里为什么说像昭文才能弹琴、昭文不能弹琴呢？他是用弹琴来作比喻。为的是让人们更容易明白其中的道理。我们来想一想看，弹琴的时候，无论你有一双多么灵敏的手，也无法把音律弹全。譬如说你弹琴抒情，当音律形成的同时也出了亏缺。弹“商”则丧“角”；挥“宫”则失“徵”。用今天的音律来说就是你弹“do”丢了“re”；如你弹“mi”丢了“fa”。要想五音俱全，唯一的办法就是不弹。所以说有形成与亏缺，像昭文弹琴一样。没有形成与亏缺，像昭文不弹琴一样。俗话说：“按下葫芦起来了瓢。”生活中就是这样，你顾了这头就顾不了那头。所以我们经常说“放下”，其实你没弄明白，在你想放下的同时另一个“妄想”又起来了，你只有连“放下”也放下了，那才是真正的放下。

昭文虽是弹琴大师，但不论他弹得多好都无法同时弹奏出所有美妙的音声，只要他弹就一定有盈有亏。要想无盈无亏，除非他不弹了，否则就一定有音律的“形成”和“亏缺”。其实“形成”也就是“得到”；“亏缺”也就是“失去”。所以说只要你有所“得”，就一定有所“失”；同样有所“失”也一定有所“得”。我们平日里说的“得失”“舍得”就都有如此之义。如果我们能弄懂这个道理，人生也就没有那么多不如意了，生活一定也是平安吉祥，幸福快乐的！而生活中有的人只看到了自己的失去，却从未看到自己的得到；有的人只看到了自己的得到，却从未发现自己的失去。总有那么些人对这个社会不满，他们觉着自己是一匹千里马，一身的本事，却没有伯乐来赏他。整天对别人讲，如果当初我怎样怎样，现在我一定怎样怎样。如此执迷不悟之人，到最后他也不一定能体悟到，其实人生没有“如果”，只有“因果”。岂不知人生的“得”与“失”、“荣”与“辱”，都是人主观意识偏私的憎爱形成的。

昭文之鼓琴也，师旷之枝策也，惠子之据梧也，三子之知几乎！皆其盛者也，故载之末年。

译文：昭文善能弹琴，师旷妙知音律，惠施好靠着梧桐树谈说明理，三人道理穷尽，全都盛气凌人，因此到最后衰败。

前面我们已经提过了，昭文是战国时期一位有名的琴师，琴弹得非常好。下面我们再来看一下师旷，师旷是春秋时期晋国的乐师。他虽然是位盲人，但对音律造诣极高。先秦两汉时期不少文献中对其事迹有所记载：说他的听觉敏锐，对其音律辨别十分准确。传说他能从声律中听出吉凶，并以音乐论道德，说有些情调美妙高尚的曲调，德行薄的人不能听。故事很多，这里就不一一列举了。惠子，前几章我们已经说过了，这里再略谈一下。惠子：名施，是战国时期的辩客、政治家、哲学家，是名家的代表人物。他们三人都禀赋天性，有个共同的特点，就是都喜欢用自己的强项辩论别人的弱项，因此穷思虑而尽道理，形劳神倦。

纵观历史，世间事都是这样，有衰就有盛，有盛就有衰。天下万物，盛久必衰，衰久必盛。《韩非子·解老》中云："万物必有盛衰，万事必有弛张。"历史是这样，人也是这样。世间之事变化无常，盛衰之劫无人可逃。观其中华历史，上溯至五千年，下沿至今朝，全都如此。撇开西周以前不谈，春秋战国以后，秦（公元前221—公元前207年）统一了中华，但经过短短十几年的时间就被汉灭了，汉（公元前206—220年）从繁荣昌盛至衰败历经四百余年，而后三国（220—265年）鼎立，接下来是晋、南北朝、隋、唐、宋、辽、元、明、清、民国、中华人民共和国至今，每个朝代就是这样盛久必衰地延续下来。在这衰盛、盛衰的历史大潮中，那些盛气凌人的道理，也是这样衰久必盛、盛久必衰地跟着延续下来。

唯其好之也，以异于彼；其好之也，欲以明之。

译文：唯独自己的道理好，以此不同于他人，自己的道理好，想要让他人明白。

庄子说三人有个共同独有的爱好，都觉着自己的道理不同于别人，比别人的好，到处对他人说教来宣传显示自己。细想起来人世间多数人是这样，东西是自己的好，道理也是自己的对。与他人辩论时都想以自己的“是”说别人的“非”，以别人的“非”来证明自己的“是”。总觉着自己的理和别人的不一样，凡事都想让别人按自己的理去做，岂不知这种做法是不正确并不可取的。《六祖坛经》中云：“改过必生智慧，护短心内非贤。”惠能说得非常好！世上没有不犯错误的人，有了过错知道改正的人必是智慧之人。如果犯了错不但不改并且护短，此人内心必定不是贤惠之心。

人生能有几人知道改过，又有几人能够虚心地接受别人的建议呢？如果一个人知道改过了，那么他的修行也就开始了。从佛教来讲，修行的真正目的是修正自己的心理行为，也就是行愿。佛教中讲的法身、报身、化身，说的就是见地、修正、行愿。见地到了是法身；修正到了是报身；行愿到了是化身。学佛的人并不需要外求其他，唯一的是清除一切障碍，止息心中杂念，使心神清净。《六祖坛经》中云：“菩提只向心觅，何劳向外求玄。”如果我们能做到止息杂念，心神清净，也就不需要那些形式上的东西了。《六祖坛经》中云：“心平何劳持戒？行直何用修禅？”我们常说的一句“看实际行动”，但人世间就有那么些人喜欢通过各种虚伪的形式去卖弄自己，也可能是他们本来就禀赋了喜欢卖弄的天性。

彼非所明而明之，故以坚白之昧终。

译文：他人不明白而对他人讲，因此以论石之质的“坚”与石之色的“白”迷昧而告终。

庄子这里的意思很明确，你想要把自己的道理明示给众人，并想要他人的观点和你一致，是很难的一件事。庄子说得很对！你想一想，你对不懂的人讲道理，就说明你这个人说话不看对象，这种做法是不可取的。因此，庄子说不管你怎么讲，讲来讲去，讲到最后，最终如论白石头的“坚白”一样，迷惑不清而告终。汉代牟融《理惑论》中云：“昔公明仪为牛弹清角之操，伏食如故。非牛不闻，不合其耳矣。转为蚊虻之声，孤犊之鸣，即掉尾奋耳，蹀躞而听。”意思说：“以前有个叫公明仪的人，用琴给牛弹奏古雅高深的曲调，牛没有丝毫感觉如同原来一样低头吃草。不是牛不听，是牛听不懂而不合其耳。他又用琴模仿蚊子和虻虫的声音、孤独小牛的叫声，牛即刻摆动尾巴竖起耳朵，小步往来徘徊地听着音乐。”今天的对牛弹琴就由此而出，常用来比喻对不懂的人讲道理是白费口舌，也经常用来讥笑那些说话不看对象的人。

有个传说，《子贡问时》中云：“朝，子贡事洒扫，客至，问曰：‘夫子乎？’曰：‘何劳先生？’曰：‘问时也。’子贡见之曰：‘知也。’客曰：‘年之季其几也？’笑答：‘四季也。’客曰：‘三季。’遂讨论不止，过午未休。子闻声而出，子贡问之，夫子初不答，察然后言：‘三季也。’客乐而乐也，笑辞夫子。子贡问时，子曰：‘四季也。’子贡异色。子曰：‘此时非彼时，客碧服苍颜，田间蚱尔，生于春而亡于秋，何见冬也？子与之论时，三日不绝也。’子贡以为然。”这段古文找不到出处，从文体结构上看，感觉非常别扭，有可能是今人伪作。不管怎么说，故事是有道理的。我们来看一下大概意思，“早晨，子贡在打扫卫生。有客人到来，客人问子贡说：‘你是孔子的学生吗?’子贡说：‘有何见教?’客人说：‘问个季节问题。’子贡看了客人一眼说：‘可以。’客人说：‘一年几季?’子贡说：‘四季。’客人说：‘三季。’两人各执己见争论不止，直到过了午时还没停止。孔子闻声而出，子贡问孔子一年几季。孔子先是不答，察看客人后说：‘一年三季。’客人听后大乐，大笑告辞而去。这时子贡又问老师，孔子答：‘四季。’子贡不解。孔子说：‘现在和刚才不同，刚才那客人一身绿衣，是田间蚱蜢变的，生于春季而死于秋季，哪里见过冬季?你跟这样的人争上三天也不会有结果的。’子贡立刻明白了。”平日里我们一般把这个故事称为“三季人”的故事。故事告诉我们，说话要看对象，别人不懂的，就不要用自以为是的大道理讲给别人听，这样做非常不好，是不对的。生活中要从别人的角度看问题，别人不认同的，就不要把自己的观点强加给别人，而让别人认可自己，以此来证明自己的对、自己的正确、自己的权威，这都是非常不可取的。

庄子外篇《秋水》中云：“井蛙不可以语于海者，拘于虚也；夏虫不可以语于冰者，笃于时也；曲士不可以语于道者，束于教也。”意思是说：“井底之蛙不可以和它谈海，局限于它生活空间狭小；夏天的虫子不可以和它谈冰，实为季节不同；孤陋寡闻的乡曲之士不可以和他们谈道，因为他们没有接受过教育。”这一段，庄子讲的也是这个道理。你和井蛙说大海多么的辽阔，多么的广大，多么的深邃，而它却一直生活在井底，从来没见到大海，它怎么会相信。同样也是，你和夏天里的虫子说冬天怎样的寒冷，多么大的雪。这一切它从来就没有看到过，因为它夏天生，秋天死，从来就没有看到过冬天，无论你怎样对它说，它永远也不会相信。由此你也就明白了，你和那些孤陋寡闻没有接受过教育的乡曲之士，谈说什么道，他们哪里能听懂呢？所以庄子说你和不懂的人讲大道理，岂不知道理无法言说，言说没有道理。因此说来说去得到的是迷昧而告终。

而其子又以文之纶终，终身无成。

译文：而昭文的儿子又继承了昭文，终生没有什么作为。

庄子这里拿昭文的儿来说问题。他的意思很明确，不用说那些孤陋寡闻没有接受过教育的乡曲之士，就是昭文的儿子，从小受教于昭文，一辈子也没有什么作为，何况他人呢？庄子的意思是说，这三人自己觉得对别人讲的似乎很有逻辑，其实这些所谓的逻辑，无非是执着于文字的知识而已，逻辑来逻辑去，逻辑了半天，最后把自己也逻辑糊涂了，所以终身无成。这一句看上去很简单，但言外之意却很不简单。这里说的是一个知识与文化的问题。

其实知识与文化是有区别的。生活中很多人把知识当成了文化，这是不对的，是概念上的混淆。知识与文化是相互联系并相互区别的两个概念。文化是知识的体，知识是文化的用。文化到时，知识在文化中；知识到时，文化在知识中。有知识的人不一定有文化；有文化的人一定有知识。知识是别人的，文化是自己的。这是一个传统与现在，现在与未来的问题。昨天的文化是今天的知识，今天的文化是明天的知识；前人的文化是我们要学的知识，我们的文化是后人要学的知识。知识是工匠，文化是大师。知识是文化的基础，文化是知识的再造。现在“文化”一词失去了往日的文雅，被广泛滥用，原因在于世人不再想当土豪了，都想成为文化人，这也是无可厚非的。但你一定不能为了附庸风雅而滥用文化一词，高喊什么这文化，那文化，放个屁都有文化，这不是在胡说八道吗？《现代汉语词典》中对文化的解释是："文化是人类在社会历史发展过程中所创造的物质财富和精神财富的总和，特指精神财富。"文化既凝结在物质中，也游离于物质外，是前人留给后人改造世界的实践和经验，是能够被传承的意识形态。

如果一个人能背唐诗宋词三百首，但却不解其意，不悟其理，也不能化其而再造为他用。那不能说这个人是有文化的，只能说这个人是有知识的。前面我们说了，生活中那些有知识的人不见得就有文化，但那些有文化的人一定有知识。文化是知识的体，知识是文化的用，没有文化就不可能有知识的传承。继承不是一味地模仿，而是再发展再创造。一个人如果只会模仿继承，不知再发展再创造，那么这个人最终只能如庄子所说：终生没有什么作为。

若是而可谓成乎？虽我亦成也。

译文：像这样而可以叫作成了吗？那虽然我无成也可说是成了。

这里庄子通过疑问，引出对三人的评说。庄子说他们三个人都想让别人接受、认同自己的观点和道理。而别人又弄不明白他们各自的观点和道理，因此他们三人也是终生没有什么作为。如果说他们三个人这样也可以称作为成功的话，那虽然我没有像他们那样做，也可以称作为成功了。因为他们讲的别人都没有弄懂，不懂就等于没说。如果没说可以称作为成功了，那我本身就没说，所以也可以称作为成功了。

若是而不可谓成乎？物与我无成也。

译文：像这样而不可以叫作成了吗？那万物与我都没有成。

接下来庄子又是一个疑问引领。我们不要小看这个"疑"字，它在佛家与道家的修行中起着至关重要的作用。佛教的禅宗云："大疑大悟，小疑小悟，不疑不悟。"这是修学的次第，也是权宜的方便。信、解、行、证，无信有解，是正信。有信无解，是迷信。疑，是一种修行的方法，是权宜方便的信、解。当然这种“疑”不是每个人都可以参透的。不懂路子乱疑，那是瞎折腾的妄想。庄子在《齐物论》中，疑问多多，都是为了先让读者起疑情，而后因疑发悟，参破话头。权宜方便，用心良苦。

庄子认为三人都做到自己明白就可以了，不要把自己的主观意识强加给别人，非要让别人明白。如果说别人不明白，就说别人不成功，这不就等于说万物全都是不成功的？这是不对的，是主观上的错误，不是圣人的做法。因此，圣人从来不在别人面前炫耀自己，同时也不舍弃自己而追求他人，而是听而不闻，视而不见，心地清净，顺其自然，随缘任运，宜其所能。庄子的想法非常对。生活中不也是这样吗？很多事情不是你强求就能得到的。其实人世间你最想要什么，什么就是你的囚笼。如果你执迷不悟，最终将是劳心费神，一事无成。假如能顺其自然，与世无争，就像“塞翁失马，焉知非福”一样。人到无求品自高，求于人者畏于人。然没有拥有，何谈无求。求还是要有的，但不可强求。求己不求彼，内求自己是智者，身外求他是迷人。凡事随缘，烦恼不见。旁有新路，柳暗花明。

是故滑疑之耀，圣人之所图也。为是不用而寓诸庸，此之谓以明。

译文：所以说滑稽怀疑的光耀，是圣人的图谋。为的是以无用寄托于众用，这可以说是用明鉴。

圣人达到了无我的境界，与天地合其德，与日月齐其明。在圣人眼里，看宇宙万物，如同现代的相对论有些相似。有时圣人的看法在常人眼里好像是出乎寻常，奇异多变的，甚至不讲情理，但对圣人来说确是在发扬光大。他们认为万事万物都有两面性，你肯定的，我可以否定；你否定的，我可以肯定。在圣人那里，万事万物是没有准确的规律和标准的。而这种没有规律和标准，也可以说是一种规律和标准，这种规律和标准也有它对立的一面，但这要看是在什么情况下。因此，滑稽怀疑的光耀，是圣人的图谋，他们晦迹同凡，韬光接物，如同凡人。圣人们从不自夸自大，傲率他人；从不炫耀群品，乱惑苍生。他们隐无踪迹，忘怀自我，顺其自然，以无用寄托于众用……因此说是圣明的。

“滑疑之耀”这个词是庄子的专利。怎么来的呢？我们可以从庄子的一些故事中来体会一下。有这样一个故事：一天，庄子带学生到朋友家里玩。朋友见庄子到了，非常高兴！便让家奴去杀鹅招待庄子。不一会家奴回来说：“主人，共有两只鹅，一只鹅像狗一样会看家护院；另一只鹅则什么也不会，该杀那一只？”主人说：“把什么也不会的那只鹅杀了吧。”饭后回家的路上，学生问庄子说：“老师你曾说过，大树是因为它不是有用之材，因此才长命长成了大树。那这只没有用的鹅怎么却被杀了呢？”庄子对学生说：“那是你理解错了。”像庄子这样的圣人，看待一切事物都是两面性的，你所肯定和否定的，他都会怀疑。通过怀疑来看事物另一面的合理处。庄子认为这种怀疑非常好，看似有些滑稽，但经常会放出异样的光芒。这种光芒如同滑了一根火柴，滑擦瞬间发出的刹那耀眼的光芒一样，须臾幻彩。

“无用之用”是庄子对世间一些否定的肯定。人们所否定的一些无用，在庄子这里却能指出无用之用在某些情况下有他的大用。譬如：大葫芦的故事，大树的故事等，这里就不一一列举了。总之还是禅宗那句话：“大疑大悟，小疑小悟，不疑不悟。”当然，如果这里你误认为庄子“无用之用，方为大用”的肯定，是否定了有用，是消极逃避现实的思想，那是你个人的事，与庄子无关。

其实庄子的思想是积极乐观的，他不是在否定有用，他知道有用很好，但有用、无用是相对的，不是绝对的。有用的用在了不该用的地方，就成了无用的；无用的用在了该用的地方，就成了有用的。每一种用，分用在什么地方。就如同船在陆地上不能行驶，车在海里不能跑一样。生活中有些看起来无用的，其实你换对了位置就会有大用。“无用之用，方为大用”，是庄子评说普世价值观的。因为在道家和佛家那里，根本不存在什么善恶美丑，是非对错，有用无用，无非是时间和空间的不同。庄子内篇《人间世》最后一句云：“人皆知有用之用，而莫知无用之用也。”人们都知道有用的用处，却不知道无用的用处。其实有用之用，无用之用，都是用。但分用在什么地方，只要用对了地方，都方为大用。

感悟八
无始无终　无大无小

【原文】

今且有言于此，不知其与是类乎？其与是不类乎？类与不类，相与为类，则与彼无以异矣。虽然，请尝言之：有始也者，有未始有始也者，有未始有夫未始有始也者；有有也者，有无也者，有未始有无也者，有未始有夫未始有无也者。俄而有无矣，而未知有无之果孰有孰无也。今我则已有谓矣，而未知吾所谓之其果有谓乎？其果无谓乎？

夫天下莫大于秋豪之末，而大山为小；莫寿乎殇子，而彭祖为夭。天地与我并生，而万物与我为一。既已为一矣，且得有言乎？既已谓之一矣，且得无言乎？一与言为二，二与一为三，自此以往，巧历不能得，而况其凡乎！故自无适有以至于三，而况自有适有乎！无适焉，因是已。

夫道未始有封，言未始有常，为是而有畛也。请言其畛：有左有右，有伦有义，有分有辩，有竞有争，此之谓八德。六合之外，圣人存而不论；六合之内，圣人论而不议。春秋经世先王之志，圣人议而不辩。故分也者，有不分也；辩也者，有不辩也。曰：何也？圣人怀之，众人辩之以相示也。故曰辩也者有不见也。

夫大道不称，大辩不言，大仁不仁，大廉不谦，大勇不忮。道昭而不道，言辩而不及，仁常而不成，廉清而不信，勇忮而不成。五者圆而几向方矣！故知止其所不知，至矣。孰知不言之辩，不道之道？若有能知，此之谓天府。注焉而不满，酌焉而不竭，而不知其所由来，此之谓葆光。

【译文】

今天在这里的言语，不知说的与他人说的是否相似？还是与他人说的不相似？相似与不相似，相互与相似，此与彼没有不同之处。虽然是这样，我们还要尝试用言语来分析：有人说有开始，有人说未曾有人说有开始，有人说未曾有人说未曾有人说有开始；有人说有，有人说无，有人说未曾有人说无，有人说未曾有人说未曾有人说无。一会有而一会无，而未曾有理说明“有无”的结果是谁有谁无。今天我是已经有所说了，而不知道我所说的“有无”的结果是有所说呢？还是“有无”的结果无所说呢？

天下没有大于秋时兽生豪毛尖的，而大山也可以被认为是小的；没有寿命不近于短命的人，而彭祖也可以被认为是短命的。天地与我一齐生，而万物与我也可以被认为是一齐的。既然已经被认为是一齐的，还有什么可说的呢？既然已经说是一齐的，还有什么不可说的？“一”与“语言”被认为是“二”，“二”与“一”被认为是

“三”。从“三”依此类推，能巧算历数的人也无法计算其数，况且凡夫之人呢？因此从无到有能到三，况且从有到有呢？无法到达，顺其自然罢了。

“道”未曾有准确的界限区分，言语未曾有准确的常理，为了证明自己的是才有了边沿界限。我们来说明一下这个边沿界限：天地间是有左有右的；人类文化是有伦有理的；人类理念是有分有辩的；人类生活是有竞有争的；这八类可称谓八德。天地四方之外，圣人怀有而不辩论；天地四方之内，圣人辩论而不决议。对前代三皇五帝的记载圣人议论而从不执是辩非。因此有的人想分，却分不开；有的人想辩，却辩不清。有人会说，这是为什么呢？圣人怀中有，众人口中辩，以表相示辩。因此说，辩论的人，有见不到之处。

大道不可称谓，大辩不可言说，大仁不可仁爱，大廉不可谦让，大勇不可刚愎，道用来明理而这不是真正的大道，言语用来辩论而这说明不了真理，仁用来平常仁爱而这成不了大仁，廉用来得清名而这清名并不可信，勇用来刚愎自负而这成不了大事。这五种做法是以圆学方，因此道理只是停止在自己知道的范围内，已经到了尽头。谁能知道大辩不可言说，大道不可称谓呢？如果有知道的，这可以说是合于自然的府藏。灌进去而灌不满，倒出来而倒不尽，不知道理从何而来，这可以说是藏而不露。

【感悟】

今且有言于此，不知其与是类乎？其与是不类乎？类与不类，相与为类，则与彼无以异矣。

译文：今天在这里的言语，不知说的与他人说的是否相似？还是与他人说的不相似？相似与不相似，相互与相似，此与彼没有不同之处。

在上一部分的感悟中我们说过了，“滑疑之耀”这个词是庄子的专利。像他这样的圣人，看待事物都是两面性的，别人肯定和否定的，他会通过怀疑去看事物另一面的合理性。而这种对事物怀疑的看法，却经常会放出异样的光芒。“无用之用”是庄子对世间一些否定的肯定。人们所否定的一些无用，庄子却能指出“无用之用”在某些情况下有它的大用。

庄子这一段的言外之意是：今天在这里说“无用之用，方为大用”的是与非，不知道与说“有用之用，方为大用”的人说的是相似还是不相似？如果相似，可又好像我认为“无用之用，方为大用”为是，而他人认为“无用之用，方为大用”为非。这看上去好像又不相似，为什么呢？因为“是与非”不同。虽然说“是与非”不同，而从道的角度说，有与无、是与非、此与彼没有什么不同之处。

前面我曾说过，研读庄子一定要把住“道的绝对性”这根纲。把住了纲，才能纲举目张。因为有了对立，就会有彼此是非之分。只有绝对了，才能“道通为一”。其实庄子他并不否定有用，他认为“有用无用”是相对而不是绝对的。有用的，用错了地方，就成了无用的；无用的，用对了地方，就成了有用的，所以说“有用”“无用”都是用，也就是说“有用无用”，是“无是无非”的。用佛教的话讲就是“有、无，非有非无，非非有非非无”。言外之意庄子是让我们在“有无”之间放下“是非”。如同佛教中讲的放下“烦恼”一样，不但要放下“是非”，还要放下“放下”，放下放下的放下以至于无放下，然后无放下无不放下而“是非”自去。

读到这里有人要说了，这说了些什么，放下放下的，这不是故弄玄虚吗？把人都放糊涂了。依我看，糊涂的好啊！郑板桥的“难得糊涂”不是说“聪明难，糊涂难，由聪明而转入糊涂更难”吗？人生在世有时候你还就不能太聪明。这里放下放下的放下，你糊涂也罢，不糊涂也罢，反正你自己参去吧！放下不是让你用一个妄想去压抑另一个妄想，如果那样就是以妄抑妄了，就成了“二妄”了。如同水中按皮球，按的越深反弹起来的越高。因此才叫你把“放下”也放下，放下放下的放下以至于无放下。

《顿悟入道要门论》上卷中有句云：“无念者，无邪念；非无正念。念有念无，即名邪念；不念有无，即名正念。”说得很对！没有念头，是说没有邪念，并不是说没有正念。如果念中念有念无，那就有分别了，有了分别就是邪念；如果念中不念有念无，那就没有分别了，没有了分别就是正念。同样是如果念中老是在念想放下，那第二个大妄想就起来了。念中不再念想放下以至于没有了放下，那也就真的放下了。

老子的《道德经》中云：“故常无欲，以观其妙；常有欲，以观其微。此两者同出而异名，同谓之玄。玄之又玄，众妙之门。”大意是：“因此对恒常的道无要求，可以观其恒常道中的微妙；对恒常的道有要求，可以观其恒常道中的边界。无和有两者相同而只是名称不同，同叫空。空之又空，是众多妙有的法门。”也可以这样翻译：“空虚其怀，以此能观其天地万物的生成。思虑万有，以此能观其天地万物的归终。此两者同出于不可说，而所用不同，同称谓不可说，不可说的又不可说，众妙有都从不可说而出。”是的，众妙有都是从不可说而出的。这个“不可说”是一本奥妙无穷的“无字天书”。我们人类对宇宙的了解至今是一个未知数。譬如究竟是先有鸡，还是先有了蛋？人类，生从何处来，死往何处去？等等无数的疑问，又有谁能够说明白呢。因此，只可意会而不可言说。既然不可说也就没有是非之分了，没有了是非之分，此与彼也没有什么不同之处了。庄子知道不可说，但是他也知道要想了解这个不可说，还是要通过言语来说，起码言语可以起到指月的指头的作用。

虽然，请尝言之。

译文：虽然是这样，我们还要尝试用言语来分析。

庄子说没办法，真正的道理很难有言语能够答复，而离开了言语又无法解释道理。虽然大道不可说，但是还是要寄托于言语，尝试用言语来分析说明这“有用与无用”的问题。“有与无”是一个对立统一的哲学问题。顺便说一下“哲学”一词。哲学，是一个舶来词。中文最早见于19世纪末，是一种用辩证方式来启发智慧的学问，是探索“人与自然”关系的一种方式，是聪明智慧的象征，也是前人对自然规律的总结与沉淀。“有与无”最早这一哲学概念见于老子的《道德经》。《道德经》第二章中云：“有无相生”。意思是说“有与无”同根同门，不可以单独举其一。也就是说不可以单独说“无生有”，也不可以单独说“有生无”。而有很多研究者把“无名”“有名”“天地”“万物”等看成了生与被生的关系。强调老子思想中“有生于无”的观点，把“有生于无”理解成了“无生有，有生万物”。甚至有人把《道德经》第一章中“无名天地之始，有名万物之母”的句子读成了“无，名天地之始；有，名万物之母”。可见对老子这两句话的理解还需要我们去进行深入的思考。

《道德经》第四十章中云：“天下万物生于有，有生于无。”魏朝王弼在《老子道德经注》中对此句注为：“天下之物，皆以有为生。有之所始，以无为本。将欲全有，必反与无也。”由此可见，无论从老子的原文或是王弼的注解中，我们都可以清晰看到天下万物是生于“有”，而不是“有”生的。老子在《道德经》第四十二章中讲过："道生一，一生二，二生三，三生万物。"但是老子从来没有讲过"有生万物"。如果"有"能生万物的话，那么单体的"雌"就可以生出雌雄来，单体的"雄"也可以生出雌雄来。因为每个单体都为"有"，而天下万物却是单体"雌"永远不能生雌雄；单体"雄"也永远不能生雌雄，只有雌雄因缘和合才能生出雌雄来。

明代程允升《幼学故事琼林》中云："孤阴则不生，独阳则不长，故天地配以阴阳。"《雪心赋》中云："孤阴不生，独阳不长。"两者都是说，单靠一方面的因素或条件是不可能生长出新事物的。当今世界科学界先进的克隆技术，也要通过人工诱导这一因缘方可生成。在自然条件下，一个单体的"有"，永远也不可能生出另一个单体的"有"来。所以万万不能把老子讲的"有生于无"理解为"无生有"，那可是大大地曲解了老子的本意了！"无"就是没有，什么都没有怎么能生出"有"来？什么都没有不就空了吗？用佛教的话讲不就是执空、落空了吗？佛教讲的也是"空中生妙有"而不是"空生妙有"。"妙有"是在"空"中生的，而不是"空"生的。是"空"中的"能量"生的，不是"空"中"什么都没有"的"无"生的。当然如果没有空，能量又在哪里？其实从佛和道的角度讲"无"是"自然阴"，"有"是"自然阳"。"有"是"无"的用，"无"是"有"的体。《道德经》第十一章云："三十辐共一毂，当其无，有车之用。埏埴以为器，当其无，有器之用。凿户牖以为室，当其无，有室之用。故有之以为利，无之以为用。"大概意思是说："三十根辐条撑起一个车毂，中间是空的，才可以用来做车轮子。和泥做成的陶器，中间是空的，才有了器皿的作用。开凿门窗建造房屋，中间是空的，才有房屋的作用。"所以，"有"以"无"为利用，"无"以"有"发挥作用。这三种比喻非常形象地说明了“有无相生”“相需为用”的对立统一性。但一定要注意对“有与无”的认识，一定不要以“无形”来否定“有形”。譬如一个陶器，如果没有陶泥，那器也不可能成立。所以说“有无”是相生的，是对立统一的。你中有我，我中有你。阴中有阳，阳中有阴。阴阳和合，同一不二。从《心经》中的“色不异空，空不异色；色即是空，空即是色”中，也可以体悟到“有与无”的同一不二。

《庄子·庚桑楚》中云：“有实而无乎处者，宇也。有长而无本剽者，宙也。有乎生，有乎死，有乎出，有乎入。入出而无见其形，是谓天门。天门者，无有也，万物出乎无有。有不能以有为有，必出乎无有，而无有一无有。”大概意思是：“四维上下实在而没有边际的‘空’，是‘宇’。恒常而没有开始和终结的‘时间’，是‘宙’。有在其中生的，有在其中死的，有在其中出的，有在其中入的。入出而没有见到它的形状，叫着‘天门’。天门，就是空，万物出于空。有不可能以有生为有，必定出于空，而空之又空。”东晋文学家陶渊明有一首诗是这样写的：“人生无根蒂，飘如陌上尘。分散逐风转，此已非常身。落地为兄弟，何必骨肉亲！得欢当作乐，斗酒聚比邻。盛年不重来，一日难再晨。及时当勉励，岁月不待人。”在《庄子·则阳》中有句云：“万物有乎生而莫见其根，有乎出而莫见其门。”这都是在感慨恒常的宇宙中，万事万物的变化无常。通过文章可以看出，诗人和圣人在感叹人生无常的同时，也体现出了他们那种旷然无累、荡然虚静的心境。

“有与无”这一概念的提出，是古圣贤哲们对宇宙本原的思考。老子从本原的角度对“有无”的本来面目，也就是特征、特性作了说明，将其上升为哲学范畴。庄子继承发扬了老子精神，主张“有无”对立统一、不二性的特性，并通过各种假设来对其阐明。

有始也者。

译文：有人说有开始。

有始就有终。如果说有开始，那不就是说有终结了吗？庄子这里是假设了一个疑问，是为了说明这不可说的“道”是没有开始和终结的，是无始无终的。这句假设庄子是用于“有始终”的说法。

有未始有始也者。

译文：有人说未曾有人说有开始。

既然没有人说有开始，那就是无始终了。如果说没有开始，那不就是说没有终结吗？这里庄子又假设了一个疑问。这句假设庄子是用于“无始终”的说法。

有未始有夫未始有始也者。

译文：有人说未曾有人说未曾有人说有开始。

既然连“未曾有人说有开始”也没有人说过，也就是说从古至今从来就没有人说过有开始，没有开始就不可能有终结，那不就是说无始无终吗？用佛教的话讲就是“无所从来，也无所去”。这里庄子再一次假设了一个疑问。这句假设庄子是用于“无始无终”的说法。

上面这几段，庄子分三次假设，步步推进，从“有始终”到“无始终”再到“无始无终”，让我们来体悟那至高无上的“道”在哪里。到底开始了，还是没有开始？如果说开始了，这个“开始”又开始于哪里？如果说没有开始，那天地万物有从何处而来？从天地万物来说，好像应该开始了。如果说开始了的话，那先有了鸡还是先有了蛋，先有了女人还是先有了男人等，这一系列无法解释的问题就都来了。这些问题用逻辑推理是根本无法推理的。真是“曾经多少月儿圆，圆月曾经照谁先”，谁又能够说明呢？既然没有人能说明白，那就是“无始终”了，也就是所说的“太极”了。那太极以上是什么？太极以上是“无极”，无极以上是什么？到了无极就不可说了，是无上而不可穷尽的无限，所以说叫“无极”。当然也不是不可说，“不可说”就是“无极”。是真正的没有开始和终结的，是“无始无终”的，是太极之上更加原始的终极状态，也就是我们所说的“道”。

“无极”这一概念最初见于《道德经》第二十八章“复归于无极”。是说不可穷尽。庄子在《逍遥游》中云：“无极之外，复无极也。”意思是：“不可穷尽之外，还是不可穷尽。”简单地说，“无极”就是无穷无尽，永恒不变的时间和空间。用佛教的话讲就是“不生不灭、不垢不净、不增不减”的。

“太极”是阴阳未分的混沌时期，是宇宙原始的秩序状态，是天地万物的本源，是阐明宇宙从无极至太极，以至万物化生的过程，也是中国哲学思想史上的重要概念。《易传》中云：“易有太极，是生两仪。两仪生四象，四象生八卦。”“易”就是“无极”是化和万物的本体、生生息息、周而复始。

有有也者。

译文：有人说有。

只要说有，就有了分别和拣择。有了分别和拣择，就有了憎爱。有了憎爱，那不就是说有彼此、美恶、是非之分吗？庄子知道宇宙间的森罗万象都是虚幻的，因此标明此“有”是以有体空，不是以无体空。虚幻的不等于没有，如果说什么都没有，用佛教的话讲就是执空了。庄子这句是在使用“有”的说法。

有无也者。

译文：有人说无。

说无的人，这种人只知道有个“无”，而不知道这个“无”也没有。如果说无，那不就是说宇宙间什么也没有了吗？用佛教的话讲这样就是执空了。因此说“有即不有，无即不无”，非有非无。这句假设的疑问，庄子是用于“无”的说法。

有未始有无也者。

译文：有人说未曾有人说无。

没有人说无，那不就是说不是没有吗？不是没有，简单地说就是“非无”。“无”既然不是无，那么“有”也就不是有了。“有”不是有，简单地说就是“非有”了。东晋僧肇的《不真空论》中云：“虽有而无，所谓非有；虽无而有，所谓非无。”“虽无而非无，无者不绝虚；虽有而非有，有者非真有。”这些说法在“有无”的问题上与庄子有着异曲同工之妙。庄子这句是在使用“非”的说法。

有未始有夫未始有无也者。

译文：有人说未曾有人说未曾有人说无。

既然没有人说没有人说无，那不就是说不是不是没有吗？既然不是不是没有，简单地说就是“非非无”了。非无不是非无，那非有也就不是非有了。非有不是非有，简单地说就是“非非有”了。庄子这句是在使用“非非无”的说法。

庄子从“尝试请用言语来分析”到“未曾有人说未曾有人说无”这一段，言简意赅而自浅入深、从粗入妙，前面说始终，中间说时间，后面说有无，以辩证之法来说明时间与空间及万物全都是荡然虚静的。告诉我们虽然尝试用言语来分析说明，但也不要执着在言语文字上，如果离开了生活中的实践经验，执着在或有或无上，那就体悟不到“不有不无”的中道“实相”真谛了。庄子认为如果能以无用之用寄托于众用，这可以说是很圣明的。

“有无”的对立统一，可以说是庄子哲学中的中心议题之一。魏晋时期玄学的“贵无派”和“崇有派”争论的重点也是在“有无”上。“贵无派”是以无为本，“崇有派”是以有为体。看上去双方是各自旗帜鲜明，针锋相对，互不相让。岂不知无是有的用，有是无的体，双方争论来争论去，最终还是对立统一的。

俄而有无矣，而未知有无之果孰有孰无也。

译文：一会有而一会无，而未曾有理说明“有无”的结果是谁有谁无。

一会说有，一会说无，一会说没有人说无，一会说没有人说没有人说无。这一会有，一会无的，把人都弄糊涂了，到底谁有谁无，能有理说明这“有无”的结果吗？庄子就是这样一个“滑疑之耀”的人。他总是肯定了再否定，否定了再肯定；说明了再疑问，疑问了再说明。乍一看上去，有的人会感觉庄子算什么圣人，倒像是一个不讲理的人。这样看待庄子可就是有失偏颇了！像庄子这样的圣人，对“道”的理解已经达到了极致的境界。对待事物永远是以中道、中观的思想看待的，不会落在某一边上，也就是说既不落有、也不落无，既不落彼、也不落此，既不落是、也不落非。总之是遣有遣无，双遣双非，遣其遣以至于无遣。前面庄子从“有无”谈到了“非非有非非无”的本来。现在又以“非非有非非无”之体来谈“有无”之用。“一会有，一会无”，是说“有”即是体，“无”即是用，是短时间之内的，都不是长远的。譬如我们上面引用的《道德经》第十一章中说的：三十根辐条撑起来的车毂，中间是空的，才可以用来做车轮子；陶器，中间是空的，才有了器皿的作用；房屋，中间是空的，才有房屋的作用。这些“有无”的用，最长不过百年、千年、万年，比起恒常之“道”来说这些“有无”的“体用”是多么的刹那短暂，岂是用“一会儿”之词能表达的？而不可说的恒常之“道”，深渊渺茫，真宗微妙，一切“有无”的“用”都在其中。因此短时间的“用”，是以“非有非无”而有无的。因而“用”也可以说是“体”，“有无”也可以说不是“有无”，也就是说“有无”也是“体、用”不定的。因此谁能确定说是“无”在前呢？谁又能确定说是“有”在前呢？庄子这里在说“有无”之用的同时，也阐明了“非有非无、非非有非非无”的思想。

今我则已有谓矣，而未知吾所谓之其果有谓乎？其果无谓乎？

译文：今天我是已经有所说了，而不知道我所说的“有无”的结果是有所说呢？还是“有无”的结果无所说呢？

这里庄子的言外之意是说，我已经尝试用言语来分析说明“有无”的问题了，而说来说去这“有无”的问题，最终有是非结果吗？回答是：没有。道理是依靠言语教出来的，既然依靠言语是为了解释道理，不知道这样的言语是带有主观思想，还是不带有主观思想？带不带有主观思想，需要明白讲道理的人不是默认也不是言说，教理不是“无”，也不是“有”。庄子恐怕学人停滞于言语文字上，因此用连续疑问句子，来启迪我们体悟“有无”的问题。

其实生活中哪个是有用的？哪个是无用的？真的是无法言说也无法评判。譬如：某个事物，对某个人有用，可能对某个人就无用；放在某个地方有用，可能放在某个地方就无用。由此可见，有用、无用是对立统一的。而所谓的“有用无用”都有无于“道”中。

夫天下莫大于秋豪之末，而大山为小；莫寿乎殇子，而彭祖为夭。天地与我并生，而万物与我为一。

译文：天下没有大于秋时兽生豪毛尖的，而大山也可以被认为是小的；没有寿命不近于短命的人，而彭祖也可以被认为是短命的。

天地与我一齐生，而万物与我也可以被认为是一齐的。

我们知道长毛的兽类，每年夏天都会自然地褪去身上冬天用来御寒的毫毛，以便度过酷暑，秋天身上又会自然长出新的冬天御寒的毫毛，毛尖细小难见。而庄子为什么说天下没有大于秋时兽生豪毛尖的呢？庄子这里的言外之意如同《华严经》中说的“应观法界性，一切唯心造”。佛教中所说的“法界”，可以说是“世界”的别称，不同的是“世界”这个称呼是有限的，而“法界”这个称呼是无限的。我们眼见的所有有形的东西都叫“法”，意念所缘的一切无形的东西也叫“法”。因此“法界”纵横含摄，大而无外，小而无内。如同关尹子所说：“其大无外，其小无内”。可以说“法界”不是什么主宰创造和赐予的，而是每个人的心力所造。你说什么是大？你眼睛能看到的都不为大，大的你也看不到；你说什么是小？你眼睛能看到的都不为小，小的你也看不到。因为每一念心，都是法界的动力。当今社会有人说“金钱”是万能的，有人说“上帝”是万能的，有人说“科学”是万能的……总之这样也万能，那样也万能，岂不知这许许多多的万能“一切唯心造”，都离不开万能的“心念”，一切所谓的“万能”都是“心念”的所动。因此儒、释、道三教都提倡修心。也如俗话所说：“擒贼先擒王”。

生活中为什么会有许多忧愁困扰着人们，使心身得不到自由？是因为人们的主观思想执着于对事物的分别，总想把世界一分为二，整日困扰在贫富、贵贱、生死等各种各样的区分中。如果人们能放下这种执着的分别心，消除对万事万物的差别认识，视万物为齐一的，自然也就会远离忧愁，获得心身上的自由。那怎样才能放下执着、消除分别心呢？需要的是人们对万法“无心”。也就是说对万事万物，一切的一切不再用心，消除感性认识与理性思维，泯灭一切欲望，消除主观意识，使心身清净。庄子的《人间世》中云："唯道集虚。虚者，心斋也。"意思是说："大道虚静。虚心的人道可以集于怀中，心齐妙道。"如果人心能够达到虚静，自然也就没有了自我意识，没有了执着与分别心。

"一切唯心造"，说明了"心念"的万能。譬如听讲《弟子规》，中国人听了是一种感觉，外国人听了又是另外一种感觉。为什么呢？因为文化不同，心境就不同；心境不同，感觉就不同；感觉不同，心念就不同；心念不同，在法界中的动力也就不同。所以说心就是法，法就是心，心能生万法，万法不离一心，万法不离自性。说到"万法不离自性"，我们也顺便谈一下"万法无自性"与"万法不离自性"的区别。其实一切万法都是自性真心所幻现的，也就是说自性含藏万法，所以说"万法不离自性"。又因万法都是虚幻的，因此又称"万法无自性"！

"自性"是本体，是能变，是佛，是道；"万法"是一切法相，是所变，是万事万物。虽然说"万法无自性"，但是"万法也不离自性"。生活中万事万物都具有各自的"自性"，也可以叫着"天性"。也就是说"物各有性，性各有极"。如果以形状来对比，大山是比毫毛的尖大多了。但是毫毛与大山各自自性具足，发挥的也是各自不同的作用。大山虽大，而它却不具备毫毛的功能，无法长在动物的身上为动物御寒。况且大与小唯心所造，万物本来是无大无小，是齐一不二的。

古人把未成年而死的人叫"殇子"，也就是短命的人。传说彭祖历经几个朝代，活了八百多岁。而庄子为什么说彭祖也可以被认为是短命的呢？这并不奇怪，因为无论是活了八百、八千还是八万岁，与恒常之道来比，这些都可以说是刹那的短暂。庄子明白寿命的长短是唯心所造的观念，没有标准可寻的。因此他认为彭祖活了八百多岁，寿命也可以被认为是短的。

无论是说“大小”还是说“夭寿”，这里庄子的言外之意都是提醒我们在看待万事万物问题的时候，不要执着于外表相状，要观其自性。《金刚经》第六品中云：“是诸众生，无复我相、人相、众生相、寿者相，无法相，亦无非法相。何以故？是诸众生，若心取相，即为著我、人、众生、寿者。”意思为：“是因为这些众生心中已经没有执着于自我的外表相状、他人的外表相状、众生的外表相状、长寿的外表相状。没有执着于事物的所在，也没有执着于事物的所不在。为什么呢？因为如果众生心里还执着于事物的所在，他们就会更执着于自我的外表相状、他人的外表相状、众生的外表相状、长寿的外表相状。”看完《金刚经》的这一段，我们就可以体悟到庄子的意图，其实庄子的用意是告诉我们，如果一个人的心境能够到达“一念清净”而不再执着于事物外表相状，连无相也不执着的话，这样的人可以说是大彻大悟了。不再有一切痛苦和烦恼，也就得到了大福报。而生活中极少有人能达到这种境界，大多数的人都执有严重的我见，特别那些所谓的高人，自我偏见更加严重，处处盛气凌人，自以为是，矜持傲慢，碰到比自己有学问、修养高的人，这些人的我见就更加严重了，处处落在我相的自我偏见上。如果人们能去掉这种自我的偏见，我相也就不存在了；无我相，一切就平等了；一切平等了，再看一切众生就都是菩萨和佛了。天下的男女如同自己的父母，儿女如同自己的孩子，这样也就没有了我相、人相、众生相、寿者相了。没有了寿者相，也就不存在寿命的长短了，视夭寿同一。

庄子认为天地万物的生成、形状和精神特征都是不一样的。有的小有的大，有的短命有的长寿，如果说以自性区分来话，没有不自性具足的地方，所以说如果以自性为大，都一样，天下没有大于毫毛尖的，如果以无余为小，也都一样，天下没有小于大山的。如果认为大山是小的，那么天下就没有可以说是大的；如果认为毫毛尖是大的，那么天下就没有是小的。譬如说两仪虽然大，但各自的自性一样具足；万物虽多，自性是一样的。庄子内篇《养生主》中云："天性所受，各有本分，不可逃，亦不可加。"也就是说"自性"是"不增不减"的。因此天地与我一齐生，既然天地与我齐生，那么万物与我也可以说是一齐的。生活中经常有人说"天人合一"。我曾经一直想找到这句话的出处，可是翻过很多资料，包括《四库全书》，从中可以找出上百条与此有关的信息，但没有找到一条具体的像"天人合一"这样字样的句子。更没有找到说"天人合一"就是"人与自然合一"的句子。有人说最早使用这一概念的是西汉思想家、哲学家董仲舒，根据是《春秋繁露》中的："天亦有喜怒之气，哀乐之心，与人相副。以类合之，天人一也。"如果这样说的话，老子和庄子早就阐述过了。其实后人在解读《易经》等古代经典时，"天人合一"之句是多有使用的，像北宋大儒，哲学家张载的《正蒙》中就有"天人合一"之句所见。而与张载同时代的北宋著名理学家、教育家程颐的《二程遗书》中却说："天人本无二，不必言合。"程颐的意思是说："天就是人，人就是天，不需要说'合'字。"假如这样理解的话，庄子这里的"天地与我并生，而万物与我为一"就可以理解为："天地就是我，我就是天地；万物就是我，我就是万物。"如果这样理解的话，那可就是大错特错了。其实天地不是我，我也不是天地；万物不是我，我也不是万物。天地、万物与我不是一个，但却都是这一个中的一分子。《易经》中强调天、地、人并立，人在中心地位，这也说明了人地位的重要。当今喜欢喝茶的中国人越来越多，经常讲的两个字是“茶道”，可是又有几人了解这“茶道”所在呢？其实在中华民族特有的茶文化中，是处处见“道”的，我们先不去讲泡茶的功夫，就茶具而言，学问就大得多了。譬如说传统的茶盏，是由盖、碗、托三件套组合而成的，岂不知这是分别代表了天、人、地的和谐统一，是缺一不可的。人在中间，戴天履地，品茗一盏，而又谈天论地，是多么的逍遥快活！

唐代文学家刘禹锡认为：万物都有自己的作用，天和人一样，也有自己的作用。天不会制订礼仪，人不能更改四季。从自然方面说，天胜过人；从社会方面说，人胜过天。人可以治理自然界，也可以根据万物的自然本性来治理万物。所以说天与人的关系是相互区别，相互联系，并相互为用的。

综上所述，庄子前面说明的是“不始不终，非有非无”，这里说明的是“非小非大，非夭非寿”。是“万法归一”的。这里顺便说一下“万法归一”，“万法归一、一归何处”是唐代赵州禅师的语录。这里讲的“万法”也可以说是万事万物，是一切相，是所变，是差别。“一”是自性，是本体，是能变，是统一。道和佛的最高境界就是所有的差别都归于平等统一。有人要问了，既然说“万法归一”了，那为什么还问“一归何处”？这个问题问得好！都已经归一了，一还能归何处？如果一还有地方归的话，那不就有二了吗？其实这里的“一归何处”并没有其他意思，是禅宗的教法，是提醒修行的人不要有分别心，不要把“万法”和“一”分开来看，“万法”和“一”是统一不二的，不要将其当成两样东西。三祖僧璨的《信心铭》中云：“一即一切，一切即一，但能如是，何虑不毕。”佛法有层次，但最高层次是没有层次不落阶梯的。“一”指的是本体，是完整统一的；“万法”指的是一切法相，是千差万别的。从统一中来看“一”，可知万法；从分析中来看“万法”，可知一。《华严经》中云：“一切中知一，一中知一切。”说来说去如同佛经中所说：“万法不离一心”。《传心法要》中云：“若能了知心外无境，境外无心，心境无二，一切即一心，心即一切，更无挂碍。”由此可见，千差万别的“万法”是从一心中流露出来的，然后归于一心。此心可以是烦恼心也可以是智慧心。禅宗提倡“不立文字，教外别传”，是说不受文字的约束而随机说法，打破条条框框，别具一格相传，针对不同对象，施以不同方法。因此说根本不存在什么“一归何处”的问题。

既已为一矣，且得有言乎？

译文：既然已经被认为是一齐的，还有什么可说的呢？

庄子真伟大，这到底是让说，还是不让说？研读庄子一定要广泛思维，如果不这样的话，一不小心很容易走进老先生的迷圈，跌倒在老先生的脚下。这里庄子说既然是一齐的，还有什么可说的呢？不说怎么办？不说怎么会明白？其实说也说不明白，但是又不能不说。因为没有指月的指头，怎么会知道月亮在哪？当然一切的说，都是唯心造，说了也等于没说，因为说来说去，一切的说都在“一”中。

既已谓之一矣，且得无言乎？

译文：既然已经说是一齐的，还有什么不可说的？

没有什么不可说的，因为“不可说”就是“道”，“道”就是不可说。只要开口一说，就不是“一”了，就成了“二”了，所以还真的不可说。

《金刚经》第二十九品威仪寂净分中云：“须菩提，若有人言，如来若来若去、若坐若卧，是人不解我所说义。何以故？如来者，无所从来亦无所去，故名如来。”意思是说：“须菩提，如果有人说‘如来’像来像去，像坐像卧，是人不理解我所说的意义。为什么呢？因为‘如来’的意思就是没有从哪个地方来，也没有地方去。因此取名叫‘如来’。”释迦牟尼佛说得很对！“无所从来，亦无所去”，本来就这样。说一千道一万，说来说去，说到极致，“如来”也是不可说，也不可执着。

我们再来看一下《金刚经》第三十品一合理相分中的一段：“如来所说三千大千世界，则非世界，是名世界。何以故？若世界实有，则是一合相。如来说一合相，则非一合相，是名一合相。须菩提，一合相者，则是不可说，但凡夫之人贪著其事。”意思是：“如来所说三千大千世界，却不是世界，是取名叫‘世界’。为什么呢？如果世界实际存在，就是一合相。如来说一合相，却不是一合相，是取名叫一合相。须菩提，所谓的一合相，就是不可说，但是凡夫俗子却不明白这个道理而执着于可以说。”

那到底什么是“一合相”？这里我们一起来参一下，其实这段的言外之意是说佛身充满虚空法界，随处和合。假如把世界粉碎成微尘，佛与尘合，而不认为是多的话。就是所说的合比小大；假如把微尘相聚成为世界，佛与世界合，而不认为是大的话，就是所说的合比大小。这样说下来，你要问了那到底是大还是小，其实不大也不小，所谓的大小都是唯心造的。说“一合相”是有众微尘和合而成的世界。其实，这种认为是众生的执着和妄想。如果说世界是实有的，那么世界就不可能被粉碎成微尘；如果说不是实有的，那就不应该说是众微尘和合而成的。因此说有说无都是不对的。“一合相”不是“如来实相”。那“如来实相”是什么呢？“如来实相”就是“实相无相”。“实相无相”是说“实相”没有相，不是一也不是二，没有离也没有合，只可意会，不可言说。如果你认为真的有个实际存在的“一合相”，那你就是着相了。其实没有这个“一合相”，所谓的“一合相”无非是假名而已。合于微尘，尘中有界，合于世界，界中有尘，因此说不是“微尘”也不是“世界”；合于微尘，尘中有佛，合于世界，界中有佛，因此说是名叫“微尘”，是名叫“世界”。“一”是法身，“合”是法界。一就是合，合就是一，一合不二。不是实也不是虚，不是有也不是无。如果认为是实际存在的，就是法身合于法界，因此说就是“一合相”；法界不同于法身，因此说就不是“一合相”；法身不离法界，因此说是名叫“一合相”。到底是还是不是，最终都不可说。这些都需要我们去体悟，体悟到了你也就得道了。体悟不到是因为你贪恋执着于事理，落到事理那一边去了。

庄子很明白这一点，因此他说既然已经说是一齐的，还有什么不可说的？像庄子这样的圣人真是“滑疑之耀”。他本来可以直接说是不可说的，但是他却通过疑问让我们自己去体悟，到底是可说还是不可说。可说不可说，反正都是你自己说的，不是他说的。“恢恑憰怪，道通为一”，庄子的这个“一”就是那标准吗？

一与言为二，二与一为三，自此以往，巧历不能得，而况其凡乎！

译文：“一”与“语言”被认为是“二”，“二”与“一”被认为是“三”。从“三”依此类推，能巧算历数的人也无法计算其数，况且凡夫之人呢！

“一”的标准是什么？是大是小？假如是大，那大到多大算大？假如是小，那小到多小算小？谁也说不明白。不开口说一的时候，一是客观的；开口说一的时候又有了一个主观的。因此只要你开口说一，一与言语相加就成了二，有了二再加一就成了三，有了三再加……依此类推，向外大到不可数，向内小到不可数。就是算数学得再好的人也无法计算其数，就是今天世界上最好最大的计算机也无法计算其数，何况凡夫之人呢？这句疑问，庄子意思是说圣人也无法计算，但是圣人却能觉悟到这个不可说。我们知道正数与负数中间的数为零，从零数往两边正负数数，是无限无尽永远也无法计算的。因此关尹子说："其大无外，其小无内。"庄子这里的言外之意是告诉我们"一"也是没有标准的，也是不可执着的，也是不可说的。

故自无适有，以至于三，而况自有适有乎！

译文：因此从无到有能到三，而况且从有到有呢！

庄子的意思是"道"不可说，因为不说"一"的时候，无言为一。开口一说，"一"就有了概念名称，有了概念名称，也就有二有三了。况且是从有言往有言说，分支流派不可寻其末数，怎么能穷尽呢？万法本无名字，都是无中生有，逐步发展到这样的。

无适焉，因是已。

译文：没有法到达，顺其自然罢了。

为什么发展到这样呢？理由是没有法到达。因为万法都是虚幻的，何必单独说起，应该知道所说的无并不是无，所说的有也并不是有，有无是概念名数，寂静空旷，既不从无也不往有。因此没有地方可以往来，遵循自性而已。

夫道未始有封。

译文："道"未曾有准确的界限区分。

既然没有地方可以往来，那么"道"就不可能有准确的界限，没有准确的界限，就不可能有准确的区分。如同《金刚经》中云：“无所从来，也无所去。”其实道无处不在，但又所在全无，荡然而没有边际，所以说不可能有准确的界限区分。

言未始有常。

译文：言语未曾有准确的常理。

因为道不可说，因此彼此说道的言语道理，是非虚通不定，随万法的言说也不定，所以不可能有准确的常理。

为是而有畛也。

译文：为了证明自己的是而有了边沿界限。

那些所谓的准确的常理，其实都是彼此为了证明自己的“是”而圈起来的边沿界限。

有左有右。

译文：天地间是有左有右的。

中国传统文化中讲究左为阳，右为阴，譬如说传统的阴阳风水学中，对于建筑格局的安排一般喜欢坐北朝南，向口不取正中，略采东南，这样一来，左边是每天太阳升起的地方，为东为阳；右边是每天太阳落下的地方，为西为阴。我们老祖宗最常用的风水口诀是“左青龙，右白虎，前朱雀，后玄武”，是根据星球的运行经过几千年的实践经验总结出来的，有它的科学性。这里我们就不详实谈了，毕竟我们不是在谈阴阳风水学。有了左，有了右，就有了边缘界限，而上面不是说没有准确的界限，也没有准确的常理吗？这怎么又说有左有右呢？其实庄子施教有他的随机性，他知道那些所谓的准确常理，并没有什么常理，不是你左，就是我右，都是彼此为了证明自己的“是”，而圈起来的边沿界限，但他更知道世间法就是道法。既然彼此喜欢分，那就给他们分个明白。

有伦有义。

译文：人类文化是有伦有理的。

既然要分个明白，就需要“格物知至”，讲究伦理道德。中国传统文化中的伦理是社会关系的道德和准则，主要通过道德规范表现出来，是人与人、与社会、与自然之间关系处理的行为规范，其中，每一种规范都有其独特的内涵和行为规定，譬如道德是网，规范就是丰富而具体的网线。这种伦理道德的规范形成于原始社会末期的尧舜时代，这一伦理文化渊博浩瀚，有其独特的修身之道，是中国传统文化中最具特色的概念。《礼记·大学》中云：“格物而后知至，知至而后意诚，意诚而后心正，心正而后身修，身修而后家齐，家齐而后国治，国治而后天下平。”大概意思是：“通过对万物的分析研究后从中获取道理，获取道理后意念也就真诚了，意念真诚后心也就端正了，心端正后就可以修养自身品性了，自身品性修养后家庭就能和谐平等，家庭和谐平等后才能治理好国家，治理好国家后天下才能太平。”可见儒家思想也追求中庸中正、和谐、平等。修身的重要性可概括为四个字：修、齐、治、平。

秦始皇统一中国以后，到了汉武帝的时代，统治者不再把武装力量作为维护自己统治地位的工具，而更多采用的是文化力量，以伦理道德来统治人民思想，稳定社会秩序。因此孔孟文化思想在这一时期受到了统治阶级的特别推崇，伦理道德文化的政治性明显增强。而中国传统的伦理道德这一概念，随着时代的变化而变化，人们对其解读和理解也有所不同。

有分有辩。

译文：人类理念是有分有辩的。

理念，旧哲学名词，同柏拉图哲学中的“观念”。每个时代有每个时代的理念，理念一般泛指绝对正确的观点和道理。通常每个人都有自己的思想观点和道理，有自己的看法、想法、见解和思维活动模式，也就是所说的理念。而这所谓的理念不可能不带有个人的主观思想。只要有了主观思想，那肯定就会有分辨。《周易·系辞上》中云："方以类聚，物以群分。"天地间虽然飞禽走兽众多，但各有群分，物性有万般不同，却各自随类有别。我们经常随口讲的一句话"人以群分，物以类聚"，这些都是人类对客观事物本质性属性的反映和分辨。有了分辨，生活中就有了善恶、好坏、穷富之分等一系列问题。

有竞有争。

译文：人类生活是有竞有争的。

有了善恶、好坏、穷富等分辩。人类生活中就出现了竞争。老子的《道德经》第三章中云："不尚贤，使民不争；不贵难得之货，使民不为盗；不见可欲，使民心不乱。"大意是："不崇尚贤能，使民众不争名逐利；不看重难得稀贵之货，使民众不为盗贼。没有这些能引起贪欲的事物，使民心不被扰乱。"也可以这样翻译："如果不崇尚贤人，人们就不会为贤相争；如果不把难得的东西当成为贵货，人们就不会因为东西贵而盗窃；如果见到了想要的东西视而不见，人们就不会心乱。"从这一段中，我们很容易就明白了生活中那些不必要的竞争是怎么产生的。我们不往远的看，就看当今人们为了得到饶益的生活，整日里钩心斗角、争名夺利，让多少官员走向深渊，多少年轻的老板命归西天。你是名人，他就一定要比你强，想尽一切办法弄虚作假，让自己也成为一名起码的伪名人；你住着高楼，他就一定要比你强，不管怎样也要想办法住上豪宅；你开的是百万的名车，他就一定要比你强，不管是去贷还是去借他一定要开上几百万的名车。你有钱可以买到世界名牌的奢侈品，他没有钱，但他也喜欢，喜欢也没办法，唯一的办法就是去盗窃……陈列在我们面前的这一切，你又能去埋怨谁呢？唯一可以埋怨的是人类的信仰缺失和文化丢失。就算我们不赞扬像宋代汪洙《神童诗》中所说的“万般皆下品，唯有读书高”的说法，但是人类也不可以丢掉自己的信仰和文化。一个民族亡了不可怕，可怕的是民族文化亡了。一个民族的文化没有了，这个民族还有什么存在的价值吗？人类需要醒一醒了，时代需要我们重视民族的传统文化，我们要向老庄、孔孟等古圣先哲们学习，学习他们为时代而倾注身心的精神，为自己的国家和民族做出一点应有的贡献。我和朋友们开玩笑的时候经常说这样一句话：钱这个东西，少一点是自己的，多一点是亲戚的，再多一点是朋友的，再多了就是人民的，所以说叫“人民币”。听上去是一句笑话，而细品味一下，其实是很有道理的。金钱这种东西，在生活中有时候可以一夜暴富，譬如说中了彩票大奖，一夜间就可以得到百万、千万、甚至上亿金钱。可是知识和文化却没有办法一夜暴富，为什么呢？因为知识和文化需要慢慢的积累，不断地努力学习，俗话说得好——活到老，学到老。

此之谓八德。

译文：这八类可称谓八德。

人世间何止这八德，庄子这里所说的“八德”，只是简略的陈列，言外之意是以此八德来对我们解释前面所说的“边沿界限”是怎么形成的。像庄子就是这样的圣人，凡是需要讲明的问题，他从来不去直说，不是通过疑问，就是旁开一路，别有洞天。

六合之外，圣人存而不论。

译文：天地四方之外，圣人怀有而不辩论。

所说的“六合”就是我们平时所说的上下、前后、左右。上下就是天地，前后就是南北，左右就是东西，也可以称为天地四方。那天地四方之外是什么呢？要想知道天地四方之外是什么，就首先需要我们知道天地四方之内是什么，以今天我们对宇宙了解的知识范围，所说的天地四方之内指的就是太阳系。法国哲学家柏格森说：“宇宙就是一种太阳系的集合体，我们有充分的理由相信，这些太阳系是相似的。”古希腊哲学家伊壁鸠鲁说：“宇宙过去同现在一样、将来也永远同现在一样，因为它不能变成什么另外的东西，也不会有什么宇宙以外的东西进入宇宙，引起变化。”同时他还说过“宇宙是无限的”。由此可见，天地四方之外是宇宙，也可以说是道，是佛，是那个不可说的东西。圣人知道不可说，因此怀有而不辩论。

六合之内，圣人论而不议。

译文：天地四方之内，圣人辩论而不决议。

天地四方之外是宇宙，天地四方之内是太阳系，圣人对太阳系内能观察到的一切是有所辩论的。《易·系辞上》中云：“仰以观于天文，俯以察于地理。”这里所说的“天文”指的是天象。古人观察天象，因为对自然现象的成因不理解。他们还会借助想象，对天地结构进行推测，推测天地间的关系，以及天地的形状和大小，还有它们之间的位置。春秋战国时期，人们开始围绕着这些问题展开辩论，辩论非常活跃，参与辩论的不仅有天文学家、哲学家，甚至连一些帝王也加入了其中。人们经过长时间对天地现象的观察、辩论，积累了丰富的经验，因此涌现出了许多天地结构及天文方面的学说和可遵循的方法。譬如说夜间行路时，可以通过观察北斗星的位置来确定行走的方向，也可以通过观察恒星来判断年月、季节等。在那个没有历法的时代，古人就是这样对星象进行观察、研究、使用的。因为没有准确的标准，因此圣人只是辩论而从不决议。

春秋经世先王之志，圣人议而不辩。

译文：对前代三皇五帝的记载圣人议论而从不执是辩非。

记载就需要文字，文字是言语的表达，只要言语一表达就带有主观思想。所以前面庄子说“一与言为二”。一是客观的；言是主观的。客、言为二，有了二，就有了彼此；有了彼此，就有了是非。而彼此都喜欢以自己的“是”来证明别人的“非”，可是又有谁能说明到底谁是谁非呢？没有准确的标准，也无法说明。既然无法说明，那么前代对三皇五帝的记载是准确的吗？也没法说明白，因此圣人有所议论，但从不执是辩非。

故分也者，有不分也；辩也者，有不辩也。

译文：因此有的人想分，却分不开；有的人想辩，却辩不清。

庄子上面是通过天地四方之外和天地四方之内以及对前代三皇五帝记载的说法，让我们去体悟圣人不论、不议不辩的境界。接下来庄子又告诉我们，不是不想分，有人想分，只是没有法分；也不是不想辩，有人想辩，是因为辩也辩不清。其实天地间万事万物都是自分区别的，从外表和形状上看没有两个表相一样的事物，而内在的自性是看不见摸不着的，因此道理没有对错。所以说在这无边无际的宇宙中，那些想要去分辨万事万物的人，只不过是偏见执着、自不量力的人。像这样的人怎么能分辨事物于精微呢？

曰：何也？

译文：有人会说，这是为什么呢？

这个为什么，是庄子为了下文的义旨假设的一个疑问。庄子明白通情达理的圣人，内心对道的体会是非常深奥的，境界也达到了虚怀若谷。

圣人怀之。

译文：圣人怀中有。

圣人虚怀若谷了，因此也就能够怀藏自我与万物和是非，而不再有分别之心。

众人辩之以相示也。故曰辩也者有不见也。

译文：众人口中辩以表相示辩。因此说，辩论的人有见不到之处。

没有分别之心是圣人的境界，凡夫俗子是办不到的，所以他们只要开口就是彼此的是非之辩，因为境界不够，造成了他们在辩论中只能看事物的表相，而观察不到事物的内在自性，所以说辩到最后，这些辩论的人对事物还是有很多见不到的地方。

夫大道不称。

译文：大道不可称谓。

庄子这里说的大道不可称谓，如同老子在《道德经》开篇的第一章中说的“道可道，非常道；名可名，非常名”是一样的意思。因为恒常的“大道”是不可见、不可听；不可言、不可称的。可见、可听、可言、可称的道，是通往恒常大道的道路或道理，是指月的指头，也可以说是指路的指示牌或地图。

大辩不言。

译文：大辩不可言说。

既然“大道”不可说，那“大辩”也就不在言说上，不在言说上在哪呢？是在心念中，一切唯心造，只可意辩，不可言说，言不尽意。所以说天地四方之外，圣人怀有而却从不辩论。因为“大辩”在意不在言。

大仁不仁。

译文：大仁不可仁爱。

老子《道德经》第五章中云："天地不仁，以万物为刍狗；圣人不仁，以百姓为刍狗。"这句惊世骇俗的话在后世引起了众多的辩论，世人众说纷纭、各执己见、莫衷一是、褒贬不一。谁对谁错，见仁见智，还是那句话，一切唯心造。其实老子这样讲并不是薄视仁义，实际是在提醒和告诉世人，天地没有偏爱是无私的，对待万物就像对待刍狗一样任其自然；圣人也一样没有偏爱是无私的，对待百姓也像对待刍狗一样，任其自然。因此不要为了求得一己私利就沽名钓誉，成为打着"仁义"旗号的愚民霸权之辈。这种欺蒙讨好民众的做法，实属盗取民心，不是真正的仁义。真正的仁义，当如天地对万物那样一视同仁为"刍狗"，不善不恶，生灭自然，顺循天道。这里所说的"刍狗"，是用草扎成的狗，古代用于祭祀。《庄子·天运》中云："夫刍狗之未陈也，盛以箧衍，巾以文绣，尸祝齐戒以将之。及其已陈也，行者践其首脊，苏者取而爨之而已。"意思是："用草扎成的狗在没有被陈列在祭祀坛上以前，先是被放在方形的竹箱里，再盖上绣有图纹的饰巾，主祭人沐浴更衣斋戒后将其陈列在祭祀坛上。祭祀陈列结束以后就扔掉不管了，路过的行人随便踩踏它的头颅和脊背，拾草的人捡回去也只是用于烧火做饭罢了。"清代魏源的《老子本义》中云："结刍为狗，用之祭祀，既毕事则弃而践之。"意思也是说："用草扎结成狗，用于祭祀，祭祀结束后就扔掉了踩踏不管了。"

刍狗在没有被摆在祭坛之上以前，人们对其看的很重要并非常珍惜照顾，等祭祀结束以后，就不值一顾，被视同废物任意抛弃了，不再像供在祭坛上那么被重视。老子所说的天地不仁，也可以说成是天地大仁，因为天地是不善不恶，没有偏私偏爱，是自然无为的。所以说天地荡然任凭万物自然，有用无用也顺其自然。越是说仁爱，越就没有仁爱，整天的仁爱不离口，时间久了就会变成空喊的口号，产生相反的弊病，失去真正的意义。《道德经》第十八章中云：“大道废，有仁义；慧智出，有大伪。”意思是说：“大道被废弃了，是因为空喊仁义；智慧没有了，是因为太虚伪了。”我认为老子说得很对，如果失去了大道的纯朴，就会进入有形的万物。进入了有形的万物，就会产生主观上的法术智慧，形成虚伪的外表，而使真正的智慧消失。了解这些道理，我们便可理解庄子所说的大仁是什么。其实天地万物是自然生自然灭的。既不以生为好，也不以灭为坏。天地也并没有厚人类而薄万物，对万物的生灭是无心而平等的，因此说天地对万物的仁爱没有主观所在而是平等自然的。天地没有什么仁爱不仁爱，对待万物和“刍狗”一样也没有真假与对错的分别，一切都是自然平等的。圣人对待百姓也如同天地一样，没有什么偏心的私爱，也从来不会薄此厚彼，而是一视同仁，无为而无所不为。那些所说的“仁爱”是人们错误认为天地有好生之德，才发心赞誉的。这一切都是人类的主观思想在作怪。如果真的有了仁爱，那就有了偏心的私爱；有了偏心的私爱，就有了偏心的不仁爱，如果是这样的话，天地间就失去平等，也就不用再谈什么齐物了。因此庄子才说：大仁不可仁爱。

大廉不谦。

译文：大廉不可谦让。

人世间你清廉，我清廉，清来清去就是不见清廉，岂不知最大的清廉当属宇宙天地，它大公无私，平等无为，可谓大廉。它使万物生生不息，却从不要求半点索取。其实生活中那些自标廉洁的人，还真不一定是清廉之人。譬如我们在观察事物时，经常有人会做出一个开玩笑的动作，用两手捂在眼上，大声地对别人说："我没看见，我没看见……"其实他早就通过指缝隙看到所见了，而嘴上却在高喊着"我没看见，我没看见"。通过这个小故事，我们从中可以体会到那些整日里说"我要清廉，我要清廉"的人，他们表现得非常谦逊，待人接物看上去诚恳谦让，虽然如此，但却总是给人一种不真实的感觉。像他们这种人，是否真的是廉洁之人？需要给他们打上一个问号。其实那些真正开悟得道的圣人，他们明白天地宇宙间是空有不二的，是万境虚幻、荡然虚静、旷然无累的，是物我俱空、无一可贪的，因此说没有什么可谦让的。

大勇不忮。

译文：大勇不可刚愎。

有一个成语叫"刚愎自负"，指的是那些主观思想顽固偏执，一意孤行，自以为是的人。这种人矜持傲慢、主观武断、实属不明之人，却自以为自己穷世妙理，傲气十足，目中无人。有这种毛病人，多见于那些有权有势、有头有脸、有身份有地位的人身上。有时越是官大有权势的人，这个毛病越严重。刚愎自用的人都非常自负并自我崇拜，轻狂而唯我独尊，待人接物冷若冰霜，经常把死理当成原则和真理去坚持，办事教条主义没有半点灵活性，非常让人讨厌。这种人非常喜欢听好话，喜欢别人吹捧他，但不喜欢别人提意见，喜欢献媚的小人，但不喜欢坦荡的君子。其实这种虚伪喜好争强斗狠的人是成不了什么大事的。

勇，不单是一种力量或是胆量，更是一种人性品格的修养；不是为争强斗狠而准备的，却是为济世安民而修炼的。宇宙天地大勇之时，电闪雷鸣，暴风骤雨，山呼海啸，无所畏惧，但却从来没有刚愎自负，而是万物以其自然而然。真正的勇者应该学天地宇宙之大勇，无所畏惧，勇往直前，勇敢而不主观矜傲，无畏而不刚愎自负，内蕴慈悲，顺应万物，惠救苍生于自然而然。

道昭而不道。

译文：道用来明理而这不是真正的大道。

上面庄子云“夫大道不称”，是说大道不可称谓，也就是不可说。而这里又云“道昭而不道”，是说既然大道不可说，那么那些用来明理的道就不是真正的大道。恒常的“大道”是不可说的。可说的道，是通往恒常大道的道路或道理，是指月的指头，用今天的话来说就是指路的指示牌或地图，是用来体悟大道的道理的。而真正的道又不可说，不可说就是道。因此说来说去，所说的一切道理都不是真正恒常的大道。因此那些真正觉悟得道之人，绝对不会对别人讲他得道了，更不会从外表显示自己多么的与众不同，看上去也没有什么个别之处，只是一个很平凡的人，俗话说“人不可貌相”嘛！而人世间却有那么一种人，把自己从内心到外表都装扮成一个与众不同的人，明己功名，炫耀于物，自以为是，伪而不真，说什么自己已经得道了，岂不知是满腹糟粕，不用说得道了，就是连通往大道的道路他还不知在哪儿呢！

《易经·系辞》中云：“圣人以此洗心，退藏于密，吉凶与民同患。”这句说得非常好，也非常经典。可以让我们体悟到到底什么是“易”，易的神特征是什么，为什么要澄静内心、荡涤疑虑。其实这一些都是在告诉我们要有坤卦精神，内心要方圆正大，能够承载天下，怀藏万物，德蕴深厚，厚德载物。

《六祖坛经》中神秀偈云：“身是菩提树，心如明镜台。时时勤拂拭，勿使惹尘埃。”惠能偈云：“菩提本无树，明镜亦非台。本来无一物，何处惹尘埃。”看上去两偈有些对立，细品无非是修行次第上的关系而已。刚开始修的人，心的确像一面镜子，需要勤拂拭，以免落上灰尘，而经常擦洗是对的。神秀偈子所说的是一个由渐修到顿悟的过程，而惠能的偈子是说不通过渐修也可以直接顿悟。其实两位大师的偈子是同出一辙，都是无可厚非的。释迦牟尼佛说佛法如同过河的船子，到了彼岸就应把船弃掉。当然如果你水性好，自己就可以游到彼岸，那还需要船子干什么？五祖弘忍把衣钵传给了惠能，并不是说惠能就比神秀要高出多少，而是弘忍认为神秀的偈子还没有透彻空性，这样修可以做个好人，但是离佛还远。而惠能的偈子可以“直指人心，见性成佛”。其实生活中一个人不用说真正悟道了，只要能体悟到通往大道的道理，也就不再会有人在众人面前明己功名，炫耀于物了。

所以说神秀的偈子对我们来说是非常有用的，如果能这样次第地渐修下去，总有一天会大彻大悟的，那也就可以“退藏于密”了。这里的“密”字什么意思呢？密者，秘密也，也就是不可说也。不可说也就是道也。因此，用来说道的道理，往往不是真正的大道，是通往大道的道路。圣人是什么？圣人不是神仙，也没有神通，明白这个也就“吉凶与民同患”了，也就不再会把自己装扮成一个与众不同的人了。

言辩而不及。

译文：言语用来辩论而这说明不了真理。

上面庄子云：“大辩不言”，是说大辩不可言说，也就是说大道真理只可意会，不可言说。而这里又云：“言辩而不及”，是说既然不可言说，那么那些华词浮辩的言语，是无法说明真理的。

仁常而不成。

译文：仁用来平常仁爱而这成不了大仁。

上面庄子云："大仁不仁"，是说大仁不可仁爱，也就是说天地宇宙大仁是没有憎爱分别的，对万事万物是一视同仁的，如果有了仁爱，就有了主观偏执的私爱。而这里又云："仁常而不成"，是说既然说大仁没有憎爱分别，也就没有彼此恩惠，亲情私利，那么说平常的仁爱，就不可能成为大仁。

廉清而不信。

译文：廉用来得清名而这清名并不可信。

上面庄子云："大廉不谦"，是说大廉不可谦让，也就是说天地宇宙，荡然虚静，物我俱空，无一可贪的，更不存在什么谦让与不谦让的。而这里又云："廉清而不信"，是说既然无一可贪，还有什么可谦让的，那些皎然异俗，卓尔不群，用来得清名的廉洁，是不可信的。

勇忮而不成。

译文：勇用来刚愎自负而这成不了大事。

上面庄子云："大勇不忮"，是说大勇不可刚愎，也就是说天地宇宙勇而不主观矜傲，无畏而不刚愎自负，却内蕴慈悲，顺应万物，惠救苍生于自然而然。而这里又云："勇忮而不成"，是说既然大勇惠救苍生于自然而然，并且不主观矜傲，刚愎自负。那么那些舍慈而勇，刚愎自负的勇者是不可能成大事的。

五者圆而几向方矣！

译文：这五种做法是以圆学方！

以上从道、言、仁、廉、勇这五种说法，说的是本来是圆的却去学方的。其实庄子这里是在提醒那些所谓的辩者，不要丢掉自己的本性去外求于彼。这些舍去自己本性向外求理的有为做法，就如同让鱼学鸟飞一样，学来学去最终连自己的本性都丢掉了。要想学道、修道，就需要韬光晦迹，也就是要收敛锋芒，隐藏踪迹，深藏不露。如果整日里执着在事理的分辨上，却又不知这些有为的事理，是在以有限的性分寻求无限的道法，却困在其中而不知，还自以为是的矜持傲慢，炫耀自己而能耐于万物，这样搞下去，就会离道越来越远。

故知止其所不知，至矣！

译文：因此道理停止在自己知道的范围内，已经到了尽头！

道，荡然虚静，无穷无尽，无边无际，是不可说的。只要可说的就不是道，可说的是道理。开口一说就是道理，就是分别、拣择、憎爱的开始。说得越多离道就越远。有了分别、拣择、憎爱，就有了边沿和范围；有了边沿和范围，道理也就停止在其中了。

孰知不言之辩，不道之道？若有能知，此之谓天府。

译文：谁能知道大辩不可言说，大道不可称谓呢？如果有能知道的，这可以说是合于自然的府藏。

谁能懂得大辩在意不在言，一切唯心，不可言说，只可意会，言不尽意呢？谁又能懂得大道是不可说的呢？如果有人能懂得了这些道理，也可以说是达到天人合一的境界了。

注焉而不满，酌焉而不竭，而不知其所由来，此之谓葆光。

译文：灌进去而灌不满，倒出来而倒不尽，而不知道理从何而来，这可以说是藏而不露。

道，“玄之又玄，众妙之门”；“不生不灭，不垢不净，不增不减”；无穷无尽，无量无边，无边无际，无法言说。因此，道理是没有办法灌进去，也没有办法倒出来的。既然这样，那道理又是从何而来呢？其实一切唯心造，都是心的作用。

感悟九
万物同性　无分无辨

【原文】

故昔者尧问于舜曰："我欲伐宗、脍、胥敖，南面而不释然，其故何也？"舜曰："夫三子者，犹存乎蓬艾之间。若不释然，何哉？昔者十日并出，万物皆照，而况德之进乎日者乎！"

齧缺问乎王倪曰："子知物之所同是乎？"曰："吾恶乎知之！""子知子之所不知邪？"曰："吾恶乎知之！""然则物无知邪？"曰："吾恶乎知之！虽然，尝试言之。庸讵知吾所谓知之非不知邪？庸讵知吾所谓不知之非知邪？且吾尝试问乎女：民湿寝则腰疾偏死，鳅然乎哉？木处则惴栗恂惧，猨猴然乎哉？三者孰知正处？民食刍豢，麋鹿食荐，蝍蛆甘带，鸱鸦耆鼠，四者孰知正味？猨徧狙以为雌，麋与鹿交，鳅与鱼游。毛嫱丽姬，人之所美也，鱼见之深入，鸟见之高飞，麋鹿见之决骤。四者孰知天下之正色哉？自我观之，仁义之端，是非之涂，樊然殽乱，吾恶能知其辩！”

啮缺曰：“子不知利害，则至人固不知利害乎？”王倪曰：“至人神矣！大泽焚而不能热，河汉沍而不能寒，疾雷破山飘风振海而不能惊。若然者，乘云气，骑日月，而游乎四海之外。死生无变于己，而况利害之端乎！”

【译文】

以前尧问舜说：“我想要征伐宗、脍、胥敖三个小国，而在朝堂之上心中却总是不愉快，这是什么原因呢？”舜说：“那三个小国的国君，如同生存在蓬蒿艾草之间。你心不平静，为什么呢？以前十个太阳一块儿升起，万物都照，况且你的德行比太阳还明亮！”

啮缺问于王倪说：“你知道万物相同的地方是什么吗？”王倪说：“我哪里知道呢！”啮缺又问：“你知道你所不知道的吗？”王倪说：“我哪里知道呢！”啮缺接着问：“难道万物你没有知道的吗？”王倪说：“我哪里知道呢！虽然我不知道，但我尝试着来回答一下你的问题。怎么知道我所说知道不是不知道呢？怎么知道我所说不知道不是知道呢？还是我尝试着来问一问你：人在潮湿的地方睡觉就会腰部患病或患半身不遂，泥鳅为什么不会这样呢？人住在树上就会恐惧发抖，猿猴为什么不会这样呢？三者谁知道哪个是正确的住处？人食牲畜的肉，麋鹿食草，蜈蚣喜欢吃小蛇，鸱鹰喜欢吃老鼠，四者谁知道哪个是正确的味道？猿以猵狙为配偶，麋与鹿交配，泥鳅与鱼交尾同游。毛嫱和丽姬，是人中美人，可是鱼儿见了她们却深深潜入了水底，鸟儿见了她们却高高飞向天空，麋鹿见了她们却撒腿快跑。四者谁知道哪个是天下真正的美色呢？以我看来，仁义的究竟，是非的混淆，纷杂错乱，我哪能知道怎么分辨呢！”

齧缺说："你不知道好坏，是说道德高尚的至人本来也不知道好坏吗？"王倪说："进入物我两忘境界的至人神涓不测呀！大泽焚烧而不能使其感到热，黄河与汉水冰冻了而不能使其感到寒冷，迅雷破山与狂风倒海而不能使其感到震惊。像这样，乘雾驾云，骑日驭月，而遨游于四海之外，死生对其自身没有任何变化影响，何况好坏的究竟呢！"

【感悟】

故昔者尧问于舜曰："我欲伐宗、脍、胥敖，南面而不释然，其故何也？"

译文：以前尧问舜说："我想要征伐宗、脍、胥敖三个小国，而在朝堂之上心中却总是不愉快，这是什么原因呢？"

这里"昔者"前面的"故"字，没有其他意思，只是上文的引证而已。尧和舜，传说是上古时期两位贤明的君主。这里尧与舜的对话故事无据可考，应该也是庄子寓言的一个故事。既然庄子提到了两位上古明君，我们也顺便从《史记》的角度，略考一下。西汉司马迁《史记》卷一《五帝本纪》中云："帝喾娶陈锋氏女，生放勋。娶娵訾氏女，生挚。帝喾崩，而挚代立。帝挚立，不善。而弟放勋立，是为帝尧。"大意是："帝喾娶陈锋氏的女儿，生下放勋。娶娵訾氏的女儿，生下挚。帝喾死后，挚接替帝位。帝挚登位后，没有干出什么政绩，于是弟弟放勋登位，也就是帝尧。"由此可见，帝喾传位给了帝挚，因为帝挚没有干出什么政绩，所以让位给了放勋，也就是帝尧。《史记》中记载，帝尧，仁德如天，智慧如神，天下归服。当尧年事已高，想要传位之时，便召群臣来议，问谁可以继承这个事业？群臣推荐了几个他都不看好，最后决定从同姓异姓远近大臣及隐居者当中推举。大家一致推举一个名叫虞舜的人，是一个流寓在民间的单身汉。尧便答应试试他，于是把两个女儿嫁给舜，来观察他的德行。尧发现让舜办的一切事，他都能做到有条不紊，处处和睦。无论在什么条件下，舜从不误事，聪明有德。就这样，尧对舜经过三年测试后，最终不管舜怎样推让，毅然决然地传位给了舜。舜在文祖庙接受了尧的禅让，登临了领袖之位。

其实《史记》本身，既具有史学价值，也具有文学价值，对后世的影响非常大。它既是史家的绝唱，史学的津梁，又是无韵的离骚，散文的典范。既然这里庄子提到了两位上古的明君，也就顺便从《史记》的角度，简单地提了一下。现在我们回到正题上来：庄子寓言这样一个故事，以尧对舜的问，言外之意摆出了一个问题。什么问题呢？那就是：什么是“无为而治”？我们上面说了“尧，仁德如天，智慧如神，天下归服”，那他为什么还要征伐宗、脍、胥敖三个小国？既然要征伐，那为他什么又会感到心里不愉快呢？这样一来，问题就摆开了。

舜曰：夫三子者，犹存乎蓬艾之间。若不释然，何哉？

译文：舜说：那三个小国的国君，如同生存在蓬蒿艾草之间。你心不平静，为什么呢？

舜打了个比喻来回答尧的问题。“蓬艾之间”，看起来简单的四个字，但是，言外之意却不那么简单。舜的意思是说，三个小国的国君，被物质需求的贪欲遮蔽了心灵，而不知道外面还有辽阔的天地，因此，未能归顺你。从理上说，这三个小国的国君是不对的。但话又说回来了，因为他们不归顺于你，你就想要去征伐他们，而征伐就需要战争，因此，每到临朝研究此事时，你心里就会不愉快。这是为什么呢？其实，也是因为你心中有了物我之间的对立。说来说去也是对物质需求的贪欲造成的。

昔者十日并出，万物皆照，而况德之进乎日者乎！

译文：以前十个太阳一块儿升起，万物都照，况且你的德行比太阳还明亮！

上面四个字“蓬艾之间”简而不简，这里四个字“十日并出”仍然是简而不简。为什么这样说呢？我们先来看一下西汉刘安《淮南子·本经》中的一段：“逮至尧之时，十日并出。焦禾稼，杀草木，而民无所食。”大意是：“到了尧帝的时代，十个太阳一并升起在天空。灼热的阳光烤焦了禾苗庄稼，干死了草木，而造成了百姓没有东西可吃。”这一段故事不知道是不是刘安借庄子的寓言，重新加以装饰撰写而成的。在此我们也不做细考，只引其理。这个故事的后面说的是尧帝用弓箭射落了十个太阳中的九个，为什么要射落九个太阳呢？因为太阳多了禾苗和庄稼及草木等一切植物都会晒死、干死，因此，尧帝用箭射落了九个，留下一个太阳，万物才雨露滋润，茁壮成长，人民才有了幸福生活。其实，这里的“十日”之说，与前面庄子所说的“莫若以明”有异曲同工之妙。不要用自己的明鉴，应顺其自然。虽然万物需要太阳，也离不开太阳。但是，如果在万物不需要太阳的时候，太阳仍然将光照强加给万物，那么万物就会有受不了的时候。同样的，就算一个君主的德行比太阳还明亮，但如果你的臣子和人民不需要你这种“明亮”的时候，你却硬要将这种“明亮”强加给你的臣子和人民，那么你也得不到臣子和人民的拥护。

齧缺问乎王倪曰：“子知物之所同是乎？”曰：“吾恶乎知之！”“子知子之所不知邪？”曰：“吾恶乎知之！”“然则物无知邪？”曰：“吾恶乎知之！

译文："啮缺问于王倪说："你知道万物相同的地方是什么吗?"王倪说："我哪里知道呢！啮缺又问："你知道你所不知道的吗?"王倪说："我哪里知道呢!"啮缺接着问："难道万物你没有知道的吗?"王倪说："我哪里知道呢!"

这里的啮缺和王倪，是庄子寓言撰造的名字。是用来说明"道"的全与不全的。北宋王元泽说："'啮缺'者，道之不全也。'王倪'者，道之端也。"庄子的《应帝王》中云："啮缺问于王倪，四问而四不知。啮缺因跃而大喜，行以告蒲衣子。蒲衣子曰：'而乃今知之乎？有虞氏不及泰氏。有虞氏，其犹藏仁以要人；亦得人矣，而未始出于非人。泰氏，其卧徐徐，其觉于于；一以己为马，一以己为牛；其知情信，其德甚真，而未始人于非人。'"大意是："啮缺问王倪，问了四次，而王倪四次回答都说不知道。啮缺因此高兴地跳了起来，赶紧去把这件事告诉了蒲衣子。蒲衣子说："而今你知道王倪回答的这个'不知道'妙处何在吗？虞氏赶不上泰氏，是因为虞氏好像以怀仁之心用人，也得到了人心，而他却未曾出于不是人。泰氏，他睡觉时安闲徐缓，醒来时逍遥自得，竟把自己当做马，竟把自己当做牛。他的智慧见识可信，他德性纯真，而他却未曾人于不是人。"从上面蒲衣子对虞氏和泰氏一段的评价中我们可以体会到，虞氏和泰氏在这里都是庄子杜撰的寓托。我们看"虞"字本义就是：忧虑、欺骗的意思，而"泰"字的本义则是：安定、美好的意思。

啮缺问王倪四次问题，而王倪都回答说不知道。这一下可把啮缺高兴坏了，赶紧跑去告诉蒲衣子，意思是说王倪被问住了，问了四次都说不知道。而蒲衣子却对他说，你只知道他对你说了四次"不知道"，而你却不知道这四次"不知道"中的妙处何在！庄子这里的“不知道”是个索引，意思是无心于世间权利。接下来，庄子又借蒲衣子之口，说出了世人只知有虞氏的作为是圣人的作为，而却不知道其实虞氏赶不上泰氏。原因是看上去虞氏是以仁义为善，以仁义结交人心，并且也得到了人心，而他却“未曾出于不是人”。为什么说“未曾出于不是人”呢？因为虞氏在用人方面，看上去好像是非常仁义，但是这种所谓的仁义，其实是虞氏用仁义手段来标榜自己，拉拢并得到人心。当然这样做也拉拢得到了一些人心，但是这种拉拢得到的只不过是一些残渣糟粕、微贱多余的人心。这种做法，还是没有忘其功名，所以说“而未始出于非人”。用白话说就是“而未曾出于不是人”。看上去这样说不太上口，有些别扭！但是，如果你细细品来，这句话却内含着“大道”之哲理。为什么这样说呢？因为你先要想一想这里的“不是人”指的是什么？其实，指的不是别的东西，指的是“真人之妙道”，不是凡夫之所为。“而未曾出于不是人”，意思是说虞氏的所作所为，未曾超出世间法的束缚而悟真人之妙道。也就是说不是出于“道”，而是离“道”很远，还没有超脱外物的牵累。

泰氏就不一样了！泰氏，睡觉时安闲徐缓，醒来时逍遥自得，竟把自己当做牛马，闲慢自在，任劳任怨；有情有信，德性纯真。而他却“而未始人于非人”，用白话说就是“而未曾人于不是人”。同上面那句一样，说起来也是不那么上口，但其内涵不菲！这一小段说的是泰氏超越了虞氏，自然逍遥，虚怀游世，闲心自得，物我兼忘。就是世人欺负自己为牛，也无所谓，就把自己当成牛来顺应。如果世人呼唤自己为马，也无所谓，就把自己当成马来顺应。从来不坚执自己的主见，达到了一种与万物俱化的境界。

从“其知情信，其德甚真”这句来看，“情信”二字在这里指的是“道”的体用。泰氏的妙处就在这里，虽然说有情有信，德性纯真。但却从不自明超凡脱俗虚伪待人，而是安于大道、非人之境，不堕虚无、无为而为，和光同尘、与民共患，抛弃世俗、顺应自然，所以说“而未始人于非人”。

言归正传，在此引用《应帝王》中的一段，主要是为了我们更便于体会上面齧缺于王倪的问，齧缺问王倪，问了四次。上面这段只有三次，一问：“子知物之所同是乎？”二问：“子知子之所不知邪？”三问：“然则物无知邪？”而第四问在哪里呢？第四问“子不知利害，则至人固不知利害乎”在下面的段落中。这里齧缺向王倪问了三个问题，王倪都回答说“我哪里知道呢”。对于王倪的这种回答，用今天的话来说，就叫作谦虚。如果王倪真的不知道，他就不这样回答了。但是在这里，我们不能这样理解，佛教有一句话叫“言语道断，心行处灭”，真实的那个东西是无法用言语说出来的，能说的都是为了方便而已，“实相无相”嘛！譬如第一个问题，正因为王倪知道那个万物相同的东西是不可说的，所以他才回答说不知道。言语到此就断了，心行到此就灭了。因为王倪知道，任凭自己怎么言说，也无法表达它的本来。其实，道与佛异曲同工，讲的都是宇宙人生的真谛，也就是宇宙人生的事实真相。可是芸芸众生执着妄想，迷惑颠倒，不能证得，整日里生活在是非的烦恼之中，一天到晚干很多与自己不相干的事情。当然，对于第二、第三个问题也是一样，王倪都很明白，但是他却都回答不知道。然而，就是这几个不知道，充分说明了王倪已经达到了“道”的境界。由此可见，那些真正得“道”的人，是不会在别人面前卖弄自己是得“道”之人的！其实生活中也是这样，那些真正的高官，都是平日近人、和蔼可亲、与民共患的。而有些卑微的官吏却是高于人民之上，盛气凌人、独断专行，满嘴仁义道德，一身男盗女娼，与人民是格格不入的。同样也是，生活中那些真正有钱的人，看上去日子过得并不是那么饶益，而是勤俭平淡。但那些所谓的有钱人却不是这样，他们生活奢靡，挥霍无度。俗话说得好“大商言国，小商言家”，人生就是这样，官大与民共患，官小一身官气；钱多的人生活平淡，钱少的人摆阔装蒜；有文化的人外表不见，没文化的人外表装扮。无奈！无奈！真是无奈！如果人世间那些喜欢伪装自己的人，不再伪装了，能够一切顺其自然，那就离“道”越来越近了！

虽然，尝试言之。庸讵知吾所谓知之非不知邪？庸讵知吾所谓不知之非知邪？

译文：虽然我不知道，但我尝试着来回答一下你的问题。怎么知道我所说知道的不是不知道呢？怎么知道我所说不知道的不是知道呢？

王倪知道无法言说，也知道能说的全都是方便，但是这里又不能不说，因为没有其他办法，必须通过这种方便的言说来方便迷人的体悟。就是释迦牟尼佛说法四十九年都没有说过一句法，为什么呢？因为他说的全都是方便法，真实法一句也没说。佛说这些方便法，都是为了让人方便去体会真实。这个方便是心地仁爱，品质淳厚的善巧，也是灵活应付、随时变化的权变，也可以说就是真实！其实，这里佛的言外之意是：意在言外，就是不要执着于文字及言语。如果执着于言语及文字，那就是大错特错了！

佛法分真实、方便两种说法。“真实说”为“真谛”之说；“方便说”为“俗谛”之说。真谛，属本性之说；俗谛，属现相之说，性真相假，佛依此二谛说法。真谛，是实相，属大乘之说，自证境界，凡夫是体会不到的；俗谛，是世间说，是世人见解能达得到的知见、常识。这种方便之说，是随世人的知见、常识而进行的。说一切世间法，有生有灭，变化无常，是顺世俗而说，是为了让世人更容易体悟，可以引领，诱导世人来感悟那个真谛实相，也就是形而上的大道。这是佛不得已而用的方便法门。佛在教化众生时，也是离不开“方便法门”的，因为“实相无相”，是无法言说的，能说的全都是方便。

历史上有这样一个禅宗故事，《五灯会元》等很多部典籍中都记载过这个故事，说的是唐代高僧船子德诚度弟子夹山的故事。船子德诚，唐朝僧人，祖籍四川遂宁，得法于药山惟俨禅师，与云岩、道吾共同侍奉药山数十年。药山刚收船子为弟子的时候，就预言船子的未来说：“子以后上无片瓦，下无银地，大阐吾宗。”药山圆寂后，船子便同云岩、道吾两位师兄弟下山传道。开始打算遁隐山林，却又恐怕因此埋没了师父的宗派，最后船子主张云岩、道吾两位师兄弟去四方传道，“公等应各据一方，建立药山宗旨”，然后也说因为自己“予率性疏野，唯好山水，乐情自遣，无所能也”，打算“去苏州华亭县，讨小船子水面上游戏”，并嘱两位师兄弟，日后如果发现有根器之人，让其来苏州华亭县找他。

一天，道吾来到京口（今镇江）鹤林寺，正好碰上夹山善会禅师在堂上说法，便堂下而听。有僧问：“什么是法身?”夹山答：“法身无相。”僧又问：“什么是法眼?”夹山答：“法眼无瑕。”道吾听了夹山的回答不觉失笑。为什么呢？因为这样的问题本来是需要亲证的，可时下夹山却回答成了教条和知识。道吾这一笑其实没有半分嘲讽的意思，因为夹山的回答并没有错误，只不过道吾觉着这样回答是以盲引盲，很是可笑，所以不自觉的就扑哧一声笑了出来。法堂上有人突然发笑，实乃有失庄严。然而，夹山禅师却并没在意，而是恭敬诚恳的请教道吾说："我讲法哪里不妥，令上座失笑，还望上座不吝赐教。"道吾回答说："你说得没错，只是出世没有老师教过。"听罢夹山请道吾点拨，道吾说："不能说破。如果你真要想学，就到苏州华亭县去找船子德诚吧，他会教你的。"那时候夹山禅师的名气也很大，讲经说法也很有资历，突然听到有人让他拜师，心中不觉有些恍惚，心想到底值不值得去投奔。便问道吾这个船子德诚上师怎么样？道吾回答说："此人上无片瓦，下无立锥之地。"并告诉夹山，如果要去的话，不要穿袈裟，不然，船子德诚不会收他为弟子。夹山求知心切，换了衣服，直奔华亭。而后便留下了这船子德诚度弟子夹山的故事：

《五灯会元》第五章中云："山乃散众束装，直造华亭。船子才见，便问：'大德住甚么寺？'山曰：'寺即不住，住即不似。'师曰：'不似，似个什么？'山曰：'不是目前法。'师曰：'甚处学得来？'山曰：'非耳目之所能到'。师曰：'一句合头语，万劫系驴橛。'师又问：'垂丝千尺，意在深潭。离钩三寸，子何不道。'山拟开口，被师一桡打落水中。山才上船，师又曰：'道！道！'山拟开口，师又打。山豁然大悟，乃点头三下。师曰：'竿头丝线从君弄，不犯清波意自殊。'山遂问：'抛纶掷钩，师意如何？'师曰：'丝悬绿水，浮定有无之意。'山曰：'语带玄而无路，舌头谈而不谈。'师曰：'钓尽江波，金鳞始遇。'山乃掩耳。师曰：'如是，如是。'遂嘱曰：'汝何去，直须藏身处没踪迹，没踪迹处莫藏身。吾三十年在药山，只明斯事。汝今既得，他后莫住在隍聚落，但向深山里、镬头边，觅取一个半个接续，无令断绝。'山乃辞行，频频回顾。师遂唤：'阇黎！山乃回首，遂竖起桡子曰：'汝将谓别有。'乃覆船入水而逝。"夹山，本来也是夹山竹林寺的一位颇有道行禅师，经道吾引荐来拜船子德诚为师，两人一见面就机锋相对，船子问夹山："大德住什么寺？"夹山回答："寺即不住，住即不似。"这里夹山的回答也很有机锋，为什么这样说呢？因为出家人四大皆空，谈何所"住"？"应无所住，而生其心。"有所住就不是了！船子说："不似，似个什么？"船子明白，夹山说的"不似"，其实已经"似"了，为什么这样说呢？因为，只要夹山能说出"似与不似"，就说明他心中已经有了相对比较的对象。有了相对比较的对象，那就有了"住"。船子这里问的这个"不似"似个什么？就是想要夹山说出这个"不似"的对象。而夹山明白这是船子下的圈套，并不想落进去，因此，回答说："不是目前法。"意思是："不是目前的事物。"船子问："你这从什么地方学来的？"夹山回答说："不是耳朵和眼睛所能听到和看到的。"其实，这里夹山的意思是这是他自家自有的东西。船子说："一句合头语，万劫系驴橛。"意思是："你从哪里学来这么一句合符禅旨的话。在这里装腔作势耍嘴皮子，这有什么用，无非是被拴在了万劫不复系驴的橛子上了，这样是无法解脱的。"这么一说，夹山发现自己的确没有道行，被揭了老底，一时愣在那里，无话可答。船子见此状继续点拨他说："垂丝千尺，意在深潭，可离钩三寸，你怎么不道？"意思是：你大老远来拜师，心意是想要得道，可是"道"就在你嗓子眼处，你怎么不说呢？夹山刚要开口回答，就被船子德诚一船桨打落在水中。夹山才想上船，船子说："你说说。"夹山打算开口说，船子见他又想说，举起船桨就打。这一下子，打得夹山豁然大悟，就点了三下头。就这样一个满腹经纶，一肚子知识，满脑子佛理，看上去颇有道行禅师，被船子水中打悟了。佛教中讲的"三际托空"，说的就是空掉一切妄念。船子这一船桨打得起了作用，打得夹山再也不把那些教条的佛法当作救命稻草，也顾不上装腔作势了，剩下的只是本能的挣扎，而就在这本能的挣扎中，真正的生命的觉性显示了出来。其实，就是这样，后天学来的东西，是可用来帮助启发内在的觉性，但是不可以执着，如果执着于这些言语文字，那这些言语文字最终就会成为证道的障碍。夹山在没有准备的情况下，被师父一船桨打下了水，在这生与死的紧要关头，他脑子里已一片空白，平日里说法时的“法身无相”“法眼无瑕”等理论知识，也随之而去，这也正是他师父船子想要的效果。

船子德诚对于禅法的传授在于“不立文字”，也就是：断字、断言、断语、断意等断取一切妄心及妄念，为的是截断世人对自我主观意识上的执着，讲究的是一个“断”字，追求的是直指人心、见性成佛。而想要达到这种境界，需要的是自心的觉悟，而要自心觉悟，就必须放下一切自我主观成见。因此，当夹山被打落在水中，面临被淹死之时，已泯灭了意识，忘却了言语，刹那间进入了一种空灵光明的境界，瞬间也就顿悟了。

船子见夹山有所顿悟，便说：“竿头丝线从君弄，不犯清波意自殊。”“从君弄”什么意思？意思是：“你自己搞的。”为什么这样说呢？因为这里的“竿头丝线”，说的是妄心、妄念、妄识、妄言、妄语、妄想等。说来说去，说得再多也没有用。为什么呢？因为，这一切不是禅，也不是道。“不犯清波”，那“清波”指的是什么呢？是佛？是道？是禅？是如来？是真如？是本来？不犯“清波”的时候“清波”是什么样子？其实，说“不犯清波”的时候，已经“犯了清波”了，你只有将“不犯清波”也弃掉不再执着，那才是真的“不犯清波”了。因为，无论你怎么说，不管说得对与错、是与非，只要你开口一说就是“犯清波”。你说对也犯清波，你说错也犯清波；你说是也犯清波，你说非也犯清波。为什么这样说呢？因为，你在没“犯清波”之前，“清波”如如不动，像平静如镜的大海，没有一丝波浪。但是，如果你开口一说，不管是说的对与错、是与非，那你已经“犯了清波”，就像风雨中的大海，波涛起伏，汹涌澎湃。“不犯清波意自殊”，不要学别人，自己亲证，如人饮水，冷暖自知。跟别人的感觉不一样就叫着“殊”。

夹山有些顿悟师意，紧接着就问：“抛纶掷钩，师意如何?”意思说：“抛弃一切有为法，师父的意见如何?”船子听夹山说“抛纶掷钩”，觉着夹山有些顿悟，但还没有真正达到完全顿悟的火候，便说：“丝悬绿水，浮定有无之意。”意思是：“你不要刻意地去抛弃它，随它有无之意而去吧。船子这里的言外之意是：如果你刻意地去抛弃它，那也是执着，也是着相。就让它浮沉于有无之间任它而去吧！说的也是，本来就无一法可求，本来也无一法可舍，住有住空都不对。听完师父的答复，夹山说：“语带玄而无路，舌头谈而不谈。”意思是：“这不是在故弄玄虚吗？执有执无，执无执有的，说来说去不是等于没说吗?”这一下子，夹山在不经意中说到点上去了。船子德诚听了高兴地说：“钓尽江波，金鳞始遇。”这句话，我们可以从两个方面去理解。一是：“船子德诚天天摆渡，天天寻觅，今天终于找到了称心如意的弟子了”；二是：“说夹山你天天都在觅佛寻道，今天你终于在这有意不注意之间开悟见道了。”师父这么一说，夹山心想：既然佛法说了都是白说，何况恭维我的言语，又何必听呢！“山乃掩耳”便两手捂着耳朵，意思是我不想在听你说了。船子见此状，便说：“是这样，是这样。”发现夹山顿悟后，船子德诚又告诉夹山，禅灵活而不死板，既不要执着外在，也不要拘泥于自心，有心无心，有言无言，一切尽在不言中。应无拘无束，顺其自然。所以他紧接着嘱咐夹山说：“汝何去，直须藏身处没踪迹，没踪迹处莫藏身。”意思是说：“你要明白，应当舍去二元的相对不要执着于有，也不要执着于无。”为什么这样说呢？因为归灭于空寂的心为藏，造生于空寂的心为显。如果说没踪迹处也要藏身的话，是弃真执妄，是病不是禅。这是本公案最精彩的地方！看似简单的一句话，却说出了入佛入道的玄机，在“有、无，非有非无，非非有非非无”中顿悟真如。刚接触佛学的人，总觉着这句话莫名其妙，神乎其神，甚至有的感觉是在故弄玄虚，更有甚者一谈到“佛”就说“无”，好像说“有”人家会笑话他，岂不知这已经是“执无”“执空”落到一边上去了。这句话谈的不是宇宙万有的终极问题，而是人的“自性”，也是一种佛的境界。也就是说，成佛后不再起心动念、分辨拣择了，更无所谓有无了。所以这不是说的存在与不存在的问题，也不是说的成佛后人就没有了。成佛后人还是在的，只不过是不再有心识上的分辨拣择了。

船子这句：“直须藏身处没踪迹，没踪迹处莫藏身。”圆融透切，打杀伪禅。其实，真正的禅者，既不会拘泥于全无交涉，无言无答的空谈中。也不会困在不可说、不可道的言语道理上，更不会弄出那种装模作样、故弄玄虚、高深无言的怪相来。而是喝骂棒打，有情有义，有责有任。既能全盘托出，又非全盘托开，交涉透脱完整，清风解缚，心意相合，练真达透，自性了达，归于空寂，于万事万物心行处灭，断灭一切意识流注的繁生，而达到如来禅境。

接下来船子又说：“‘吾三十年在药山，只明斯事。汝今既得，他后莫住在隍聚落，但向深山里、镬头边，觅取一个半个接续，无令断绝。’山乃辞行，频频回顾。师遂唤：‘阇黎！’山乃回首，遂竖起桡子曰：‘汝将谓别有。’乃覆船入水而逝。”船子对夹山说他在药山禅师那侍奉了三十年，就弄明白了这样一件事，“今天你既然已经得到了，以后不要住在城里，到深山里去，有口饭吃的地方就可以，寻觅一个或半个弟子，不要让这事断绝了。”听完了师父的嘱托，夹山辞行而去，但却不忍离别师父，频频回头，依依不舍。师父心知肚明弟子此时的想法，便喊了一声：“上师！”夹山回头看时，师父又把船桨竖了起来说：“汝将谓别有。”意思是说：“你不要认为还有什么别的玄妙之处，‘法’都传给你了。”说完了，便“覆船入水而逝”。为了坚定弟子的信心，把船弄翻了入水而死，为的是坚定弟子的信心。这是多么高的一种境界啊！了然可见禅悟之人，那种荡然虚静，旷然无累，超然圆满的超凡所为。其实，在修佛、修道之路上，有一些众生只知道执着于言语文字，而却不知道这样已经远离了佛法。如果能于法当下即灭，那当下就是佛法。所以佛在《金刚经》中云：“若人言如来有所说法，即为谤佛。”既然这样，那佛为什么还要讲呢？是因为众生执迷不悟，佛无奈而设下的方便法门，实属为不讲而讲。如果众生能明此理，也就不用再谈什么空不空，佛不佛，禅不禅了。

好了！不多说了，向外扯了这么远，现在言归正传，回到正题上来：齧缺问了王倪三个问题，王倪都回答说不知道。但是，在说完第三个不知道时后，王倪没等齧缺再问接着就说：“虽然我不知道，但我尝试着来回答一下你的问题。怎么知道我所说知道的不是不知道呢？怎么知道我所说不知道的不是知道呢？”其实这里王倪同样也是无奈，不说吧，齧缺还认为自己真的什么都不知道来，为了让齧缺开悟，所以还是要说。因此，他反过来问齧缺：“你怎么知道我所说知道的不是不知道呢”。这里与庄子和惠子在濠水桥上游玩时的那段故事有异曲同工之妙。王倪的意思也是：你又不是我，我们俩的知觉和感觉又不相同，你怎么能知道我的所想、所说呢！就算我回答你说知道，你又怎么能知道我所回答的这个知道，到底是真知道还是假知道呢！既然你弄不明白，那么我所说的不知道，你同样也弄不明白，由此可见，我回答的不知道，也可能就是知道。既然这样，还有什么可说的呢！你可以知道自己的身，也知道自己的意，同时可以知道自己的识，可是你知道自己的本性吗？你自己的本性只有一个，凡是那些可以知道的都不是，难道是那个能知之知吗？如果说是那个能知之知，那么这个能知之知，已是被知了，难道它也不是吗？如此这样问来问去，一直问下去，直至无穷无尽，无生无灭的空性。庄子很明白这些道理，因此他继续借用王倪的嘴巴，打掉齧缺或是世人的妄心妄念，又反过来提出了一系列问题。

且吾尝试问乎女：民湿寝则腰疾偏死，鳅然乎哉？木处则惴栗恂惧，猨猴然乎哉？三者孰知正处？

译文：还是我尝试着来问一问你：人在潮湿的地方睡觉就会腰部患病或患半身不遂，泥鳅为什么不会这样呢？人住在树上就会恐惧发抖，猿猴为什么不会这样呢？三者谁知道哪个是正确的住处？

庄子这里的意思是说，既然我俩的知觉和感觉不相同，那么肯定说众生的知觉和感觉也不相同。人怕睡在潮湿的地方，而泥鳅不怕，是因为感觉不一样；人住在树上会恐惧发抖怕摔死，而猿猴不怕，也是因为感觉不一样。众生的禀赋不同，生命功能也就不同，感觉不同，习惯也不同。既然三者的感觉都不一样，那么三者的感觉到底是谁的对、谁的标准、谁的住处又是正确的呢？正确与不正确，难道有谁能说得明白吗？既然说不明白，那还有什么可说的呢！

民食刍豢，麋鹿食荐，蝍蛆甘带，鸱鸦耆鼠，四者孰知正味？

译文：人食牲畜的肉，麋鹿食草，蜈蚣喜欢吃小蛇，鸱鹰喜欢吃老鼠，四者谁知道哪个是正确的味道？

上面庄子是借王倪之口从感觉，也可以说是触觉方面说的。这里庄子又借王倪之口从味觉谈起，他说人喜欢吃肉和五谷杂粮，麋鹿喜欢吃草，蜈蚣喜欢吃小蛇，鸱鹰喜欢吃老鼠，四者对食物各有所喜好。这些喜好是自然而然的事，没有另外主观的强迫所为，也可以说是四者各自的天性。人天生吃肉不吃草，麋鹿天生吃草不吃肉，如果你让蜈蚣和鸱鹰去吃草，是不可能的事，同样你让人和麋鹿去吃小蛇和老鼠也是不可能的。既然这样，那到底谁的口味是标准呢？是人的吗？还是麋鹿的呢？是蜈蚣的吗？还是鸱鹰的呢？谁又能说得明白呢？既然说不明白，那还有什么可说的呢！

猨猵狙以为雌，麋与鹿交，鳅与鱼游。毛嫱丽姬，人之所美也，鱼见之深入，鸟见之高飞，麋鹿见之决骤。四者孰知天下之正色哉？

译文：猿以猵狙为配偶，麋与鹿交配，泥鳅与鱼交尾同游。毛嫱和丽姬，是人中美人，可是鱼儿见了她们却深深潜入了水底，鸟儿见了她们却高高飞向天空，麋鹿见了她们却撒腿快跑。四者谁知道哪个是天下真正的美色呢？

上面庄子是借王倪之口，从味觉谈完了以后，这里又借王倪之口从色谈起。世上的大部分动物都分雌雄，并且都是自然而然地在各自的本类中选择配偶，这也是自然的天性，是无法改变的。因为猿猴不可能拿麋鹿和泥鳅当配偶，同样也是麋鹿和泥鳅也不可能拿猿猴当配偶，因此，虽然毛嫱和丽姬是人群中的大美人，人人见了都喜欢，就像今天的我们看到了美女大明星一样，但是，鱼儿见了她们却吓得深深地潜入了水底，鸟儿见了她们也怕得高高地飞向天空，麋鹿见了她们也吓得撒腿快跑。虽然，鱼儿、鸟儿、麋鹿见到了美女都害怕得躲开了，可是它们却有着各自的所爱，各自眼中的美丽。因此，猿选择了猵狙为配偶，麋选择鹿为配偶，泥鳅选择鱼交尾同游。然而，四者到底谁是最漂亮、最美丽的呢？哪个又是天下真正的美色呢？谁又能说得明白呢？既然说不明白，那还有什么可说的呢！

从以上这些随意拖来的不伦不类的比喻可以看出庄子的大智慧。庄子用自己的辩论，说别人辩论算什么辩论，只不过是一些不堪一击的辩论，是我庄子不愿意和你们辩论，只要我庄子开口辩论你们谁还能有法再辩论呢？的确，庄子说的都非常到位，也非常在理。就是用今天的科学道理来分析，也是非常在理的。这就是庄子的个性、特点和智慧。上面一系列的比喻，都是为了下面这一句做的铺垫。

自我观之，仁义之端，是非之涂，樊然殽乱，吾恶能知其辩！

译文：以我看来，仁义的究竟，是非的混淆，纷杂错乱，我哪能知道怎么分辨呢！

庄子的确是一个智慧之人，他借用别人之口辩来辩去，辩到最后，用一句话："我哪能知道怎么分辨呢！"把自己的所说、所辩全否了。同时，把那些纷杂错乱，混淆不清的仁义是非，也一起否了，置一切言说于戏论中。

齧缺曰："子不知利害，则至人固不知利害乎？"王倪曰："至人神矣！大泽焚而不能热，河汉沍而不能寒，疾雷破山飘风振海而不能惊。若然者，乘云气，骑日月，而游乎四海之外。死生无变于己，而况利害之端乎！"

译文：齧缺说："你不知道好坏，是说道德高尚的至人本来也不知道好坏吗？"王倪说："进入物我两忘境界的至人神湛不测呀！大泽焚烧而不能使其感到热，黄河与汉水冰冻了而不能使其感到寒冷，迅雷破山与狂风倒海而不能使其感到震惊。像这样，乘雾驾云，骑日驭月，而遨游于四海之外，死生对其自己没有任何变化影响，何况好坏的究竟呢!”

这一段呈现的是庄子的“逍遥之道”，从佛教的角度讲也是大乘境界，是庄子的眼界、胸襟和霸气！庄子《逍遥游》中云：“至人无已，神人无功，圣人无名。”是说：“至人没有自我，神人没有功德，圣人没有名利。”从道的本体来说，至人是道的一部分，是及万物与道合一的，因此说“至人无已”；从道的体用来说，神人是道的体用，是以他而起的，是无为而无不为的。虽然说以他而起，功用无限，而却无功可表，因此说“神人无功”；从道的名相来说，圣人质朴自然，不欲以静，常守玄默无为之道，无可名状，是不为人知的才识之士，因此说“圣人无名”。

“至人、神人、圣人”这里指的不是什么人，而是一种很难企及的境界。这种境界也可以称之为“天人”境界，如同庄子《逍遥游》中所说的“游无穷者”。至人，也可以说就是“天人”，如同庄子《天下》中所说的“不离於宗，谓之天人”，是庄子心中之大象，是眼界，是做人方向，不是实际的存在。从两千多年前庄子提出这一说到今天，难道有谁见到过“天人”吗？由此可见，这是庄子让世人追求的一种境界，也是一种只可意会、不可言传、没有标准可寻的境界。从佛教的角度讲，也是一种“真俗不二”的法门，是一种不离现实而超越现实的境界。“至人无已”，如文章开始一段中所说的“吾丧我”异曲同工，彻底打破了对立面，进入了一种超然的状态。至人，是一种很高的境界。但是，从庄子《大宗师》《天下篇》等篇章中也不难看出，其实“圣人”的境界与“至人”的境界从理论上讲并没有什么根本的不同，只要是能打破对立、修成了正果、终其天年、视死如归的人都可称为“至人、神人、圣人”。这一切，在庄子这里没有具体可寻，无非代表的是一种境界的品位。

庄子借齧缺之口，提出了“至人不知道好坏”一说，并借王倪之答，说出了“至人”的境界。他说：“至人神珺不测呀！大泽焚烧而不能使其感到热，黄河与汉水冰冻了而不能使其感到寒冷，迅雷破山与狂风倒海而不能使其感到震惊。像这样，乘雾驾云，骑日驭月，而遨游于四海之外，死生对其自己没有任何变化影响，而况且好坏的究竟呢!”

庄子对“圣人、神人、至人”的描述，不只是在这里。庄子在《逍遥游》中云：“藐姑射之山，有神人居焉，肌肤若冰雪，淖约若处子；不食五谷，吸风饮露，乘云气，御飞龙，而游乎四海之外。”这段对“神人”描述，与上面那段对“至人”的描述颇有些相似之处。如“乘雾驾云，骑日驭月”“乘云气，御飞龙”。哪个人能有这样的本事能“驾云驭月，乘云御龙”呢？由此可见，这一切都是庄子寓托的神话，营造的境界。这种“无己、无功、无名”的人生境界，是一种逍遥自在的境界，不受客观条件的任何约束，打破了对一切条条框框的执着，抛弃一切精神的烦恼，不再受“主观成心”的限制，就像《应帝王》中的“顺物自然”、《人间世》中的“乘物以游心”，神游于天地之间。这种境界，不是一种随意神秘的白日作梦，而是一种精神观念的超越。

无己，是一种打破自我与自我对立的境界。人的“主观成见”是对“小我”的执着，因其执着于“小我”而遮蔽了“大我”的呈现。只有破了这种对“小我”的执着，方可呈现“大我”。无功，是一种打破非自我与非自我对立的境界，是从观念上打破对外物的分别拣择，顺应自然，无所是非。无名，是一种打破自我与非我对立的境界，也就是说舍弃人生对功名利禄的追求。用毛主席的话说就是“全心全意为人民服务”“一个人做件好事并不难，难就难在一辈子做好事”。如果你对别人做了件好事，就觉着应该得到点什么，那我看你还是不做的好。为什么这样说呢？因为如果你为别人做件好事，就想得到好处，其实这样已经是把自我与非我对立起来了，就算是你以仁爱之心对待别人，无非也是为了求名求利，求得功名利禄而已，这种做法是将仁义之绳墨置于了天下。庄子倡导的是“天人合一”的道德理念，追求的是人与自然的和谐统一，这种道德理念，没有为他人服务的动机，也不求得为他人服务的回报。

老子《道德经》第二章中云：“是以圣人处无为之事，行不言之教，万物作焉而不辞，生而不有，为而不恃，功成而弗居。”大意是：“圣人是以无为之道处理事物的，从事不言之教化，万物兴起于哪里而不美言，生成而不据为己有，养育而不恃才傲物，功成业就而不居功自傲。但是不居功，是以不去自居。”庄子认为：刻意的爱人、利人，违背了自然规律，是自我与非自我的对立。刻意标定的为他人做好事，是名利的追求，不是自然顺应。譬如说：你去捐款，留下了你的名字，这是一种刻意的表现。话又说回来了，如果你看到别人的自行车倒在了路边上，你顺手给他扶了起来；看到地上有垃圾，你顺手把它捡了起来，放到了路边的垃圾箱里去，这些看上去不起眼的小事，却能充分说明顺应自然的“无为而无所不为”。所以说，圣人“为而不恃”。

无为，是老子的思想。是老子在诸侯混乱，统治强为，贪婪无度，肆意放纵，民不聊生的春秋时代提出的，为的是呼吁统治者放弃苛政“无为而治”。老子认为，应规范道德，顺其自然。只有这样，才能不违反社会法则，有利于人民，才能使人民的生活安平饶益、幸福和谐。当然老子的“无为”，不是什么都不管的消极处世态度，也不是消极等待，而是“无为而无所不为”的处世哲理。因此，他提出了“我无为而民自化，我好静而民自正，我无事而民自富，我无欲而民自朴”的理念。老子的“无为”，不是消极的毫无作为，而是不妄为。这是一种顺应自然立身处世的态度和方法，也是老子那个时代理想生活的追求。在那个时代里，人民朝作暮息，自给自足，不需要统治，一切顺应自然。而一旦有了统治，统治者为了达到自己的欲望，便设置大量苛捐杂税，导致民不聊生。

庄子《人间世》中云：“且夫乘物以游心，托不得已以养中，至矣。”大意是：“顺应自然万物，不按自我本意以养道德，就行了。”庄子说得很对！只有顺应世间万事万物，才能“游心”于自然。宋代范仲淹的《岳阳楼记》中所云：“不以物喜，不以己悲。”“游心”以去“天刑”，是顺应自然规律，而不能违背自然规律。即使你修得正果，成佛、成道、成至人了，生死规律也不会因此而不存在了，还是在自然之变中。庄子《外物》中云：“人有能游，且不得游乎？人而不能游，且得游乎？”庄子这里的“能游”，是能“游心”；“不能游”，是客观事物的束缚。明代洪应明《菜根谭》中云：“心是一颗明珠。以物欲障蔽之，犹明珠而混以泥沙，其洗涤犹易；以情识衬贴之，犹明珠而饰以银黄，其洗涤最难。”大意是：“心好像是一颗明亮珍珠。如果被物质欲望遮蔽了，就如同明亮珍珠被混入了泥沙，洗涤它尚且容易；如果以主观情感意识来衬贴它，就如同明亮的珍珠被加工装饰上了金银，要想洗涤它是非常难的。”“游心”，不是让你闭上眼睛不看世间万事、万物了，而是让你顺应世间万事万物。如果闭上眼睛不看世间万事万物，就能消除一切烦恼的话，那还要修什么？把眼一闭，不就得“道”了吗？当然，“游心”也不是为了在虚幻中寻求解脱，而是为了恢复人的本来面目。

庄子《德充符》中云："游心乎德之和。"《应帝王》中云："游心于淡。"由此可见，要想成为能乘雾驾云，骑日驭月，遨游于四海之外的"至人"，就必须有大泽焚烧而不感到热、黄河与汉水冰冻了而不感到寒冷、迅雷破山与狂风倒海而不感到震惊的胸怀。没有分别拣择、是非憎爱、价值判断、功名利禄的妄心，不再是自欺欺人的自我安慰，而是顺应自然万物，游心于"无为而无所不为"的道德之中。

感悟十
梦有六趣　觉无大千

【原文】

瞿鹊子问乎长梧子曰："吾闻诸夫子，圣人不从事于务，不就利，不违害，不喜求，不缘道。无谓有谓，有谓无谓，而游乎尘垢之外。夫子以为孟浪之言，而我以为妙道之行也。吾子以为奚若?"

长梧子曰："是黄帝之所听荧也，而丘也何足以知之！且女亦大早计，见卵而求时夜，见弹而求鸮炙。

"予尝为女妄言之，女以妄听之。奚旁日月，挟宇宙，为其脗合，置其滑涽，以隶相尊。众人役役，圣人愚芚，参万岁而一成纯。万物尽然，而以是相蕴。

"予恶乎知说生之非惑邪！予恶乎知恶死之非弱丧而不知归者邪！丽之姬，艾封人之子也。晋国之始得之也，涕泣沾襟，及其至于王所，与王同筐床，食刍豢，而后悔其泣也。予恶乎知夫死者不悔其始之蕲生乎！

“梦饮酒者，旦而哭泣；梦哭泣者，旦而田猎。方其梦也，不知其梦也。梦之中又占其梦焉，觉而后知其梦也。且有大觉而后知此其大梦也，而愚者自以为觉，窃窃然知之。君乎、牧乎，固哉！丘也与女，皆梦也；予谓女梦，亦梦也。是其言也，其名为吊诡。万世之后而一遇大圣，知其解者，是旦暮遇之也。”

【译文】

瞿鹊子问长梧子说：“我多次听老师孔子说，关于圣人不从事于琐细的事情，不靠近好事，不远离坏事，不喜欢得到，不攀缘虚妄。没有说又有所说，有所说又没有说，而游心于烦恼之外的说法。孔子认为这是轻率的言论，而我却认为这是妙道之理，你认为如何？”

长梧子说：“就是黄帝听了这些话也会迷惑不解的，而你老师孔丘也不可能都完全知道啊！况且你也太着急了，看见鸡蛋你就要求得到报晓的公鸡，看见掸子你就要求得到烤熟的斑鸠肉。

“我试探着为你胡乱说说这个问题，你也以此胡乱地听听这个问题如何？圣人靠近日月，怀抱宇宙，为了和谐，安放了滑稽的昏乱，以此放下了相互的尊崇。众人劳苦不息逐名奔利，圣人貌似无知，却参通了万年而是一刹那的事。万物全都是这样，并且以此相互包含。

“我哪里知道高兴的活着不是不迷惑呢！我哪里知道厌恶死亡是没有胆子而不知道死了其实是回去了呢！丽姬，是艾地封人的女儿，晋国刚迎娶她的时候，她哭得鼻涕泪水沾满衣襟，等她到晋王的宫里，与晋王同睡一床，吃上美味珍馐，后悔当初不该那么伤心地哭泣。我哪里知道那些死去的人不会后悔当初的求生呢？

“梦中饮酒的人，早晨哭泣了；梦中哭泣的人，早晨打猎了。他们在梦中的时候，并不知道自己是在做梦。在梦中又会占卜他们的梦，醒来后才知道自己是在做梦。况且有了大觉悟后才知道自己的人生也是一场大梦，而愚昧的人却自以为觉悟了，好像自己什么都知道。君尊牧卑，这种看法实在是浅薄鄙陋呀！孔丘也和你一样，都是在做梦。我说你们在做梦，其实我也是在做梦。这番话，此时可以称为奇特或怪异。但万世之后而一旦遇上一位大圣人，知道并悟出了其中的道理，是早晚相遇的事。”

【感悟】

瞿鹊子问乎长梧子曰：“吾闻诸夫子，圣人不从事于务，不就利，不违害，不喜求，不缘道。无谓有谓，有谓无谓，而游乎尘垢之外。夫子以为孟浪之言，而我以为妙道之行也。吾子以为奚若？”

译文：瞿鹊子问长梧子说：“我多次听老师孔子说，关于圣人不从事于琐细的事情，不靠近好事，不远离坏事，不喜欢得到，不攀缘虚妄。没有说又有所说，有所说又没有说，而游心于烦恼之外的说法。孔子认为这是轻率的言论，而我却认为是妙道之理。你认为如何？”

这里的“瞿鹊子”和“长梧子”也是庄子杜撰出来的人物。“夫子”指的是孔子。庄子是在通过瞿鹊子和长梧子的对话，更深入地让我们体悟道的境界，也是借瞿鹊子的口，来论说儒家和道家的思想。其实，看上去儒家思想是有为的，道家思想是无为而无所不为的，好像两家思想是截然不同的。但是说来说去，有无相生，有为无为，最终是一不是二。一般修道的人认为：修佛修道，应出世间法而修，不应从事世俗的事务，只有出离世间法才能修好。岂不知离世无道，离开了世间，法还谈何出世间法呢！难道得道的人，真的不能做世俗的事情吗？其实这是错误的理解。得道的人，也不是什么世俗的事务都不管了，只是对境无心罢了。如果什么世俗的事务都不管了就是修道的话，那路边和山上的石头它什么也不管，难道是修道或得“道”了吗？既然不是这样，那还有什么可说的呢！一般修道人的思想：认为世俗的事务会扰乱道心。依我看，如果如此修道的话，肯定是修到邪道上去了。

“不靠近好事，不远离坏事”，并不是说见了好事就跑，见了坏事就躲。是说见了好事也不喜，见了坏事也不忧，而是随性自然的。如果你能随性自然，达到无喜也无忧的境界了，那也就不用再谈喜欢不喜欢、得到得不到了。这个世上的东西，可以说什么都是你的，也可以说什么都不是你的。为什么这样说呢？因为没有一个人敢说这个世上的哪样东西是自己的永远？不用说你住的房子和用的车了，就是连你自己的身体也是暂时借用的，是你寄住在这里的。如果你能真正体悟到的话，你就会明白，其实世间万物全都是虚妄不实的，那个真正的你是看不见、摸不着的。你对万事万物的一切执着，也都是在攀缘虚妄。

“没有说又有所说，有所说又没有说”，这个很好理解。为什么说很好理解呢？因为你说我说了，我来问你我说什么了？难道你能分辨出我说的对和错、是和非吗？就算你能分辨出来，那也是你自己的事，一切都是你自己的主观成见造成的，与我无关。虽然说言语本身带有个体的主观思想，但是它却没有一个现实的东西可以让你抓住，也没有一个准确的标准可以让你依附。既然这样，那我说了也等于没说，而没说我的确又说了。因此，如果你说我没说，可是我的确说了。如果你说我说了，可是我说的又不是那个真正的东西。由此可见，说和没说无非是言语游戏，不是真正大道，不可执着。只有没有了对言语的执着，才能没有了对事物的拣择分辨；没有拣择分辨，也就没有了憎爱；没有了憎爱，也就没有了烦恼；没有了烦恼，也就可以游心于天地之外了。

孔子认为这是轻率的言论。难道孔子认为的错了吗？其实我看孔子认为的并没有错！你不要认为庄子这里是在批评孔子的"认为"错了，这里庄子是在用孔子的"认为"来说事。如果圣人把从事或不从事的一切修行，整天地挂在嘴上，那不就成了佛家所说的"口头禅"了嘛！不就真的成了"孟浪之言"了嘛！当然，如果认为这一切是妙道之理的话，那这种认为也是对言语上的执着。不妨你也好好参参，对与不对还需要问别人吗？这里瞿鹊子说他老师孔子认为这是轻率的言论，而他却认为是妙道之理。好像他比他老师孔子还懂，其实他这种做法，是不懂装懂，故弄玄虚，自以为是，幼稚可笑的。因此长梧子听完瞿鹊子的言说后，很不高兴地对他进行了批评。

长梧子曰："是黄帝之所听荧也，而丘也何足以知之！且女亦大早计，见卵而求时夜，见弹而求鸮炙。"

译文：长梧子说："就是黄帝听了这些话也会迷惑不解的，而你老师孔丘也不可能哪里都完全知道啊！况且你也太着急了，看见鸡蛋而你就要求得到报晓的公鸡，看见弹子而你就要求得到烤熟的斑鸠肉。

孔子认为那些表达圣人境界的言语是轻率的言论，而瞿鹊子却认为是妙道之理。看上去瞿鹊子比他老师都厉害，好像悟道了一样，其实瞿鹊子根本没有体悟到他老师的言外之意，这言外之意，用今天的话来说就是"只说不练是不行的"。庄子很有意思，杜撰个人名也非常内涵，什么“鹊子”，叽叽喳喳的。他自己不说，而是杜撰了个“长梧子”来为他回答。你看这个“长梧子”名字杜撰的也很有意思！“长”字的解释为：长久、永远等。单看一个“梧”字，撇开它“中立正直之树木”的本意不说，从其字形上看，如果把“梧”字旁边的“木”字偏旁换成“竖心”，这个字就变成了“悟”字，那么“梧子”就可以理解为“觉悟的人”。“长梧子”也可以理解为“永远觉悟的人”。当然，到底这是不是庄子的本意，今天的我们是不得而知的，这可能是我的自圆其说，也可能是我的胡乱私疏。不管怎样，只希望能对你在思路的拓展上有所帮助。

长梧子对瞿鹊子说：“对于你老师孔子说的这些话，不用说我了，就是黄帝听了也会迷惑不解的，而你老师孔丘也不可能什么都完全知道。”这里看上去好像是庄子在调侃孔子，其实并非如此。因为真正懂的人不会说自己懂，会装着说自己不懂；而那些不懂的人却不是这样，他们越是不懂，越会装着自己非常懂。所以这里长梧子说瞿鹊子太着急，言外之意却是在说瞿鹊子一开始就在不懂装懂、故弄玄虚、自以为是。其实这里也是庄子借长梧子的口，对那些不懂装懂的修道之人说的。为了批评瞿鹊子的不懂装懂，长梧子用“鸡蛋”和“掸子”做了比方。这里顺便说一下“见弹而求鸮炙”这句中的“弹”字，不是今天我们所说的枪用子弹，因为那个时代还没有枪。当然你理解成今天的枪用子弹也可以，起码意思是相同的。长梧子发现瞿鹊子一开始就在这里不懂装懂，很不高兴。因此他打了两个比方告诉瞿鹊子，这种说法就像是看见鸡蛋就想要得到报晓的公鸡，看见了掸子就要得到火烤的鸟肉一样，都是不可能的事，这想得也太美了！为什么说是想得太美不可能的事呢？看下面长梧子是怎么说的。

“予尝为女妄言之，女以妄听之。奚旁日月，挟宇宙，为其脗合，置其滑涽，以隶相尊。众人役役，圣人愚芚，参万岁而一成纯。万物尽然，而以是相蕴。

译文：“我试探着为你胡乱说说这个问题，你也以此胡乱地听听这个问题如何？圣人靠近日月，怀抱宇宙，为了和谐，安放了滑稽的昏乱，以此放下了相互的尊崇。众人劳苦不息追名逐利，圣人貌似无知，却参通了万年而是一刹那的事。万物全都是这样，并且以此相互包含。

长梧子说瞿鹊子心太急了，八字还没有一撇，就在这里不懂装懂地论说起他老师孔子来了。这种人真是不知道天多高地多厚啊！因此，不想说也要说他几句。但是，在说以前，长梧子首先告诉瞿鹊子，他自己本人说的也不是标准，只是试探着胡乱地说一说，也让瞿鹊子胡乱地听一听。

“圣人靠近日月，怀抱宇宙”，说的是一种至道境界，也可以说是成道的圣人境界。我们先来说一下道家思想中的宇宙观。《文子·自然》中云：“往古来今谓之宙，四方上下谓之宇。”由此可见，宇宙，指的是时间和空间的综合，是物质和能量构成的统一体。按现代科学推算，宇宙年龄大约已有200亿年。早在远古时代，我们的先哲就已经对宇宙有了深刻的认识和思考，同时也形成了一套完整的宇宙理论研究体系。今天我们对宇宙的理解是：宇宙以秩序而存在，以正负能量之和为零而保持相对稳定，也可以说是物质与反物质相对制衡共处的时间和空间叫宇宙。道家和佛家的宇宙观非常相似，都认为宇宙是由多层时空组成的。《紫阳真人内传》中云：“天无谓之空，山无谓之洞，人无谓之房也。”由此可见，道家的宇宙观是：宇宙是由多层空间组成的。

古时候庄子心中的宇宙和今天科学理论下的宇宙，理解上是否相同，我们不得而知，但是从历史很多经典著作中我们不难看出，其实也没有什么不同之处。这里庄子借长梧子的口说出了圣人的境界是“靠近日月，怀抱宇宙”。那么圣人为什么能有宇宙一样怀抱，日月一样的光辉呢？是因为圣人能把自己和万物等同齐观，做到了“天地与我并生，宇宙与我为一”。圣人悟到了宇宙万事万物一切都在自然法则的制约中，无一例外，所以能够超越自我，放弃自我，顺应自然，敞开胸怀。明代归子慕的《杂诗》有句云：“所以古贤达，与物同一观。俯仰之间，已为放怀抱，宇宙何其宽。”是的，如果能对万物等同齐观、和乐共存，透彻世间尘劳、抛弃一切烦恼，拓开心灵的空间、坦荡大度胸襟的话，那样的宇宙境界应是何等的宽广啊！

为了和谐，安放了滑稽的昏乱，说的是有了宇宙一样宽广的胸怀，就能安放滑稽的昏乱。滑稽，古义为谓能言善辩，言辞流利。安放了滑稽的昏乱，万物就可以等同齐观，和谐共处。俯仰陈迹，一切都是那样的刹那短暂。蓦然回首，前尘烦恼，感慨良多。魏晋陶渊明的《归去来兮辞》中有云：“悟已往之不谏，知来者之可追。实迷途其未远，觉今是而昨非。”大意是：“悔悟自己往日的错误再去挽救也是没有必要了，知道未来的岁月中还可以努力把事情做好，不让遗憾再次发生。说实在的，入迷途还不算远，已觉悟到了今天的是、昨天的不是了。”由此可见陶渊明已明白往日求官的不是，今日弃官的是，也知道入迷途还不算远，来得及回头，深感欣慰。这里表达出了他当时弃官归田的心情。陶渊明家境贫寒，生活窘迫，无奈为了生活，经叔父介绍、推荐，当了一名小县官。可是动荡不安的社会，让他留恋桑梓故园，无心做官。为什么会这样呢？因为陶渊明本来就是一个本性自然的人，所以让他违背自己的本意去做官，实在是太勉强了，是件十分痛苦的事。虽然窘迫的生活役使了他，但惆怅的感慨也深深地刺激着他的心灵，感觉有愧于平生的志愿，因此他供职八十多天后就辞官回家了，回家后写了这篇《归去来兮辞》。

简陋的家园，小路上长满了荒草；贤惠的妻子，觞中倒满了美酒；天真的孩子们，围绕在他的身边。他把酒自斟，观庭赏树；园中散步，心身开颜；手抚孤松，无心离去。抬头远望，白云悠然；早出晚归，飞鸟回巢；倚窗闲读，傲世寄情。在这狭小之地，他感到了心安，因而不再远游他乡、谋官求富，而是在自己的世外桃源里弹琴读书，驾车划舟，行丘探壑，春耕秋作。看万物欣欣向荣，缓缓流动；慕万物各得其时，生死自然；叹人生交臂非故，白马过隙。陶渊明深深地懂得人生所有的烦恼全都源于自我的贪欲，如果能舍去那些对物欲的求索，以安恬的态度，来咀嚼平实的生活，做到达官富贵我不求，良辰美景我来赏；扶杖除草我来作，临溪吟诗我来唱；登坡昂首我来啸，顺应造化以天命；两耳不闻窗外事，抛弃烦恼享快乐。这才是真正生活的芳香！对于这种归隐田园的做法，我们无法用积极与消极的态度去评判，为什么这样说呢？因为这是一种境界，也是一种欲望上的放淡，是胸怀的豁达，也是心境的宽松，是随缘的适性，也是心灵的清淡。

前面庄子说了个“滑疑之耀”，这里庄子又说了个“滑涽”。这两个词都是庄子的专利，看上去有所不同，其实也没有什么两样。无非指向的都是能言善辩。当然，庄子言语中既有其光耀，也有其混乱。当圣人达到了无我的境界的时候，便与天地合其德，与日月齐其明。前面我们说过，在圣人眼里的宇宙万物是齐平的，他们对万事万物的看法，在常人眼里好像是出乎寻常、奇异多变的，甚至是不讲情理的，但对圣人来说，确是将其发扬光大。他们认为万事万物虽然都是齐平，但是却有其两面性。因此你肯定的，我可以否定；你否定的，我可以肯定。在圣人那里，万事万物是没有准确的规律和标准的。而这种没有规律和标准也可以说就是一种规律和标准，这种规律和标准也有它对立的一面，但这要看是在什么情况下，因此既有其光耀，也有其混乱。

要想和谐，就必须安放滑稽的昏乱。安放了滑稽的昏乱，也就放下了相互的尊崇；放下了相互的尊崇，也就没有了众人的追名逐利。即使陶渊明这样的诗人都感叹人生交臂非故、白驹过隙，何况圣人。圣人看上去好像无知，岂不知他们早就参通了万年只不过是一刹那的事，无非是“一念万年，万年一念”。其实一万万一，都是唯心所造，何况人生不过百八十年的，生死无常，万物也全都是这样，而且以此生死相续，相互包含，没有分别，心物一元。因此圣人能与天地精神往来相合，“旁日月，挟宇宙”，天人合一。

“予恶乎知说生之非惑邪！予恶乎知恶死之非弱丧而不知归者邪！丽之姬，艾封人之子也。晋国之始得之也，涕泣沾襟，及其至于王所，与王同筐床，食刍豢，而后悔其泣也。予恶乎知夫死者不悔其始之蕲生乎！

译文：“我哪里知道高兴的活着不是不迷惑呢！我哪里知道厌恶死亡是没有胆子而不知道死了其实是回去了呢！丽姬，是艾地封人的女儿，晋国刚迎娶她的时候，她哭得鼻涕泪水沾满衣襟，等她到晋王的宫里，与晋王同睡一床，吃上美味珍馐，后悔当初不该那么伤心地哭泣。我哪里知道那些死去的人不会后悔当初的求生呢？

上面庄子借长梧子的口说出了圣人成道的境界，这里庄子又借长梧子的口谈起了生死的问题。他说他不知道高兴的活着也是迷惑的，也不知道厌恶死亡，是因为不知道死了就是回去了。庄子这里说的内容与古时候大禹曾经讲过的一句话有异曲同工之妙。古时候的大禹曾经讲过："生者寄也，死者归也。"的确是这样，其实人生在世，能有几人说明白自己活得到底明白还是不明白呢！又能有几人知道，其实活着就是在住旅馆，死了就是回家休息了呢！然而，人们不但不知道这一切，而且住旅馆住惯了，都忘记自己只不过是到此一游罢了。人生就是这样，再怎么尊贵的人也无法永远留世，有来的那一天，就有回去的那一天。生命没有一个本来的东西可以让你抓住，只是一个流动的现象。所有的痛苦和美好，都终成为往事，好坏你都带不走。

唐朝李白《春夜宴从弟桃花园序》中云："夫天地者，万物之逆旅也；光阴者，百代之过客也。而浮生若梦，为欢几何？"宇宙天地是万物的旅馆，过去、现在、未来的光阴是时代之过客。过去了就过去了，去年不是今年，今年不是明年。过去的不可得，现在的不可得，未来的也不可得，如同瀑流，循环不息。正如宋代苏轼的《念奴娇·赤壁怀古》中云："大江东去，浪淘尽，千古风流人物。"也如明代杨慎的《临江仙·滚滚长江东逝水》云："滚滚长江东逝水，浪花淘尽英雄。是非成败转头空，青山依旧在，几度夕阳红。白发渔樵江渚上，惯看秋月春风。一壶浊酒喜相逢，古今多少事，都付笑谈中。"大江东去了，永远不回头。去年不是今年，更不是明年，永远不回来，如江水东流，一去不回头。

有句话叫"通乎昼夜之道而知生死"，不记得出处了。但记得有一个故事可以证明这句话来源于《易经·系辞》。《易经·系辞》中云："范围天地之化而不过，曲成万物而不遗，通乎昼夜之道而知，故神无方而《易》无体。”话说从前有位禅师参禅，对生死问题始终没有参透，有一天他忽然读到《易经·系辞》中的这句“通乎昼夜之道而知”，恍然大悟，便在“通乎昼夜之道而知”后面加了“生死”二字，就有了以后“通乎昼夜之道而知生死”这句话了。《易经》就是这样，放之宇宙皆适用。其实生死就是这样，人活着就像白天，死了就像黑夜，但黑夜不是终结，只是休息，因为天还会亮。死也不是终结，只是休息，因为死还会生。由此可见，生死旦暮而已。因此，圣人不惧死亡，视死如归。

其实人活着就是一场旅途，死了就是旅途结束，回去休息了，休息完就再出来旅行。下一次到哪里旅行，那是因果的事，我们不得而知。庄子在这里通过长梧子的口，说出了人生的规律和生活的常态。在这漫长而又刹那短暂的人生旅行中，我们有过清醒，也有过迷茫；有过痛苦，也有过欢乐；有过疲惫，也有过愉快。艰险和无奈没有耽误我们去观看沿途的风景。就这样我们活在走走停停之间，多角度地变换着场景，去体味这酸甜苦辣咸的人生旅途。孤单的漂泊，无所依傍；坎坷的旅途，走走停停……最终走完了这漫长而短暂的人生旅途。死，有人说是一种解脱，有人说是一种放下，不管怎么说，都是人生的归途，旅行的终结。每个人都在这或是晴朗无暇、或是萧瑟风雨的旅途中欣赏着，承受着……

宋代苏轼有一首词叫《定风波·莫听穿林打叶声》云：“莫听穿林打叶声，何妨吟啸且徐行。竹杖芒鞋轻胜马，谁怕？一蓑烟雨任平生。料峭春风吹酒醒，微冷，山头斜照却相迎。回首向来萧瑟处，归去，也无风雨也无晴。”大意是：“不要听那穿林打叶的雨声，不妨一面吟咏长啸一面慢慢地走着。竹杖和草鞋轻捷得胜过骑马，谁还怕吗？一身蓑衣任凭平生的风吹雨打。春天的寒风吹醒了我的酒意，稍微有些寒冷，山头初晴的斜阳却相迎而照。回头向来时风吹雨打过的地方看去，回去的路上，也没有风雨也没有天晴。”这首词是苏轼被贬为黄州团练副使之后的第三个春天写的。三月七日这天，苏轼一行人在沙湖道上赶上雨天，雨具随仆人先前离开了，一起同行的人都感觉很狼狈，而苏轼却不是这样的感觉。天晴后，他做出了这首词。读罢全词，令人振奋，心情豁然，颇有感悟。一个宦海沉浮，经历坎坷，理想不竟，抱负未果的诗人，此时此刻所作之词：简朴中透着禅意，寻常中伏着大道，表现出了旷世诗人超脱的胸襟和脱俗的人生哲理。由此可见，苏轼不受外物索累，搏击风雨，笑傲人生的境界。在风雨中，任凭自然，我行我素；轻松喜悦，豪迈奔放；不畏坎坷，超然情怀，表现出了他旷达超逸的胸襟，豪迈奔放气质，顿悟人生的智慧。既然不畏风雨，又何畏政治风云呢！无喜无悲，胜败两忘；宠辱不惊，旷达潇洒；宁静超然，大彻大悟，荣辱得失又何足挂齿呢！

“回首向来萧瑟处”，回头看那饱含萧瑟风雨的坎坷仕途路，便熄灭了心中燃起的欲望之火，而归于了平静的“也无风雨也无晴”。仕途的风雨就如同这自然界的风雨一样变化无常，虽说“阳光总在风雨后”，但苏轼不得而知，这仕途的阳光到底在多长的风雨后呢？与其终日在这仕途的烦恼之中，还不如“归去”退隐江湖到那“无雨无晴”的地方去。其实苏轼对这仕途阳光不是不得而知，而是心如明镜。

在《齐物论》中，长梧子的明白，也就是庄子的明白。他心如明镜，非常明白活着是暂时的寄存，死了也就是回去了。人生在世，如同一次旅行，死后，如同回家。而在这场旅行的过程中，每个人的感受是不同的。对于圣人来说，生死早就没有了界限，生命的来去只不过是薪尽火传而已。“方生方死，方死方生”，生生死死，到底哪里是开始？哪里是结束呢？谁是谁的开始？谁是谁的结束？谁又能说清楚呢！既然说不清楚，那还有什么可说的呢！

倒不如闲来亭中观荷听风雨，人在世间，心在世外；春夏秋冬，经风历雨；年幼年老，顺其自然，像溪山中的鸟儿，任其狂风暴雨，飞瀑轰鸣，等到雨过天晴、彩虹饮涧之时，却又是自由地跳跃林间，快乐地飞翔空中。这是一种自然的顺应，也是一种自然的祥和。任其狂风暴雨的吹打，飞瀑轰鸣的震耳，却无动于衷。因为这一切对鸟儿来说，并没有什么可怕的。狂风暴雨是什么，飞瀑轰鸣又是什么，鸟儿并不在意。因为鸟儿虽然身在风雨里，而心却不在风雨中。如同风中的旗，风来则动，风止则静，没有任何的在意，只有自然的顺应。

“生者寄也，死者归也。”如李白《拟古》所云：“生者为过客，死者为归人。天地一逆旅，同悲万古尘。月兔空捣药，扶桑已成薪。白骨寂无言，青松岂知春。前后更叹息，浮荣何足珍？”生有觉，不负此心，死无知，一场轮回！其实上天对每人都是公平的，而因其鱼和熊掌不能兼得的自然规律，所以人们在得到这的时候总会失去那，孰轻孰重，甚难掂量。

仔细想来，死，并不是生命的鸿沟，而是生命的过程，人从虚无来，又归虚无去。父母还没有生我们以前，我们这个生命在哪里？生了我们以后的这个生命终归会结束，也就是死亡。那我这个生命死了以后又到哪里去呢？是天堂，还是极乐世界呢？天堂和极乐世界到底什么样呢？我们不得而知。生死只不过是轮回。但人们却迷恋生，害怕死，害怕死后的虚无。然而，我们忘记了一个关键的问题，生命本身就是从虚无中来的，虚无是生命的故乡。人们只知道留恋旅途沿岸的风光，却不知道自己的故乡是否美丽。

庄子怕我们不明白这一切，继续通过长梧子之口来举例说明：他说有个艾地封人的女儿，名字叫丽姬，晋王要迎娶她做王妃的时候，因为害怕自己嫁到宫里以后，就再也见不到父母了，所以哭得很厉害，哭得鼻涕泪水把衣襟都沾满了。然而，等她到了晋王的宫里，变成了皇后，与晋王同睡一床，同桌吃美味珍馐，过富贵的生活，让她后悔当初不应该那么伤心地哭泣。说完了故事，紧接着庄子又借长梧子的口说他也不知道那些死去的人，会不会后悔当初的求生。对于这个问题，庄子知道无法回答有还是没有。假如人死了以后，到那边去也如丽姬婚后的富贵的生活一样幸福，人们还会怕死吗？庄子明白生死齐一，也深知“百代之过客，而浮生若梦”的道理，因此“莫若以明”，从不以用自己的明鉴。因为他知道，看似好像能说明白的，其实永远也说不明白。既然说不明白，还不如到梦中去以梦开梦，梦游于游梦之中。

“梦饮酒者，旦而哭泣；梦哭泣者，旦而田猎。方其梦也，不知其梦也。

译文：梦中饮酒的人，早晨而哭泣了；梦中哭泣的人，早晨而打猎了。他们在梦中的时候，并不知道自己是在做梦。

庄子借长梧子的口引领我们进入梦中，从梦中说起。有个词叫“醉生梦死”，我们也可以把“梦饮酒者，旦而哭泣；梦哭泣者，旦而田猎”这句话改编为成语“梦醉旦泣”“梦泣旦猎”。这一段主要讲的是“梦与觉”的问题。有时人在梦中饮酒纵情，欢乐畅快，醒来后却烦恼悲伤，放声痛哭；有时人在梦中放声痛哭，醒来之后却山野狩猎，纵情欢乐。那么这“梦与觉”的区别到底在哪里呢？哪个是梦，哪个是醒呢？谁又能说得清楚呢！既然说不清楚，那这痛哭和欢乐还有什么区别吗？唐代王勃有一首《秋日别薛升华》的诗这样写的："送送多穷路，遑遑独问津。悲凉千里道，凄断百年身。心事同漂泊，生涯共苦辛。无论去与住，俱是梦中人。"由此可见，人生无论是来与去，全都是在梦中。也就是我们常说的"人生如梦"，但这如梦的人生又能有几人体会得到呢！

中国文化自古以来，传承了很多关于"梦"的书籍，有一本民间流传甚广的书叫《周公解梦》，此书虽不是什么圣典，但却内容丰富，是一本古人智慧结晶的经典佳作。这本书从多角度对梦进行了探索，反映了人类对真理的追求。梦是什么？它到底能告诉我们什么？它能窥视我们心灵的奥秘吗？它能与今天的科学相互包容吗？梦的确是人生的奥秘，也是理想的开始。有时候人们就是在这神往的奥秘中，来探求幸福生活的。人世间没有比这奥秘更让人神往的了。这种特殊的现象，是人类对自我精神的认识和思考，也是对自我精神的审视。从今天科学的角度讲，解梦也是一种科学，可以说解梦本身用的就是精神动力学原理，它可以帮助现实社会中的人们，处理和解决心灵上的矛盾与冲突。

"日有所思，夜有所梦"，梦有时是从前的再现，也有时是现实的反映，更有时是子虚乌有的。梦看似简单，却又极其复杂。梦有时与现实相反，而有时在现实中又会应验。古代有很多关于梦的故事。唐代沈既济曾写过一个传奇故事名叫《枕中记》，说的是唐开元七年，有一位道术高明的吕翁道士，让一位姓卢的书生入梦体悟人生的故事。故事的发生是这样的：吕翁道士在邯郸途中旅舍休息的时候，遇见了一位愁容满面的书生，书生的名字叫卢生。两人交谈后，吕道士得知原来这位卢书生厌倦了贫困的生活，非常渴望寻求到荣华富贵，便对他进行了说教。一番劝解后，吕道士发现卢生没有半点觉悟，依然贪欲荣华富贵而不能释怀。无奈，吕道士便拿出一个枕头递给卢生说："你只需枕上这个枕头，就可以得到荣华富贵。"卢生对吕道士的话虽然半信半疑，但最终还是接过了枕头。这是一个青色的瓷枕，两端各有一个洞孔。当卢生把头枕上去时，发现洞孔在不断变大，越来越明亮，卢生索性投身而进，很快就进入了梦乡。他在梦中回到了自己的家里，几个月后，娶了清河容貌美丽的崔氏女子做了妻子，过上了荣华富贵的生活。而后科举中了进士，脱去了平民的衣装，几年内官位连升，受到了当朝皇帝的重用，功德业绩也被当时的人们刻在了石碑上。后又被授予了御史节度使的官职，应皇帝之命武力对付戎狄，拓展疆土九百平方余里，并建大城三座把守要害，边疆的老百姓立石碑歌颂他。回朝后受到了礼仪非常盛大的封爵授勋，官升吏部侍郎，迁升为户部尚书并兼任御史大夫，一时间名望高居尊位，安然服众。但这些功绩也令他受到了当时宰相的忌妒，用流言蜚语中伤了他。而后，他被贬为了端州刺史。三年后，又应皇帝之命当上了常侍，不多久，又当上了宰相，与其他两位宰相共同执掌朝政大权十多年，因其谋略高妙，命令严谨，被称为贤相。这一切又遭到了同朝的官僚忌妒，诬陷他勾结边疆将领，图谋不轨。皇帝听信了谗言，下诏把他关进监狱。抓他的时候，卢生害怕被斩杀，便对妻儿说他在山东老家，有几顷良田，足可防饥御寒，不要再求官受禄，落得如此地步了，还不如粗布青衫，青马单骑，乡间路行的好。说罢便想拿刀自尽，因妻子抢救及时而没有死成。后来受他牵连的人全被斩杀了，只有他因宦官求情而保住了性命流放了他乡。几年以后，皇帝发现冤枉他，便恢复了他的官职当上了宰相，册封为燕国公，受到了特别的恩宠。他的几个儿子都非常有才能，有的中了进士，有的当上了考功员外，有的成了侍御郎，有的当上了太常丞，有的坐上了县尉。更有一个最出色的儿子，年仅二十八岁，就当上了左襄。儿子们取的妻子都是名门望族的女子，给他生十多个孙子。卢生虽然官居宰相高位，崇高显赫，所得各种赏赐无数，妻妾满院，生活奢侈。而岁月不饶人，渐渐的衰老，让他感到再也无力帮助皇帝打理朝政，多次要求辞官告老还乡，都没有得到允许。后来就累病了，虽有皇帝赏赐的名医良药，但仍然无药可救。临终之时，他上奏书给皇帝，说自己本来是一个儒生，田园劳作而得其自乐。偶遇皇上恩宠，得以高官厚禄，嘉奖特殊，俸禄赏赐，财物俱丰。亲朋好友结交的都是皇亲国戚，这样的锦绣人生，都是皇帝给他的，今日之下不知不觉中自已经老了，八十多岁了。有负于皇帝的重用，官位高至三公，深感如履薄冰，诚惶诚恐。自己感觉身体沉重困顿，无法理事，辜负了皇帝的恩宠。在生命临终之时，对皇帝非常感激和留恋，感谢皇帝的圣明，歌颂皇帝时代。对此，皇帝下诏书表彰了他的美德，肯定了他的丰功伟绩，并希望他能好好治疗，尽快痊愈好起来，继续辅佐朝政。可是当天晚上，卢生就死了。梦到这里，卢生伸个懒腰就醒了，醒来后发现自己哪儿也没去，还是在旅舍里，并且吕翁道士也仍然端坐在他的身旁，旅舍里的东西跟睡前的一模一样，没有任何变化。因此他便急切地问吕翁道士："难道刚才这一切是个梦吗？"吕翁道士对卢生说："人生经历，不过如此。"卢生当下顿悟，透彻了人生一切名利及荣华富贵，不过是空梦一场的幻生幻灭，没有什么可留恋的，磕头谢过吕翁道士的教诲以后，转身而去。

这个穿越入梦的故事，是真是假，我们不去探究究竟。但从故事本身而言，这里已充分说明了四个字："人生如梦"。然而这如梦的人生，又有几人能体会得到呢？因而人们在梦中的时候，却并不知道自己是在做梦。

梦之中又占其梦焉，觉而后知其梦也。

译文：在梦中又会占卜他们的梦，醒来后才知到自己是在做梦。

人生如梦，梦中有梦，人在梦中还会做梦。所以在梦中又会占卜自己的梦。有部电影叫《盗梦空间》，虽然看上去有些荒诞，但是从中也可以悟出很多道理。从做梦主人的造梦人，到梦中梦，层层深入，层层不同。让我们在这个人造的梦境中有所感悟和体会的是：梦境与现实的存在，在时间和维度上是处于无限的。梦境与现实的分别在梦中违反了物理定律的，因为我们不清楚梦是怎么开始的，也不清楚是怎么结束的，只知道梦中的一切，一会东，一会西，不知来去何时，场景十分跳跃，有时是那么的虚幻而又真实。人生也是如此，漂泊久了，美梦可能就成真了。梦境与现实自然而然地也就融为了一体。“梦与觉”是一不是二，人生本是一场梦，人人都在梦中，人人也都是那造梦人。

且有大觉而后知此其大梦也，而愚者自以为觉，窃窃然知之。

译文：况且有了大觉悟后才知道自己的人生也是一场大梦，而愚昧的人却自以为觉悟了，好像自己什么都知道。

元末明初著名小说家罗贯中所作的《三国志通俗演义》中，有这样一个典故：当年刘备三顾茅庐的时候，前两次拜访，都没有见到诸葛亮。等到第三次拜访的时候，诸葛亮正在午睡。刘备等人在门外等了几个时辰以后，睡醒的诸葛亮对门外等候的刘备吟了一首诗：“大梦谁先觉？平生我自知。草堂春睡足，窗外日迟迟。”这首诗应该是罗贯中在小说里的自我即兴发挥，是借诸葛亮之口表述出来的自我感悟，也是赋予给诸葛亮这个人物的对白。为什么这样说呢？因为《三国志通俗演义》不属于纯历史纪实体裁的小说。当然，也可能只是我自己的片面理解，不作定论。下面言归正传，到底“大梦谁先觉”？其实说起来也很简单，只有智者才知道自己的平生所为，知道平凡的人生只不过是大梦一场罢了！所以能两耳不闻窗外事，在这春天的茅草屋内，睡得个窗外日上三竿自然醒。

人生看起来好像是有与梦不同的梦外真实，可是这种看似不同的梦外真实，难道真的不是梦吗？真的是梦以外，另有一个真实吗？其实如果你能参悟透的话，是没有梦里梦外的，梦里就是梦外，梦外就是梦里，是一不是二，是无法分开的。所谓的梦外真实，只不过是那些愚昧的人，对人生梦境误认为的一点真实。因对其这点真实的执着，造成了他们好像感觉自己什么都知道似的，其实不然，这只不过是自己茫然无知，贪欲无度的情怀。那到底谁能够看穿并透彻这一切呢？庄子说了：“大觉而后知此其大梦也”。只有大觉悟的智者，才能透彻这平生的一切，如梦幻泡影，只不过是白日做梦，大梦一场罢了！

君乎、牧乎，固哉！丘也与女，皆梦也；予谓女梦，亦梦也。

译文：君尊牧卑，这种想法实在是浅薄鄙陋呀！孔丘也和你一样，都是在做梦。我说你们在做梦，其实我也是在做梦。

自以为觉悟的人，其实并没有觉悟。看上去好像自己很聪明，什么都明白的样子，整日里什么“君乎、牧乎”的谈君论臣，其实他们并不知道已被那梦外的真实所牵，没有了自我，也不知道其实自己才是自己生命的主宰。这种人充其量是个迷汉，是非常无知的人。庄子认为这种人太固执了，无可救药！其实人生在世，都是在做梦，凡人在做梦，圣人也是在做梦。只不过凡人做的是迷惑的梦，圣人做的是觉悟的梦。你在做梦，他在做梦，我也在做梦，人人都在做梦。说你做梦的人，其实也是在做梦。因此，庄子在此借长梧子的口说："孔丘也和你一样，都是在做梦。我说你们在做梦，其实我也是在做梦。"

是其言也，其名为吊诡。万世之后而一遇大圣，知其解者，是旦暮遇之也。"

译文：这番话，此时可以称为奇特或怪异。但万世之后而一旦遇上一位大圣人，知道并悟出了其中的道理，是早晚相遇的事。"

说来说去都是梦，这种说法不是辩证法。此时说一千道一万，说到最后也不一定有人听得懂。因此这番话称得上奇特或怪异。说奇特或怪异，是因为听话的人听不懂也参不透，如果能听得懂、参得透，就不这样说了。所以庄子说：今天你们听不懂、参不透，不代表万世之后没有人能听得懂、参得透。本来这话就不是说给凡人听的。说不定万世之后会遇上一位有大智慧的圣人，能懂得并悟透其中的道理。当然，遇上一位有大智慧的圣人，不是今天或明天的事，但一定是早晚的事。

庄子就是这样一个"滑疑之耀"的人，很简单的就把天下的人全否了。你们全都不懂，不但是今天的人不懂，就是明天的人也不一定懂，但万世之后就不一定了，万世之后说不定就能遇上一位有大智慧的圣人。遇上这样一位有大智慧的圣人，那只不过是早晚的事。

感悟十一

是非一如　争辩不能

【原文】

既使我与若辩矣，若胜我，我不若胜，若果是也，我果非也邪？我胜若，若不吾胜，我果是也，而果非也邪？其或是也，其或非也邪？其俱是也，其俱非也邪？我与若不能相知也，则人固受其黮闇，吾谁使正之？使同乎若者正之？既与若同矣，恶能正之！使同乎我者正之？既同乎我矣，恶能正之！使异乎我与若者正之？既异乎我与若矣，恶能正之！使同乎我与若者正之？既同乎我与若矣，恶能正之！然则我与若与人，俱不能相知也，而待彼也邪？化声之相待，若其不相待，和之以天倪，因之以曼衍，所以穷年也。

“何谓和之以天倪？曰：是不是，然不然。是若果是也，则是之异乎不是也亦无辩；然若果然也，则然之异乎不然也亦无辩。忘年忘义，振于无竞，故寓诸无竞。”

【译文】

就算是我与你展开辩论，你胜了我，我输了，难道你的结果就对了，我的结果就错了吗？如果我胜你，你输了，难道我的结果就对了，你的结果就错了吗？那么究竟我们两个谁的对，谁的不对呢？还是我们两个都对，或是都不对呢？我与你不可能相互知道，是人本来就有自己的偏见偏信，谁又能给我们做出正确的裁判呢？使用观点和你相同的人来裁判吗？既然观点与你相同，哪能做出公正的裁判呢？使用观点和我相同的人来裁判吗？既然观点和我相同，哪能做出公正的裁判呢？使用观点不同于我和你的人来裁判吗？既然观点不同于我和你，哪能做出公正的裁判呢？使用观点与我和你相同的人来裁判吗？既然观点与我和你相同，哪能做出公正的裁判呢？因此我你还有别人，全都不能相互知道，那还等待谁呢？辩论中言辞变化是相互对立的，要想他们不相互对立，和平相待就要以顺自然的分际，分际的边缘要以顺自然的圆环，原因是一年到头循环往复没有始终。

“为什么说和平相待就要以顺自然的分际呢？回答是：对与不对一样，是与不是一样。对你结果对了，而对不同于对的不对也不用争辩说不对了；是你结果是了，而与是不同的不是也不用争辩说不是了。舍弃生死忘掉是非，游心于无穷，所以寄辩说于无穷。”

【感悟】

既使我与若辩矣，若胜我，我不若胜，若果是也，我果非也邪？我胜若，若不吾胜，我果是也，而果非也邪？

译文：就算是我与你展开辩论，你胜了我，我输了，难道你的结果就对了，我的结果就错了吗？如果我胜你，你输了，难道我的结果就对了，你的结果就错了吗？

这里很有趣，庄子借长梧子的口对瞿鹊子说了前面那么多话以后，不想再给瞿鹊争辩的机会，紧接着就来了这一段。

庄子从“言尽悖”（所有言论都无法表达道理）到“非诽”（不应驳斥批评他人），说来说去，说到最后都是在告诉辩士们，辩论双方不会有赢家。因为“道”是无形无相的，是无法用语言文字来表达的。庄子认为“道”是天地万物运行的规律，不是物化的东西，是无形无相的，无法捉摸的！“道”无形无相，无法用言语表达。因此，在不同的时态情况下，阐释也就不同，辩士在争论中，因论点过时，道理不通，而导致驳斥无用，最终离“道”越来越远，因此说“辩无胜”。

老子在《道德经》最后第八十一章中云：“善者不辩，辩者不善。知者不博，博者不知。”大意是：“有道德的人不会争辩，争辩的人不会有道德。透彻道理的人不会搏斗，搏斗的人不会透彻道理。”老子为什么这样说呢？我们先来看一下古时候的“善”字是什么意思。古人云：“善，德之建也。”也就是说：善，是道德建立的基础。那么老子这里所说的“善者”，指的一定是有道德的人了，那老子这里说的“知者”是什么意思呢？“知，道理也。”也就是说是道理的意思。庄子《外物》中云：“心彻为知，知彻为德。”大意是：“心灵透彻的是道理，道理透彻的是道德。”那么，“知者”就是透彻道理的人了。老子这里说的“博者”，又是什么意思呢？“博”字在甲骨文及金文未出土以前，许慎《说文解字》的解释为：“大通也。从十，从尃，尃，布也。”大量的甲骨文和金文出以后，揭开了《说文解字》的局限。据“博”是形声字，不是会意字，也不从十、从尃，是“搏斗，搏击”的意思。其实先秦以前文献中的“博”字，均为“搏斗”的引申义，从秦以后，“博”字的用法逐渐开始变成了形容词，义为“广大”，因此《说文解字》释为“大通也”也不足为怪。

老子这里说“有道德的人不会争辩，争辩的人不会有道德”。为什么老子会这样说呢？不是说“真理”越辩越明吗？难道辩论有什么不对吗？老子这样说，针对的是什么我们不得而知，但是我们可以从其他典籍中来体会一下。《孟子·滕文公章句下》中云：“公都子曰：‘外人皆称夫子好辩，敢问何也?’孟子曰：‘余岂好辩哉?余亦不得已也!’”孟子的辩论能力的确很强，但是，当他听到别人说他好辩之时，他为什么也急着说“我难道真的好辩吗？我这也是不得已啊!”到底为什么他们都不喜欢辩论呢？因为在古圣先哲们的眼里，辩论本身是没有什么意义的。因为“道”本来就是这样的，无论你怎么辩论，对“道”的本来面目来说是不会有任何影响。无论你怎么辩论，它依然是“不生不灭、不垢不净、不增不减”的。“道”这个名称，也是被强加的。其实，“道”的本来面目是无法用语言来表达清楚的，也是无法验证的。庄子认为人不可能通过语言、文字这类东西获得到真正的智慧，因为知识和智慧不是一回事，“道”是可以被感知、但无法用语言和文字去描述的，也无法被认知，更无法通过经验的知识去寻求。只能以人类的心性去觉知、领悟和体会，达到了物我两忘的境界，也就达到“道”的境界了。

不过，要到达不辩的境界，开始还是要通过辩。为什么这样说呢？因为，任何“辩”都是对“道”本来面目的扭曲，用佛教的话来说就是对“实相”的扭曲。实相无相，只要你想说明实相，就是在扭曲实相，一个悟道的人，即便不与外人辩，开始修的时候也一定在心里与自己辩。因为“大疑大悟，小疑小悟，不疑不悟”。多数修道的人，都要经过这条道路。等悟了以后，就会发现，根本不可能辩，只有无条件地接受。只要你辩，不管是善辩还是恶辩，无非就是肯定和否定。有了肯定和否定，就有了是非；有了是非，就有了对错；有了对错，就有了分别拣择；有了分别拣择，就有了对“实相”的扭曲；实相扭曲了，自然也就离“道”越来越远了。不过话又说回来了，不是不辩论才是道，其实辩论也是道。触目菩提，一切都在“道”中。

很显然，庄子认为辩论是不可能辩出个是非对错来的，因为辩论的输赢并不代表辩论的对错。前面我们说过了，《齐物论》是庄子针对诸子百家的争辩风气而作的一篇文章。庄子认为无论大道理还是小道理，只要是道理就是纵横交错的。无论是气焰盛人的大言，还是琐细啰嗦的小言，都无法言说这纵横交错的道理。因此，他认为世间的一切是非之辩论，最终是不会有胜负结果的。为什么这样说呢？因为辩论双方都是在以自己的“是”来证明他人的“非”，用他人的“非”来证明自己的“是”。要想判定、证明他们究竟谁的是谁的非，因为双方论点没有一定准则，也没有一个准确标准可寻，所以无法作出准确公正的裁判。既然这样，还有什么可说的呢？就算你我展开辩论，辩来辩去，也不可能分出个输赢对错的结果来。

其或是也，其或非也邪？其俱是也，其俱非也邪？我与若不能相知也。

译文：我们两个谁的对，谁的不对呢？还是我们两个都对，或是都不对呢？我与你不可能相互知道。

每个人语言的背后，都有着自己的自我主观成见，以及所谓的广博知识，独到的见解，严密的逻辑，丰富的情感。这一切在推动着辩论者的思想，帮助辩论者编织着辩论中的逻辑圈套，不断设计着绕圈的路线，在“是与非”中增减着语言文字，变化着逻辑套路，让对手眼花缭乱，难以见缝插针，来达到自己的辩论目的。

然而，辩论是分不出对错的，也不会有最终的定论。因为辩论双方，辩来辩去，辩到最后，无非是双方自我观点相互之间的强加。你认为你的观点是正确的，我认为我的观点是正确的，都在极力证明自己的观点是正确的、对方的观点是错误的。到底谁的观点正确、谁的观点错误，辩论双方辩论到最后，也是不可能相互知道的。因此，凡事不应非求得个非对即错，因为对和错决定不了事件的评判。所以，辩论无非是辩论双方相互向对发出的自我观点。辩论的输赢也代表不了哪边是正确的，哪边是错误的。因为没有一个辩题可以分出对错，辩论者双方永远找不到能证明自己正确的理由，辩来辩去辩到最后，无非是辩论双方的思想交锋，最终辩论的输赢结果，也说明不了谁说服了谁。有些人认为，辩论的意义在于对“真理”的探索，我不这样认为，为什么这样说呢？因为依我看，可以通过一张嘴辩论就能改变的东西，绝对不可能是什么“真理”的东西。就像唯物与唯心之辩就是过去已经定论的东西，再去辩论又有什么意义呢？何况也辩论不出什么“真理”！

庄子所在的战国年代，在“稷下学宫”的环境下，辩论的风格是多元化的。观点不但精妙而且量很大，庄子就是在这大量精妙的观点逻辑中求得突破点的。这里庄子说辩论中的双方，到底是谁的对，谁的不对，还是双方都对，或是双方都不对，辩论双方是不可能相互知道的。既然双方不可能相互知道，那还能有第三方知道吗？

则人固受其黮闇，吾谁使正之？

译文：是人本来就有自己的偏见偏信，谁又能给我们作出正确的裁判呢？

庄子说双方不可能相互知道的理由是：辩论中双方语言和逻辑背后的自我主观成见。这里的“黮闇”是“黑暗不明”的意思。汉代王符《潜夫论·明暗》中云：“君之所以明者，兼听也；其所以暗者，偏信也。”意思是说：“兼听则明，偏信则暗。”而每个人本来就有自己的偏见、偏信，既然这样，那谁又能给辩论双方作出正确的裁判呢？

使同乎若者正之？既与若同矣，恶能正之！使同乎我者正之？既同乎我矣，恶能正之！

译文：使用观点和你相同的人来裁判吗？既然观点与你相同，哪能作出公正裁判呢？使用观点和我相同的人来裁判吗？既然观点和我相同，哪能作出公正的裁判呢？

如果找一位第三者来为辩论双方裁判，那这个“裁判人”能对辩论双方做出公正公平的裁判吗？这显然是不可能，为什么说不可能呢？因为“裁判人”本身就带有自己的自我主观成见，也就是偏见、偏信，所以也必然持有某种观点。这种观点的持有，在不知不觉的情况下，就会使“裁判人”偏离裁判的方向，最终走向辩论双方与自己观点相同的一方，因此导致对辩论双方的裁判，无法达到公平公正。

辩论依靠的是语言和逻辑，其实语言和逻辑根本无法让人信赖。为什么这样说呢？因为语言和逻辑的背后，隐藏的是每个人的自我主观思想，所以说辩论不可能分出个胜负对错来。说“裁判人”无法对辩论双方做出公正、公平的裁判，是因为“裁判人”在对辩论双方裁判的时候，也离不开语言和逻辑。因为语言和逻辑的背后都隐藏着每个人的自我主观思想，所以说“裁判人”的语言和逻辑也无法让人信赖。“裁判人”所持的观点与辩论双方是否相同，决定着其对辩论双方的裁判是否能够公平、公正，也因此而无法裁判。很多情况下，“裁判人”对辩论双方的裁判结果，也只不过是“裁判人”自以为是的自我主观成见罢了！这一切，最终导致了“裁判人”的裁判结果无效。为什么说无效呢？因为对辩论双方来说，如果“裁判人”的观点与辩论双方的“彼方”相同了，那么“裁判人”就会裁判“此方”输；如果“裁判人”观点与“此方”相同了，那么“裁判人”就会裁判“彼方”输。因此而导致了裁判上的不公平公正。所以庄子说，根本无法找到标准“真理”的裁判者。这一段庄子说的是“裁判人”在自我观点偏心的情况下，会导致出现的问题。

使异乎我与若者正之？既异乎我与若矣，恶能正之！

译文：使用观点不同于我和你的人来裁判吗？既然观点不同于我和你，哪能作出公正的裁判呢？

人文学与自然科学不同，自然科学的“裁判者”是实验室的观测结果。人文学没有，观测结果之说不可能通过实验室或观测结果来裁判输赢。所以，人文学在很大意义上只具有语言修辞和逻辑上的效果，自然科学的标准，是实证性的。这也是划分自然科学和人文形而上学的最终标准。简单地讲，一个命题，能够被别人另外在实验室中的相同条件下再现时，才是公平、公正的正确标准。而离开了这种可控和可重复性的正确标准，就不再是自然科学。说到底，只有这种可控性和可重复性，才可以做到公平、公正的正确标准，也只有自然科学才有这种可控和可重复性。人文的语言和逻辑，是永远也不可能有公平、公正的正确标准的，因为在它的背后，永远隐藏着每个人的主观成见。这个时候辩论双方即使找到了“裁判人”，如果“裁判人”的自我观点不同于辩论双方的各自的辩论观点，就引出了另外一种观点，对所辩论的问题，也因此呈现出了三种不同的观点，而导致“裁判人”无法对辩论双方做出裁判，使辩论双方的辩论无效，没有输赢。这一段，庄子说的是“裁判人”在自我观点主观的情况下会出现的问题。

使同乎我与若者正之？既同乎我与若矣，恶能正之！

译文：使用观点与我和你相同的人来裁判吗？既然观点与我和你相同，哪能作出公正的裁判呢？

当“裁判人”的观点与辩论双方某一方的观点一致时，“裁判人”的自我主观思想出现偏离，而最终导致偏心的主观成见决定了辩论双方分出了输赢；当“裁判人”的观点与辩论双方的观点都不一致的时候，“裁判人”的自我主观思想出现独立，最终导致自我独立的主观成心决定了辩论双方都输了；当“裁判人”的观点与辩论双方的观点都一致的时候，“裁判人”的自我主观思想出现中立，而最终导致自我中立的主观成心决定了辩论双方都赢了。这一段庄子说的是“裁判人”在自我观点中立的情况下会出现的问题。

然则我与若与人，俱不能相知也，而待彼也邪？

译文：因此我与你与别人，全都不能相互知道，那还等待谁呢？

从以上三种情况看，当一个“辩题”摆在“辩论者”和“裁判人”的面前时，在对错和输赢问题上，不但辩论双方不可能相互知道，就是第三方“裁判人”也不可能知道。因为天下根本没有一个准确的标准，能来度量语言和逻辑的对错。这一切都是人们语言和逻辑背后隐藏的自我主观成心造成的，最终导致辩论永远分不出输赢。

这里看似好像是庄子完全否定了辩论，但就终极之“道”而言，庄子是在告诉我们，要想通过语言和逻辑的辩论来体悟“道”的境界，是很难抵达的。因为语言和逻辑的背后，隐藏的是“自我主观”的成心。自我主观的成心，意味着分别和拣择。有了分别和拣择，意味着执着于了表象的世界。唯有放下这“自我主观”的成见，用心灵的觉知去体会和领悟，方可抵达“道”岸。既然这样，那还等待谁的裁判呢？

化声之相待，若其不相待，和之以天倪，因之以曼衍，所以穷年也。

译文：辩论中言辞变化是相互对立的，要想他们不相互对立，和平相待就要以顺自然的分际，分际的边缘要以顺自然的圆环，原因是一年到头循环往复没有始终。

“化声”就是变化，事物时时刻刻都在无常的变化之中，我们的语言和逻辑也会随着事物的变化而变化。辩论双方在辩论中，为了以自己的“是”来证明对方“非”，以对方的“非”，来证明自己的“是”，所表达的辩论言辞变化无常、相互对立。既然这样，我们怎样“相待”这些变化呢？对于这一切，庄子心知肚明，因此他说“和之以天倪”。天倪，晋代郭象《庄子注疏》中注：“天倪者，自然之分也。”也就是说是自然运行的规律。对自然的认识，自古以来就有“天圆地方”的说法。古人根据宇宙间能量的变化规律，总结出了：金、木、水、火、土，太阳、少阳、阳明、太阴、少阴、厥阴的“五运六气”学说，并发现能量的变化对宇宙万物影响的规律，比如春生、夏长、秋收、冬藏，这种能量，周而复始，如环无端。就这样：春生、夏长、秋收、冬藏——春生、夏长、秋收、冬藏——春生、夏长、秋收、冬藏……每年一轮回。因此，古人称其为“天圆”，这也是古人对时间的描述，并用“四面八方”来描述方位，称其为“地方”。南宋朱熹的《周易本义》中云：“天圆地方，圆者一而围三。三合一奇，故参天而为三。方者一而围四，四合两偶，故两地而为二。”由此可见，“天圆”为一；三维结构可见的空间为三；方的四边所含的两偶为四。“天圆地方”的本意是说圆中有方。而古人所说的“天圆地方”其实指的是时间和空间，也就是宇宙。

这里我们把“天”“倪”分开来说：天，可以说是宇宙本体，也可以说是我们的心，是一不是二；倪，可以说是宇宙中的万事万物。为什么把“因之以曼衍”，译成了“分际的边缘要以顺自然的圆环”呢？要想弄明白这个问题，我们先要从“因”字说起。“因”字是个会意字。《说文·口部》中曰：因，从口，从大。大，指的是事物群体的数量规模。再来看“因”字同“国”字、“图”字一样，都从“口”，都带有边缘、边框的意思。再说“曼衍”，指的是大道中的自然运行，如环无端。这样所说是有根据的，宋代韩琦《安阳好》词中云：“曼衍山川环故国，升平歌吹沸高楼。”清代刘鹗《老残游记》第十回中云：“间以曼衍，愈转愈清。”从“曼衍山川环故国”和“愈转愈清”两句来看，“曼衍”与“圆环”有关，指的是连绵不断、无始无终、不分前后的圆环。因为只要是直的东西，就有头有尾，有开始有结束，有两端。只有圆环无前无后，无始无终，无两端。明白了这些，也就不难明白为什么把“所以穷年也”译成“原因是一年到头循环往复没有始终”了。这里为什么把“所以”译成了“原因”呢？我们不妨先从一句古话中来体会一下，北宋王安石《游褒禅山记》中有云：“此所以学者不可以不深思而慎取之也。”大意是：“这个原因就是学者不可不深入思考而谨慎取用古时候的资料。”把“所以”译成“原因”，首先要明白什么是“所”。

哪个终止。这是自然的均衡，也是自然的分际。所以庄子说，一年到头循环往复没有始终。说到这里，我们再回头来看庄子“因之以曼衍，所以穷年也”这句的“因”与“所”二字，把这两个字连起来读，就是“因所”。上面我们讲了，“所”就是“万物”，“万物”也就是“果”，“果”也是“因”，“因所”也可以说就是“因果”。明白了这个，这句也就不难理解了。

“何谓和之以天倪？曰：是不是，然不然。

译文：为什么说和平相待就要以顺自然的分际呢？说：对与不对一样，是与不是一样。

用今天的话讲，“辩论”属社会科学范畴，“社会科学”是研究社会现象的科学。从广义上讲，是人文和社会学科的统称，主要研究阐述社会发展规律及各种现象，其涵盖极广。在其发展过程中，虽然社会科学与自然科学相互渗透，但在社会科学中，至今没有一项研究，可以说是称得上真正科学研究的，因其研究的对象是人和社会。对人和社会而言，没有任何准确永恒的标准办法去控制，因为这个社会的主体是人类。即使人类的行动可以控制，但人类的思想是难以控制的，因为人类的意识是流动的，没有一个可以让你抓住的东西。正如古希腊哲学家赫拉克利特所说的一样：“你永远无法两次踏入同一条河流”。既然这样，还有什么可说的，最好的办法就是顺流而性，只有这样人类、万物之间才能和谐相待。

庄子说：“对与不对一样，是与不是一样。”庄子为什么这样说呢？因为宇宙间的万事万物，如同《金刚经》中所云：“如梦幻泡影，如露亦如电”；如同《心经》中所云：“照见五蕴皆空”。一切都是虚幻的，诸法实相，五蕴全都是空的。对这一切的虚幻法相，凡夫不明白也不知道是怎么回事，将其执以为真，因此而造成了整天没完没了地争来争去。庄子说了“万物全部是因果种子”，譬如花生，它既是果，也是种子。把花生种到地里的时候，这时候的花生“果”变成了花生“种子”，种子长出来成熟了以后，这时候的花生“种子”的又结出了花生“果”。所以说，“因”即是“果”，“果”即是“因”，因果是一不是二。“因果”不但是“种子”也是“果”，不但是“果”也是“种子”，是永远无法分开的。由此可见，对与不对是一样的，是与不是也是一样的。为什么这样说呢？因为“对”是种子，结出来的也应该是“对”的果，绝对不可能结出“不对”的果。如果种下去的“因”是“对”，而结出来的“果”是“不对”，那不就成了种下“花生”而结出“黄豆”来了吗？这是绝对不可能的事。既然这样还有什么可说的呢！

是若果是也，则是之异乎不是也亦无辩；然若果然也，则然之异乎不然也亦无辩。

译文：对你结果对了，而对不同于对的不对也不用争辩说不对了；是你结果是了，而与是不同的不是也不用争辩说不是了。

这里庄子认为，辩论双方任何一方的言论都不能用来作为判断是非的标准。庄子说：“夫随其成心而师之，谁独且无师乎？”如果每个人都以顺自我的主观成见为师，难道谁还没有个自己的老师吗？不但能说会辩的人有，就是愚笨的人也一样有。但这种自我主观成见永远也不可能成为“是非”的判断标准。有句话说得好，“贤人争罪，愚人争理”。其实人生一世，草木一秋，不争之争，才是真争。争说自己错了的人，转迷为悟，其心贤良，心宁气闲；争说自己对的人，其心险恶，执迷不悟，心烦气躁。

《弟子规》中云：“任己见，昧理真。”如果只执着于自己的见解，就是愚昧而不明白真理。其实每个人的语言背后，都隐藏着自我的主观成见，而因每个人境界不同，自我主观成见也就不同。因此说，公平与公正在哪里？在每个人的内心吗？如果说是在每一个人的内心，那这心又在哪呢？它有公平、公正的是非标准吗？如果说有，那这个标准又是什么呢？谁能说得明白呢？其实是没有任何办法能说明白的。既然说不明白，那就不可能找到公平、公正的标准，既然找不到公平、公正的标准，也只有让那所谓的公平、公正安然于辩论者的内心，再也不要去做那愚人之争了。因为争辩中即使你取胜了，也就是说对你结果“对了、是了”，而你却不知道这个“对的、是的”结果与对方“不对、不是”的结果是一样的。为什么这样说呢？因为你自我感觉，是用了你的“对和是”来证明了对方的“不对和不是”，而你却不知道你这个“对和是”的“因”，不可能结出“不对和不是”的“果”。如果“对和是”的“因”能结出“不对和不是”的“果”，那不就真的成了种下了“花生”而结出了“黄豆”了吗？这是不可能的事。因此庄子说，对不同于“对”的“不对”及不同于“是”的“不是”，也不用再去争辩不对和不是了。

忘年忘义，振于无竟，故寓诸无竟。

译文：舍弃生死忘掉是非，游心于无穷，所以寄辩说于无穷。

无穷无尽的是“道”，它“不生不灭，不垢不净，不增不减”。老子说的“道生一”，其实也就是说“道是一”。老子《道德经》第三十九章中云：“天得一以清，地得一以宁，神得一以灵，谷得一以盈，万物得一以生，侯王得一以为天下正。”老子这里说的“得一”就是“得道”。大意是：“天靠道来清明，地靠道来宁静，神靠道来灵验，谷靠道来充盈，万物靠道来生长，侯王靠道来坚定天下。”老子认为，如果没有“道”，什么也得不到。这里重点突出的是

“一”，也就是“道”的重要性，说明了“道一”是稳定万物的基本。如果万物失去了“道一”就会失去平衡，偏离稳定。譬如：想得到天，就必须靠“道”来清明，如果靠“清明”来清明，那永远也得不到“天”。同样的是想得到地、神、谷、万物及侯王的地位，如果不靠“道”，是永远不可能实现的。

“守一”也就是“守道”，是道教的基本。守住了“一”，就是守住了“道”，守住了道，也就是守住了“整体”。“守一”不仅是道教的基本，其实也是佛、儒的基本。《楞严经》中的：“一心不乱，静念相继”及孔子《论语·里仁》中的：“吾道一以贯之”，说的也是“守一”。那什么是“守一”基本呢？老子《道德经》第十九章中云：“见素抱朴，少私寡欲。”就是“守一”的基本。那怎样才能达到“不欲”的境界呢？老子在《道德经》第三十七章中也告诉我们了：“不欲以静”。对万事万物没有了贪欲之心，自然也就没有了争辩。对万事万物“不争”了，顺任自然无为而无所不为了，万事万物也就自我化育，自然生灭，充分发展了。一切运行于“道”中。

人只有舍弃了对万事万物的贪欲之心，才能没有痛苦和烦恼。为什么这样说呢？因为贪欲是痛苦和烦恼的种子。《佛遗教经》中云：“当知多欲之人，多求利故，苦恼亦多。少欲之人，无求无欲，则无此患。”老子《道德经》第四十四章中云：“甚爱必大费，多藏必厚亡。”魏代王弼对此注疏“求之者多，功之者众，为无所病，故大费、厚亡也”。人越想得到喜爱的东西，付出就越多，喜爱的东西藏得越多，失去的时候就越难过。

生活中有的人很纳闷，总觉着自己是个很善良的人，却不知道为什么自己经常感到痛苦和烦恼？而有的恶人却生活奢侈，活得好好的。其实这种人并不知道自己内心痛苦和烦恼的“果”，是自己种下了“恶”的种子。这个种子就是“总觉着自己是个很善良的人”的“我慢”，以及对“恶人生活奢侈”的“嫉妒”。其实这种自我感觉的“善良”与“恶”，即是“恶”的种子了。一个人的内心，如果没有自我主观，就不可能种下任何“恶”的种子。没有了“恶”的种子，也就没有了一切烦恼和痛苦。因为你认为的“善良”不一定是真正的善良，同样你认为的“恶”也不一定是真正的“恶”。所以说一个生活快乐，没有烦恼和痛苦的人，心起码是不恶的。一个人有知识有文化，不一定有钱；一个人有钱，不一定有知识有文化；一个又有知识、又有文化、又有钱的人，用佛教的话说，这个人是前世修来的福！

老子在《道德经》第八章中云：“上善若水，水善利万物而不争，处众人之所恶，故几于道。”在第七十八章中又云：“天下莫柔弱于水，而攻坚强者莫之能胜。”由此可见“不争”的德行与力量。道，无穷无尽，荡然虚静，旷然无累，融通自在，广大无边，涵容一切，气象万千，生机勃勃，随缘自在。

人生一世，如梦如幻。岁月无情，何必较真！不要用自己的自我主观成见，随便地评论别人的行为及言语。舍去贪欲，游心太虚。随缘任运，驰情入幻。以一颗如同虚空的心，去包容万物。洒落太清，洗尽凡尘。舍弃生死忘掉是非，游心于无穷，“故寓诸无竟”。《说文》中云：“诸，辩也。”所以寄辩说于无穷。既然辩说于无穷，还有什么可辩的呢！

感悟十二
梦醒一如　一切物化

【原文】

罔两问景曰："曩子行，今子止；曩子坐，今子起。何其无特操与？"景曰："吾有待而然者邪？吾所待又有待而然者邪？吾待蛇蚹蜩翼邪？恶识所以然？恶识所以不然？"

昔者庄周梦为胡蝶，栩栩然胡蝶也，自喻适志与？不知周也。俄然觉，则蘧蘧然周也。不知周之梦为胡蝶与？胡蝶之梦为周与？周与胡蝶，则必有分矣。此之谓物化。

【译文】

影子的影子问影子说：以往你行走，现在你停止；以往你坐着，现在你站起。你怎么那样没有自己的独立操守呢？影子说："我有依靠而会这样吗？我所依靠的又有依靠会这样吗？我依靠的像蛇蜕皮或蝉蜕壳吗？我哪里知道原因是这样呢？我哪里知道原因不是这样呢？”

从前庄周梦做蝴蝶，是栩栩如生的蝴蝶，自己晓得是舒适自得吗？不知道自己是庄周。忽然醒来，惊喜地发现自己是庄周。不知道是庄周的梦做蝴蝶呢，还是蝴蝶的梦做庄周呢？庄周与蝴蝶，是必然有区分的。这个就叫作物、我的交合与变化。

【感悟】

罔两问景曰：“曩子行，今子止；曩子坐，今子起。何其无特操与？”

译文：影子的影子问影子说：以往你行走，现在你停止；以往你坐着，现在你站起。你怎么那样没有自己的独立操守呢？

罔两：晋郭象《庄子注疏》中疏为“景外之微阴也”。而“景”的古义为“影”，“阴”的字义为：山的北面，水的南面，背阳为阴。唐代白居易《钱塘湖春行》有句“绿杨阴里白沙堤”。由此可见，“阴”字也是“影子”，“景外之微阴”就是“影外的影子”。那为什么这里译成了“影子的影子”呢？这样翻译更贴合庄子的本义。因为“影外的影子”也可以指其他的“影子”，而“影子的影子”不是。

“影子的影子问影子”，这种简而复杂而简的话，也只有庄子这样的高人才能说得出。庄子乃一代大宗师！他用简单而复杂而又简单的文字告诉我们：“道”无处不在，触目菩提。“说影子的影子问影子”，说来说去是“影子”，但在这简单的“影子”中内含着复杂，而这复杂又回归于简单。“如梦幻泡影，如露亦如电”；“有，无，非有非无，非非有非非无”。老庄的“无”，如佛教的“无”一样，不是“没有”，也不是“有”；不是“不是没”，也不是“不是有”。如同今天科学所说的暗物质、暗能量一样，你说它有，它却看不见也摸不着；你说它没有，它却电闪雷鸣，兴风作雨，春夏秋冬，万物生长。对于影子与光、暗物质与暗能量来说，人类永远也无法探究其赜。

那到底什么是“影子的影子”呢？庄子这里的言外之意是“概念名称”。“概念名称”是“影子的影子”，“影子的影子”是“概念名称”。不妨我们从中国画的写意角度来体悟一下：譬如说画墨竹，就是画竹子的影子。被画的是“影子”，画出来的“作品”，是“影子的影子”。同样都是“影子”，但两个“影子”是有区分的，“影子”是自然的，而“影子的影子”是主观的。为什么这样说呢？因为“影子”是随性而自然的流动。而“影子的影子”不是，“影子的影子”是自我主观的成见。“竹影”是自然的，画家笔下的“竹子的影子”不是。画家笔下“竹影的影子”是经过画家自我主观成见创作出来的“竹影”。这种“影子”，是有独立操守的。这种独立操守的“影子”，永远也无法表达真实的“影子”。古希腊思想家柏拉图在他的“理念说”中有过这样的哲学观点，他说唯有“理念”才是“真实”的存在。而“自然”只不过是“理念”的“影子”，而艺术是“自然的摹仿”“影子的影子”。比方说神造的床是理念，木匠造的床是理念的“影子”，也就是自然，画家画的床就是“影子的影子”。乍一看，柏拉图这里所说的是一个递进的二元关系，其实不然，这里柏拉图所说“神”，如佛、道等概念名称一样，表达的也是一切“唯心所造，唯识所变”。《华严经》卷第十九中觉林菩萨颂言云：“譬如工画师，分布诸彩色，虚妄取异相，大种无差别。大种中无色，色中无大种，亦不离大种，而有色可得。心中无彩画，彩画中无心，然不离于心，有彩画可得。彼心恒不住，无量难思议，示现一切色，各各不相知。譬如工画师，不能知自心，而由心故画，诸法性如是。心如工画师，能画诸世间，五蕴悉从生，无法而不造。如心佛亦尔，如佛众生然，应知佛与心，体性皆无尽。若人知心行，普造诸世间，是人则见佛，了佛真实性。心不住于身，身亦不住心，而能作佛事，自在未曾有。若人欲了知，三世一切佛，应观法界性，一切唯心造。”

东晋高僧法显《佛国记》中云：“心生种种画，画生种种心；心画不二者，即是如来身。”心生画，画生心，是聪者的境界；心画不二，二元归一，是智者的境界。台湾当代著名作家林清玄诗云：“白鹭立雪，愚人见鹭，聪者见雪，智者见白。”见白的境界，是说万事万物相如丽赋，自然分际，均衡齐一。如庄子所云：“天地一指也，万物一马也”“彼亦一是非，此亦一是非”。其实平时我们见到的世界，只是感官的表面现象，在这“现象”的背后，是“理念”和“真心”。“现象”是“理念”的影子；“理念”是“真心”的影子。只有“真心”才是永恒不变，真正值得追求的“道”。

景曰：“吾有待而然者邪？吾所待又有待而然者邪？

译文：影子说：“我有依靠而会这样吗？我所依靠的又有依靠会这样吗？

有人说过这样一句话：“在这个世界上，不要太依赖别人，因为即使是你的影子也会在黑暗里离开你。”这句话说得很有意思，黑暗里“影子”离开了你，其实同样你也离开了“影子”。你说“影子”依靠的是“光”，那“光”如果没有物体哪来的“影子”？你说“影子”依靠的是“物体”，那“物体”如果没有“光”哪来的“影子”？你说“影子”依靠的是“光”和“物体”的合成，那“光”

和“物体”是依靠谁合成的？这样问来问去，问到终极，就无法再问了，语言和逻辑到此也失去了一切功能，泯灭在无穷无尽的虚空中。既然这样，还有什么可辨的呢！因此，影子说：“我有依靠会是这样吗？我所依靠的又有依靠而会这样吗？”其实自然之道理是变化无常的，没有必然的“主仆”关系。

吾待蛇蚹蜩翼邪？恶识所以然？恶识所以不然？

译文：我依靠的像蛇蜕皮或蝉蜕壳吗？我哪里知道原因是这样呢？我哪里知道原因不是这样呢？”

庄子《寓言》中，众罔两问于景曰：“若向也俯而今也仰，向也括而今也被发，向也坐而今也起，向也行而今也止，何也？”景曰：“搜搜也，奚稍问也！予有而不知其所以。予，蜩甲也，蛇蜕也，似之而非也。火与日，吾屯也；阴与夜，吾代也。彼吾所以有待邪？而况乎以无有待者乎！彼来则我与之来，彼往则我与之往，彼强阳则我与之强阳。强阳者又何以有问乎！”大意是，影子的影子问影子：“你开始也低着头而现在仰着头，开始也束着发而现在披着头发，开始也坐着而现在也立起，开始也行走着而现在也停止，为什么呢？”影子说：“没有什么，何必细问呢？我存在而不知道是什么原因。我，如同蝉蜕壳，蛇蜕皮，好像是实际上又不是。火光与日光，使我聚集，黑暗与黑夜，使我消失。它们与我这样的原因是存在依靠吗？而况且见到的是原因并没有依靠呢！它们来，我就与它们一起来，它们去，我就与它们一起去，它们精神，我就与它们一起精神。精神又有什么原因存在可问呢！”

庄子《寓言》中的这一段，与本章段意义基本一致。其表达宗旨是说万事万物没有主仆、无依无托、似是而非、非我非彼的哲理。

以往有很多学者在注解“蛇蚹蜩翼”的时候，不探原句之赜，而是一味地沿用前人的注解之意，硬是把“蛇蚹蜩翼”译成了蛇腹下的皮鳞、蝉的翅翼。说蛇是靠腹下的皮鳞而行的，蝉是靠翅翼而飞的，并以此推断说“影”是靠物体的形状而存在的。这一切错误的认为、理解和解释，都是因为这些人用了逻辑推理的判断，而无法真正体悟庄周之意。如果这样去推理的话说，那靠足而行、靠翅而飞的飞禽走兽多的去了，庄子何必非要用“蛇蚹蜩翼”来做比喻呢！这里庄子用“蛇蚹蜩翼”来作比喻，其用意是在问“蛇蜕皮、蝉蜕壳”，是谁帮它们蜕皮、蜕壳的？是它们自己吗？还是有别的依靠呢？到底是皮依靠蛇蜕的皮呢？还是皮依靠其他蜕的皮呢？是壳依靠蝉蜕的壳呢？还是蝉依靠其他蜕的壳呢？它们蜕与被蜕之间，谁是“本体”呢？是舒适自得吗？蜕与被蜕之间的蛇与皮、蝉与壳，看似好像都是本体，可是又说不明白谁是本体。这到底是什么原因，谁又能说得清楚呢？既然不知道原因，也说不明白为什么，就不要再辩论其“是与不是”了，还是顺其“天均”或“天倪”的“自然均衡”或“自然分际”吧！因为宇宙万物都是独化而生的，一切万物都没有所具体的依靠，唯一的依靠就是“道”。“道生一，一生二，二生三，三生万物”，“道可道，非常道”。可见、可说、可道之道，不是那真正的“恒常之道”，是通往“恒常之道”的道路或地图。“道”是看不见，摸不着的，是只可意会，不可言传的。庄子这里为什么引用了“蛇蚹蜩翼”来做比喻呢？是因为蛇、蝉二虫，蜕皮蜕壳，与其他动物有所不同。它们能充分表达出没有主仆，无依无托，似是而非，非我非彼的哲理。所以，庄子说：“我哪里知道原因是这样呢？我哪里知道原因不是这样呢？”既然没有能让庄子明白的原因，说明没有可以让他依靠的“依托”。没有可依靠的“依托”，说明万事万物没有什么准确的标准原因可寻。

昔者庄周梦为胡蝶，栩栩然胡蝶也，自喻适志与？不知周也。

译文：从前庄周梦做蝴蝶，是栩栩如生的蝴蝶，自己晓得是舒适自得吗？不知道自己是庄周。

前面庄子都是寓言的别人，而这里不是，这里庄子却以自己作比，他说自己在梦里变成了一只蝴蝶，并且是一只栩栩如生、快乐飞翔的蝴蝶。此时此刻，他却不知道自己是在梦中。庄子认为“梦与觉”之间，看似相对而有差别，其实不然，梦与觉之间是对立统一的，梦即是觉，觉即是梦。因为它们都是“道”化出来的，没有任何差别，从根本上说是一不是二，所以没有必要去追究彼此的区分。

有人说“现实”与“梦境”是有区别的，因为“现实”是不依赖人的意识，并被人的意识所反映的客观实在，也是物质作用于意识所产生的影像。而梦是意识直接构建的影像作用于物质，是假象错误地感知到了某些物质。其实说来说去，现实与梦境无非也是相逆的同一个过程，是对立统一而又没有区别的。梦中的一切与现实一样，都是“唯心所造，唯识所变”，一切都是我们的心识所造。而梦中我们的心识不会质疑自己所创造的“梦中现实”，有时候梦中还会做梦，并且梦中还会质疑“梦中梦”的“现实”真实性，从梦中的梦中醒来时，认为自己是活在现实中。当从梦中醒来的时候，却发现那是另一个梦，这醒来是现实吗？

奥地利心理学家弗洛伊德说过，梦是潜意识的宣泄。而我认为，谁敢说自己不是活在梦里？谁敢说这现实的生活不是意识的宣泄呢？有时，好像是梦中的呼喊惊醒了自己，可又是谁让你做的梦呢？梦中的你知道自己是在梦中吗？既然说不知道，醒来后的你，怎么敢说是活在现实中呢？有个词叫“梵天一梦”，在印度教里，时间的一切，也只不过是梵天的一场梦。梵梦一醒，时间的一切，瞬间随之消失，而万事万物全都在这梦中。贪婪的心，让人们看不到梵天的清澈。岂不知，当梵梦一醒，一切只不过是一种形式表象的变化，过后却是那“不生不灭、不垢不净、不增不减”的彼岸。梵梦的开始，就是时间中的一切开始，也是一切梦的开始。万事万物都在这梦中，不知道是蝶梦庄周，还是庄周梦蝶，不分主仆，无依无靠。所以说，庄子梦中做蝴蝶，只知道舒适自得，自在飞翔，那时那刻却并不知道自己是庄周。

俄然觉，则蘧蘧然周也。

译文：忽然醒来，惊喜地发现自己是庄周。

梦中舒适自得，自在飞翔，不知道自己是庄周。忽然间醒来，却惊喜地发现自己是庄周。而这种发现，是真实的发现吗？这种醒来的真实是真实吗？庄子并没有告诉我们。因为庄子明白，这种看似真实的真实并不是真实，也无法去推理判断。这一切也只不过是“道”的显现，是梵梦中未经自我成心干预的“现量”呈现。如果对这一切的显现，能做到不去分别拣择，不去思量，泯然忘我的话，从佛教的角度讲，就是“现量境”，是触目菩提，随缘任运的“现量”境界。

《五灯会元》卷六中有这样一个故事，讲的是神照本如法师悟道的故事。神照本如法师，是宋代天台宗“山家派”四明知礼禅师的弟子。在一次向师父请教的时候，师父突然大声喊道：“汝名本如！”神照本如法师听后，言思路绝，当下直悟。为什么当下直悟了呢？因为师父的突然大喊，让神照本如法师不知所措，须臾间脑海里一片空白，什么都没有了，刹那间六根现量，也就是意识现量了，没有了思想，但又什么都知道，所以当下直悟何为本如。便作偈云：

“处处逢归路，头头达故乡。本来成现事，何必待思量。”以呈自己的见地。偈中可见，不能依靠思量，但也不能不思量。也就是说“不是息心除妄想，只缘无事可思量”。因为无论是思量还是不思量，无非是名称概念及非理性的弊病而已。这种“现量”超越了思量和不思量，是一种对境无心的“现量境”，是对万事万物没有任何的分别拣择，而绝对直觉的量知境界，也是第八阿赖耶识的现量。现量，通俗一点的说法，就是“只看不想”。看归看，但是在面对万事万物的刹那间，舍弃自我，泯于万事万物之中。空掉所有的一切，心如明镜，静观万象，心物一元。

人的心识是无限的。“三界唯心，万法唯识”，心大无边，识量无限。《楞严经》第九卷中云：“当知虚空生汝心内，犹如片云点太清里，况诸世界在虚空耶。”由此可见，众多的世界在虚空中，而整个虚空又在我们心性本体里头，并且小的像虚空中的一片白云。这心性本体，光明莹洁，没有分别，没有拣择，自得自在，自然分际。能所俱泯，无主无仆。譬如“镜中影”，哪个是主，那个是仆呢？没有分别，圆融无碍。《指月录》卷二中，宝志禅师大乘赞十首的第一首云：“妄身临境照影焉，影与妄身不殊。但欲去影留形，不知身本同虚。身本与影不异，不得一有一无。若欲存一舍一，永与直理相疏。更若爱圣憎凡，生死海里沉浮。烦恼因心故有，无心烦恼何居。不劳分别取相，自然得道须臾。梦时梦中造作，觉时觉境都无。翻思觉时与梦，颠倒二见不殊。改迷取觉求利，何异贩卖商徒。动静两忘常寂，自然契合真如。若言众生异佛，迢迢与佛常疏。佛与众生不二，自然究竟无余。”

日常生活中，人类面对的是处处向你显示实用的万事万物。而这一切让那些凡尘俗子无法弃绝贪婪的欲望，以不计利害的妄心关照着事物，最终轮回于痛苦的烦恼之中。而悟道的人不是，真正悟道的人能够舍弃贪欲，达观若海，以纯粹不杂的虚明之心关照万事万物。这里庄子忽然间醒来，惊喜地发现自己不是蝴蝶而是庄周。那他是怎样关照这一切的呢？

不知周之梦为胡蝶与？胡蝶之梦为周与？

译文：不知道是庄周的梦做蝴蝶呢？还是蝴蝶的梦做庄周呢？

这里庄子以"不知道是庄周的梦做蝴蝶呢，还是蝴蝶的梦做庄周"这种"无依无靠"的疑问，对醒来后的发现进行了关照，揭示了一种"醒梦一如"的境界。为什么说是"无依无靠"呢？因为，如果是"有依有靠"，就有醒有梦，知道是谁的梦做谁了。这种"无依无靠"，是没有"主仆"的"无依无靠"，而不是真正的"无依无靠"，因为这一切是依靠"业力"而来的。这种直觉的关照，涵容了如同佛教中讲的"直觉""圆融""日用"的境界，并有异曲同工之妙。庄子这里的言外之意表达的是：物我两忘、影影相摄、平常无事、"无心合道"的境界。怎么无心合道呢？用佛教的话讲就是"善护念"！为什么说要"善护念"呢？因为无穷无边的刹境，相互不隔于毫端，不离于当念。《华严经》卷第五十九中有这样几段偈语云："一念得菩提，成就一切智""无量劫一念，一念无量劫""能于一念中，往诣无边刹；如是速疾往，尽于无数劫，无处而不周，莫动毫端分""亦知去来今，所有诸心行；了达一切行，无来亦无去"。这些偈语，泯灭了思量，蕴含了圆融。那么怎样"善护念"呢？是"应无所住"。怎样应无所住呢？是"不生法相"，也可以说是"不在明白中"。当然，"应无所住"或"不在明白中"，不是没有觉知，而是不执着与法相。"事来则应，事去则净"，心境空明如故，如明镜止水，于无心中涵容映现万事万物；如水中之月，水月相忘；月无投水之意，水无抱月之心；能所双亡，圆融互摄；你中有我，我中有你；饥餐困眠，日用是道。什么是“道”呢？平常心是道，什么是“平常心”呢？就是本来心，什么是“本来心”呢？就是没有任何的私欲障蔽的心，当然也离不开日常生活。“道”不属于知道，也不属于不知道。知道是妄觉，不知道是无记。真要想达到不疑之道，就好像太虚廓然荡豁，不可以强加是非，对境无心，不生法相，平常无事，随缘任运，真如妙性绝对圆融，能所俱泯。宋代此庵守净偈云：“流水下山非有意，片云归洞本无心。人生若得如云水，铁树开花遍界春。”

无心合道，是一种无主无仆，无依无靠，没有主客的境界。《五灯会元》中，宋代佛性法泰禅师偈云：“牵驴饮江水，鼻吹波浪起。岸上蹄踏蹄，水中嘴对嘴。”无心合道，如同牵驴饮江水，驴鼻子呼出的气息，自然吹起了江水道道的波浪，看上去岸上的驴蹄踏着水中倒影的驴蹄，水中倒影的驴嘴连着岸上饮水的驴嘴。这到底是驴在饮江，还是江在饮驴，其中是处处禅机，透彻玲珑。驴饮江水，虽然说江水的道道波浪，是驴鼻子呼出的气息自然吹起的，并且蹄踏蹄、嘴对嘴都是自然行为。但是岸上的驴与水中倒影的驴有什么不同吗？岸上的驴有没有主观成分呢？这一切你自己去参参吧！而水中倒影的驴却完全泯除了这一切，没有半点的分别拣择，而是能所双亡，主客俱泯。江水倒映着岸上的驴影，岸上的驴眼中倒映着江中的驴影，江中倒影驴的眼中倒映着岸上的驴影，就这样你中有我，我中有你，珠珠相含，影影相摄，重重无尽，圆融博大，绚丽无穷。岸上的驴与江中倒影的驴，好像“月在水”和“水在月”都处于无心状态，不分什么岸上江中，也没有什么主仆高低的观念，无依无靠，能所双亡，圆融互摄。于此无心状态中，是处处禅机，高华圆美。这便是庄子不知道自己的梦中做了蝴蝶，还是蝴蝶的梦中做自己的直觉观照。泯灭了物我的界限，消除了理智的羁绊。人生如梦，梦如人生，一切均为时空的交融。

庄子这种“物我交融、物我两忘”的境界。产生于物我的相依与对立，也就是哲学中所说的“主体与客体”的关系。看上去好像“我”是主体，“物”是客体。好像是有主有仆，有依有靠的。其实不然，没有主体与客体之分，也没有主仆之分，是无依无靠的。主体也是客体，客体也是主体。只要能超越了自我，就可以达到“物我两忘”“物我相融”的境界。这种境界，是现象的圆融，也是时空的圆融。在相互的涵容互摄中，没有过去、现在、未来可得。只有这流动的现象，时空的圆融。《华严经》卷第五十九中云：“过去一切劫，安置未来今。未来现在劫，回置过去世。”这是时空的圆融境界，也是《华严经》的极致。

《华严经》，全称为《大方广佛华严经》，是大乘佛教经典中最长的一部，是释迦牟尼佛对文殊、普贤等菩萨们宣讲的法界情况，是佛教世界观的完整介绍。此经以“三界唯心”，强调了“心”的作用；以“法性本净”，阐明了法界的一切是无尽缘起、等同一味的。此经典与庄子的《齐物论》有异曲同工之妙。《齐物论》与《华严经》一样，彻底破除了时空中一切相对的矛盾，万事万物，万分圆融。如帝释天网缀联的无数奇妙宝珠，相互映射，重重无尽，珠珠相含，圆融无碍。每颗宝珠都相互映射着其他的珠影，摄足万象，互相尽现。所有明珠，影影复现，虽重重交映，却历历区分。如同两面镜子互相对照，重重涉入，你中有我，我中有你，递出无穷，绚丽圆融。

庄子和蝴蝶也是如此圆融。他以“不知道是庄周的梦做蝴蝶呢，还是蝴蝶的梦做庄周”、没有主仆、无依无靠的直觉观照，打破了世俗凡见的对立矛盾，超越主客对待的无我两分，泯除了对万事万物的分别执着，造成了一种不可思议、物我两忘、你中有我、我中有你、影影相摄的直觉与圆融境界。他以这种日常生活中，人人都会做梦的平常之事，彰显了平常无事、无心合道的“日用”境界。泯除了思量，呈现了圆融。这种时空圆融，揭示了时间与空间的互融互摄。时间上没有过去、现在、未来，空间上也没有彼此之分，而是无边刹境，彼此不隔于毫端。如龙树菩萨《中论》中偈云：“因物故有时，离物何有时？物尚无所有，何况当有时？”时间的量度，也是空间的量度。时间因事物的存在变迁而起，离开事物的存在变迁还谈何时间。《宗镜录》卷二十八中有偈云：“如见花开，知是芳春；茂盛结果，知是朱夏。凋落为秋，收藏为冬，皆因于物知四时也。”唯有时空一体时，方显万法真相。

人生如梦，万法归宗。《华严经》卷第五十九中云：“如人睡梦中，造作种种事，虽经亿千岁，一夜未终尽。”的确是这样，人于梦中造业再大，无非也是黄粱一梦，短暂得很。念念圆融似夕梦，一念之事而已。宋代龙册晓荣禅师偈云：“一念周沙界，日用万般通。湛然常寂灭，常展自家风。”《华严经》卷第八十中云：“佛智广大同虚空，普遍一切众生心，悉了世间诸妄想，不起种种异分别。”有了这样的观念，就能齐对一切，建立和谐、天人合一、一性圆通。唐代永嘉玄觉禅师《证道歌》中云：“一性圆通一切性，一法遍含一切法。一月普现一切水，一切水月一月摄。”佛与众生一性，本来没有分别。非二非一，亦二亦一。觉了是一，不觉是二。在佛不增，在凡不减，圆通一性。万法也如是，万法归宗，不舍一法，不执一法，也没有一法可依靠。佛性如月在千江，千江有水千江月，普现一切水中，也普照一切水。所以说无论是庄周梦中做蝴蝶，还是蝴蝶梦中做庄周，都非二非一，亦二亦一。不觉是二，觉了是一。圆通一性，一性圆通。

周与胡蝶，则必有分矣。此之谓物化。

译文：庄周与蝴蝶，是必然有区分的。这个就叫作物化。

为什么庄子说自己与蝴蝶，是必然有区分的吗？因为庄子与蝴蝶都是依业力而生，相互之间是无依无靠的。所以说庄周与蝴蝶，是必然有区分的。“三界唯心，万法唯识”，也就是说宇宙中的万事万物都是因“妄心妄念”的作用而产生并变化的，是依业力而生灭的。《华严经》卷第十普贤菩萨颂言中云：“譬如种子别，生果各殊异，业力差别故，众生刹不同。”可见万事万物的不同，是因为业力的不同而有区分的。如果能泯除这种对“生灭”的“妄心妄念”，就能泯灭“生灭”之现象，显现出“真心”之状态。而凡夫的妄心妄念却从来没有过刹那的停止，因此，造成了庄周与蝴蝶的区分。因为无论是前念的庄周与后念的蝴蝶，还是前念的蝴蝶与后念的庄周，都是念念有别，各不相知的独立存在。《华严经》卷第十普贤菩萨颂言中云：“一一心念中，出生无量刹。”一切万事万物，都是有这一一心念而生灭。这一切都如同河中的流水，奔腾不息，各不相知。《华严经》卷第十三菩萨问明品第十中云：“诸法无作用，亦无有体性，是故彼一切，各各不相知。譬如河中水，湍流竞奔逝，各各不相知，诸法亦如是。”为什么不相知呢？譬如前念是前流，后念是后流，因为前流与后流均无自性，所以各不相知。如同大海中的波浪，一波才起万波随，虽然波波不同，但性同不二，都是一水之法性。

《华严经》卷第十三菩萨问明品第十中云：“种种法出生，速灭不暂停，念念悉如是。”由此可见，前念与后念是即生即灭的。但前念与后念虽不相知，却有着相互的因果牵流。虽然这妄念的因果牵流不断生灭，但真心本性却不与其俱生俱灭，也就是说能知的心却不会因这生灭之缘而动摇。如同大海中的水，无论是波浪生还是波浪灭，大海中的水都不会随着波浪而生灭。《五灯会元》第十八卷空室道人智通者偈云：“浩浩尘中体一如，纵横交互印毗卢。全波是水波非水，全水成波水自殊。”无论波浪怎样变化，大海中的水是永恒不变的，也正是因为有了这“永恒不变的真心本性”，才使众生的“妄心”观察到宇宙万事万物的“生灭”之相，造成了对万事万物的不齐观念。《华严经》卷第十普贤菩萨颂言中云：“众生身各异，随心分别起，如是刹种种，莫不皆由业。”而觉悟的人不会这样，觉悟的人能于生灭之相中达到真心不变境界，也就是说觉悟的人看待生灭，是“不生不灭”的。而没有觉悟的迷人看待生灭，却是“有生有灭”，相互不同的。

当然，这一切不同的区分，庄子说这叫物化。庄子这里说的“物化”，前人对其理解各异，注疏也因其自我主观的不同，而有着各自的解释。晋代郭象的《庄子注疏》中对其注为“死生之变”，成玄英对其疏为“物理之变化”，陈鼓应《庄子今注今译》译为“万物的转化”。历朝历代对其注疏解释颇多，这里不一一列举。那么这些注疏解释，到底谁的最切合庄子的本意呢？这里我们也不妄加评议。不过我们可以从其他典籍中来体悟一下，《金刚经》中佛告须菩提：“诸菩萨摩诃萨应如是降伏其心。所有一切众生之类——若卵生、若胎生、若湿生、若化生，若有色、若无色，若有想、若无想、若非有想非无想，我皆令入无余涅槃而灭度之。”庄子这里说的“物化”与佛说的“化生”是否有着某些相同之处呢？我们无从而知，也只能从某些典籍中来窥探一下。用梵语及巴利语解释“化生”一词，大意是：“无所依托，借业力而生。”清代丁福保的《佛学大辞典》中对“化生”一词的解释是：“谓依托无所，忽然而生者。如诸天，诸地狱，及劫初之人是也。俱舍论八曰：‘有情类，生无所托，是名化生。如那落迦天中有等，具根无缺，支分顿生，无而欻有，故名为化。’大乘义章八本曰：‘言化生者，如诸天等，无所依托，无而忽起，名曰化生。若无依托，云何得生？如地论释，依业故生。’”到底庄子说的“物化”与佛说的“化生”是否有着相同之处，我们再来看一下，清代丁福保的《佛学大辞典》对胎生的解释：“胎生，四生之一。如人类在母胎内完具身体而生者，劫初之人，男女未分，皆为化生”。由此可见，胎生也属化生。其实不单是胎生属于化生，就是卵生、湿生都属于化生。因此说，庄周与蝴蝶也属于“化生”，也就是庄子说的“物化”。

历朝历代不乏俗儒说庄子是“虚无主义”者。其实庄子并不是什么“虚无主义”者，只能说他是一个悟道的至人。关于宇宙的生灭，从现代物理学的量子世界角度讲，物质可从空无中产生。宇宙也是从空无中产生的。当然这里讲到“空无”，不是真正意义上的什么都没有，而是宇宙形成前没有时间、空间的状态。这种状态，看不见也摸不着、不可说也不可道，佛称佛，道称道，总的来说是“不可思议”。各宗各派表达多种，称叫各异。因它的确存在，确又无相无形，为了方便理解，不得已而称其为“空”。

万事万物都从这“空”中“物化”而起生灭，都无所依托，如梦中六趣，依业故生。无论是庄周梦做蝴蝶，还是蝴蝶梦做庄周，无非梵天一梦而已。《华严经》卷第十普贤菩萨颂言中云：“或以亿刹物，庄严于一土，种种相不同，皆如影像现。”没有主仆，自然生灭。宋代云盖智本禅师偈云："一年春尽一年春，野草山花几度新。天晓不因钟鼓动，月明非为夜行人。"一切都是那么无主无仆，平等得自然而然；一切也都是那么不可说不可道。梦中的确有六趣，而觉后一切又是那么的空空如也。佛法所讲的宇宙"实相"，跟今天科学探索的宇宙"真相"是一个东西，只是方法不同而已。科学家对宇宙"真相"的探索，靠的是精密仪器的观察与推算。只要观察推算，就放不下分别执着，也就永远无法契入宇宙的真性本体。因为"三界唯心，万法唯识。"梵梦中的一切都生灭于这妄想、分别、执着的"心识"。以此"心识"，是不可能契入宇宙法性本体的。只有真正放下妄想、分别、执着的觉者，方可契入法性本体。《华严经》卷第十普贤菩萨颂言中云："华藏世界海，法界等无别，庄严极清净，安住于虚空。"又云："十方诸世界，过去国土海，咸于一刹中，现像犹如化。"可见法性里的一切现相，也就是所说的万法，都是假有，没有绝对的大小，是平等无别的，一微尘可含摄虚空法界。《五灯会元》第十八卷空室道人智通者偈云："物我元无异，森罗镜像同。明明超主伴，了了彻真空。一体含多法，交参帝网中。重重无尽处，动静悉圆通。"就是这样物我无异，物我两忘。大千世界，万象森罗。依业生灭，纵横交错。珠珠相含，影影相摄。宇宙万象，缘起缘灭。各住各地，自在自为。万千变化，千奇百状。飞潜动植，处处彰显。圆通法门，超越对立。

到最后，庄子以庄周与蝴蝶的"物化"揭示了不可说的形而上之"道"。用没有主仆，无依无托的"物化"一词等同齐平了宇宙万有。无论是庄周还是蝴蝶，说来说去，法性一同，是一不是二。一即一切，一切即一。本质上是没有区别的，这就叫着"齐物"。

庄子从本文一开始"吾丧我"的"忘我"境界，让我们体悟到了宇宙万有的“吹万不同”，皆是“使其自已，咸其自取”，也就是说都是无依无托，依业而起的自然生灭。因凡夫的妄想、分别、执着，造成了执“无有为有”，整日里的满口“是非”言语，而却不知“言非吹也”。因为言语不是吹风，言语的背后是有自我主观意识的。是这种自我主观意识产生并造成了“是非”的辩论。然而凡夫却不明白，“是亦一无穷，非亦一无穷”，一切是无事无非的“一无穷”。只有泯除了对“是非”的辩论，“莫若以明”，不再使用自我的主观明鉴，方可明了什么是“天地一指也，万物一马也”，达到“休乎天钧”的圣人境界。以“滑疑之耀”之智，而知晓“天下莫大于秋豪之末”，契入“天地与我并生，而万物与我为一”的“物化”境界。

到这里《齐物论》就研读完了，无论是易读，还是不易读，因本人水平所限，可能有私疏自圆其说之嫌，不当之处，切请鉴谅！唯愿读者得点心灵启发，足矣！无论是渐悟或是顿悟，其实过程都是一样的。庄子以自己与蝴蝶之寓结尾，是否隐含着另一层意思，今天我们不得而知。可是我总感觉庄子在其文的结尾中有那么点隐喻。我们想想看，蝴蝶的童年是个丑角，是丑陋的毛毛虫。世人只知道赞颂蝴蝶外表的美丽，却从不知道蝴蝶为这美丽而蜕变的过程。它为这美丽的惊鸿一瞥，从卵到幼虫经过多次蜕变后，静静地把自己缠绕在树枝上，通过长时间的茧封涅槃过程，历经痛苦的蜕变，最终冲破自缚之茧，变成美丽的蝴蝶飞向了蓝天。而我们每个人也需要像蝴蝶一样，通过努力的学习，不断的修炼和蜕变，抛弃充满迷离的过去，张开美丽的翅膀奔向美好的未来。人生苦短，然真正的智者却为了这短暂的美丽经历了漫长而痛苦的蜕变。孟子云：“故天将降大任于斯人也，必先苦其心志，劳其筋骨，饿其体肤，空乏其身，行拂乱其所为，所以动心忍性，曾益其所不能。”所以，请珍惜蜕变过程，拥抱美好未来。蜕变走向美好！蝴蝶与白天和太阳相伴，是幸福、快乐、吉祥的象征。

在此文的结尾之时，我们引用一段佛偈以表颂庄子的“齐物”之意。《华严经》卷第十九中智林菩萨颂言云：“所取不可取，所见不可见，所闻不可闻，一心不思议。有量及无量，二俱不可取，若有人欲取，毕竟无所得。不应说而说，是为自欺诳，己事不成就，不令众欢喜。有欲赞如来，无边妙色身，尽于无数劫，无能尽称述。譬如随意珠，能现一切色，无色而现色，诸佛亦如是。又如净虚空，非色不可见，虽现一切色，无能见空者。诸佛亦如是，普现无量色，非心所行处，一切莫能睹。虽闻如来声，音声非如来，亦不离于声，能知正等觉。菩提无来去，离一切分别，云何于是中，自言能得见？诸佛无有法，佛于何有说？但随其自心，谓说如是法。”

老子《道德经》第八十一章云：“信言不美，美言不信；善者不辩，辩者不善；知者不博，博者不知。”凡是能用语言表达的道理，都不是恒常之“道”，包括以上我所说的这一些。